都内四百社の祭神ガイド

東京古事記

古賀牧人 著

■東京古事記　目次■

まえがき

神社めぐりをしていて、「あの神、この神」と心に浮かべていると、一つの物語にまとまってしまうくらい、東京の神社の祭神には神話の立て役者が勢ぞろいしています。

たとえば、おなじみの天照大御神の岩戸《いわと》籠りの物語——乱暴狼藉を働き続ける須佐之男命（スサノオノミコト）は都内各所にある氷川神社に、そんな須佐之男に怒って岩戸に籠ってしまう天照大御神は、天祖神社や神明宮に祭られています。

岩戸前の広場で、ほとんど全裸になって踊る大宮比売命（オオミヤヒメノミコト、またの名は天鈿売命〈アメノウズメノミコト〉）、やんやの大喝采を浴びせる八百万の神々、岩戸の外の歓声を不審に思った天照大御神が岩戸をわずかに開け、隙間から覗いたそのとき、天児屋根命（アメノコヤネノミコト）すかさず八咫《やた》鏡を差し出した、その鏡を覗こうと身を乗り出した天照大御神を、待ち構えていた強力の天手力男神（アメノタヂカラオノカミ）が岩戸を押し開け、天照大御神の腕をつかんで、外に引っ張り出します。

大宮比売命、天児屋根命は今宮神社（文京区）などに、天手力男神は湯島天満宮などに、八咫鏡を造った伊斯許理度売命（イシコリドノミコト）は七社神社（北区）に祭られているという具合です。田無神社（西東京市）は八百万の神が祭神になっています。

須佐之男命の乱暴狼藉というのは、天照大御神の衣服を織る機屋に馬を投げ込み、機織り姫の雅日女尊（ワカヒルメノミコト）を驚かせ、ショック死させてしまう事件ですが、雅日女尊は正一位岩走神社（あきる野市）の祭神になっています。

このように、東京だけでも神社と神社、祭神と祭神を結び合わせると、太古のドラマが星座のようにつぎつぎと浮かび上がり、物語の集まりは、さながら〝東京古事記〟といった趣があります。神話はコミック的な面白さからマンガに描かれ、絵画、音楽の幻想的なモチーフにもなっています。その一方で、日本の国柄を知る重要な歴史的資料でもあります。

戦後日本の軍国主義の廃棄と民主主義の建設は、民族的な運動として、アメリカ占領軍の対日政策とともに進みました。神国思想は万世一系・天皇制の国体を支えてきたとして、敗戦直後の一九四五年九月から教科書の墨塗りが始まり、十二月には修身・日本歴史など旧教科書を回収しました。教育勅語の無効宣言が行われたのは四八年六月の国会でした。

新しい教科書から神話は姿を消し、歴史は石器時代、縄文・弥生時代の考古学から始まるようになりました。

科学的な叙述に変わったことは確かに前進でした。しかし、神話まで禁止したのは、戦前教育に対する行き過ぎた反動ではなかったかと思います。問題は神話そのものより、神話を利用する国政にあったのではないか。神話を〝お蔵〟にするだけでは、支配者たちが神話をどう利用してきたのか、その歴史が分からない。この点を不明にしておいては、「この道が、いつか来た道」なのかどうかの判断ができなくなるのでは、ともいわれます。

ドイツのワイツゼッカー元大統領は「過去に目を閉ざすものは、現在にも盲目になる」という言葉を遺しましたが、学校教育として、歴史を直視して、時代の支配者が神話をどう利用し、権力を維持してきたかを教え、考える機会を与えるべきではないかと思います。

神話そのものは楽しいもので、いろいろなことを考えさせてくれる喜劇であり、悲劇でもあります。辺境だった武州各地に神社がどのように創建され、どんな神々が祭られたか、鎮守の森の揺籃、神々の尊顔などについてまとめてみました。拙著が、神社をめぐりながら、神話を紡《つむ》ぐ手引きともなれば、幸甚です。

執筆にさいし、本務社・兼務社や祭神のことなどについて、東京都神社庁はじめ都内の神社の神職各位から種々、ご教示いただきましたことを厚くお礼申し上げる次第です。

また、本書の公刊に援助していただいた雄山閣の方々に厚くお礼申し上げます。

二〇一六年　　　古賀　牧人

第一章　街の鎮守のいまむかし

四一六社をモデルに

東京都内の街や村の鎮守の祭神がどんな神様なのかを案内するのが、本書の目的である。

二十三区と多摩、伊豆諸島などの、東京都神社庁に所属する神社は千四百社である。神社の境内、境外に祭る摂社、末社を入れると、二千社を超える。摂社とは、主祭神を祭る本社に付属し、主祭神に縁故の深い神を祭った神社である。末社とは、摂社以外で本社に管理されている小社のことである。

東京都神社庁（港区元赤坂二丁目）によると、神職が常駐している神社を「本務社」、本務社と兼任している神社を「兼務社」といい、千四百社のうち、「本務社」は四百十六社（二〇一四年現在）である。

本書程度のページ数では千四百社全部についての記述は掲載しきれないので、本務社の四百十六社を全体のモデルとした。

一社が祭る祭神数は一柱、多いところでは十五、六の神々、重複している神々も多く、四百十六社に祭られている神々の顔ぶれを合わせると、百六十二柱である。

本書の「第二章　神々の点描」は祭神のプロフィールを紹介し、「第三章　神社と祭神」は、神社を二十三区と多摩、島嶼別に列記し、神社ごとに祭神を記した一覧表である。

一覧表の祭神それぞれの頭に表記している数字は、第二章の神々の番号と対応している。たとえば、一覧表の「50宇迦之御魂神」の50は、「第二章　神々の点描」の見出し番号「50宇迦之御魂神（ウカノミタマノカミ）」を示している。

神様の名前は読みにくいので、カッコ内にカタカナで読み方を入れた。また、祭神の神名表記は各神社の祭神の表記に従った。

人望集める八幡さま

祭神で最も多いのは応神天皇である。全体の二割にあたる八十社に祭られている。第十五代天皇で、八幡宮の祭神である。名は誉田別（ホンダワケ）。仲哀天皇の第四皇子で母は神功皇后。在位中の五世紀には阿直岐《あちき》、王仁《わに》や弓月君《ゆづきのきみ》が百二十県の民を率いて百済から来日、漢学を伝えた。また、縫工、織工、鍛工、船匠なども百済・新羅から来日、中国人も帰化し、養蚕・紡績の技術を伝えた。

後世、応神天皇を弓矢の神として崇め、八幡宮を創建したのは武士層である。武蔵野市吉祥寺東の武蔵野八幡宮は延暦八年（七八九）、平安時代の武将・坂上田村麻呂が宇佐八幡大神の分霊を祭ったと伝えられる。港区虎ノ門の八幡神社は、寛弘年間（一〇〇四～一二）、源頼信が石清水八幡宮の神霊を請じて、霞ヶ関に創建したのを、太田道潅が江戸城を築いたとき、いまの虎ノ門へ移した。

長元三年（一〇三〇）、下総国で反乱を起こした平忠常を平定すべく、源頼信が朝命を奉じて現地へ向かう途中、戦勝祈願のため八幡大神を奉斎したのが、品川区旗の台の旗岡八幡神社の発祥とされている。当時、この地に陣を張り、源氏の白旗をなびかせて大いに武威を誇ったというのが、「旗の台」「旗岡」の地名の由来だという。

中野区大和町の八幡神社は、永承年間（一〇四六〜五二）、奥羽地方征討の途中、中野区大和あたりの高台で京都・石清水八幡宮を遥拝して奥羽地方征討へ向かった源義家を村人が慕い、石清水八幡宮の神霊を勧請した（天喜四年〈一〇五六〉）。また、台東区浅草橋の銀杏岡八幡神社、世田谷区尾山台の宇佐神社は、第七十代後冷泉天皇の御代の一〇五〇〜六〇年代、源頼義、義家公が安倍一族を平定して凱旋、前九年の役の戦勝を報告し、八幡宮を勧請したのが始まりと伝えられている。

武士が祭る神といえば、天皇の系譜では八幡大菩薩（応神天皇）である。「弓矢八幡」として崇められているから当然である。と同時に、武家支配を目指す武士層にとって神代・古代の天皇制的秩序は変革の対象であったから、天皇を祭るなら応神天皇までさかのぼる必要があったのではないか。

八幡神社が突出して多いのは、反古代・封建革命へ突き進む武士層の心象の跡を物語るものといえそうである。

お稲荷さんも人気上々

二番目は宇迦之御魂神（ウカノミタマノカミ）である（七十九社）。宇賀能御魂命とも書き、倉稲魂大神（イナクラタマノオオカミ）ともいう。須佐之男命と神大市比売（カムオホチヒメ）の子とも、伊邪那岐神（イザナギノカミ）と伊邪那美神（イザナミノカミ）の子ともいわれ、名が語っているように、稲を中心とする食物の神であり、五穀豊穣の神である。愛称「お稲荷さん」の稲荷様である。

赤い鳥居と神の使いの白狐でお馴染みの稲荷様は、五穀豊穣ばかりでなく、商売繁昌、災害や火災、疫病や盗難除けにも御利益があるということで、「江戸時代に至りて、稲荷神の流行……」「江戸時代に隆盛になった稲荷信仰……」（神社の由緒書き）などといわれるほど盛んになった。稲荷神社の新創建数は江戸時代の武蔵・江戸で爆発的に増えている。

疫病や火災除けの稲荷様には、中央区日本橋の小網神社、新宿区西早稲田の水稲荷神社、墨田区八広の三輪里稲荷神社がある。

小網神社は室町時代、この地方に疫病が大流行した際に悪疫消滅を祈願して稲荷大神を勧請し、文正元年（一四六六）に社殿を建立したという。

水稲荷神社は、鎮守府将軍（武門の栄誉職）藤原秀郷（俵藤太）が天慶四年（九四一）、「富塚」と呼ばれた小高い丘の上に稲荷大神を祭ったのが始まりである。元禄十五年（一七〇二）、椋《ムク》の大木の下で霊水が湧き出し、この水で洗眼すると多くの眼病患者が快癒し、また、稲荷信仰によって火難を免れるというので、火消しや水商売の参詣者でにぎわい、「水稲荷」と崇められた。

三輪里稲荷神社は、由緒書きによると慶長十九年（一六一四）、出羽（山形県）三山信仰の修験道場の一つ湯殿山の大日坊の長が、羽黒山に鎮座する出羽神社の分霊を勧請し、大畑村（いまの八広、東墨田、立花の一部）の荒地を開墾していた人々と協力し、総鎮守の祠《ほこら》を建てたのが始まりである。「こんにゃく護符」が名物で、これを煎じて飲むとのどの病に効くとして伝えられている。

凶作や津波除けを祈願して創建された稲荷様には、中央区湊の鐵砲洲稲荷神社や江東区大島の大島稲荷神社がある。

鐵砲洲稲荷神社が最初に創建されたのは平安期の初め、いまの馬場先門のあたりであった。当時は東京湾がこのあたりまで入り込んでいて、打ち続く凶作に困り果てた村人が勧請したのだが、その後、埋め立てが進み、室町末期には新京橋へ遷座して八丁堀稲荷神社、江戸時代の寛永年間には鉄砲洲まで地続きになったので、いまの名になったようだ。

大島稲荷神社が鎮座する江東区大島あたりも昔は海に近く、たびたびの津波襲来で耕地が荒れ果てるため、村人が相計って慶安二年（一六四九）、山城国（京都府南部）伏見稲荷神社の分霊を奉遷し、産土神《うぶすながみ》として創祀した。

江東区千田の宇迦八幡宮、三鷹市牟礼の神明社は五穀豊穣を祈願しての創始である。

いまの江東区千田あたりは江戸時代末期、「十万坪築地」と呼ばれていたところで、海辺の干潟を埋め立てた開拓地だった。十八世紀初めの享保のころ、近江国の千田庄兵衛が八代将軍吉宗にこの土地の開拓を願い出て、開墾すること三年、やっと住めるようになり、武蔵国南葛飾郡の千田新田と名付けられ、産土神として小さな祠が祭られた。宇迦八幡宮の始原である。

三鷹市牟礼の神明社は、室町時代の天文六年（一五三七）に創建された。江戸城を北条氏綱に攻略された扇谷上杉朝興の巻き返し合戦の最中、上杉家の臣・難波田弾正がたてこもる深大寺城に対して、北条早雲の臣・北条治部少輔綱種が牟礼に築陣した。その綱種が陣営内に牟礼地方の守護神として祭ったのが神明社である。五穀豊穣、家内安全の神として地域の守り神になっている。

大蛇退治のヒーロー

三番目に多いのが、「八俣大蛇退治《やまたのおろち》」のヒーロー建速須佐之男命（タケハヤスサノオノミコト）である（七十五社）。素盞鳴尊とも書き、またの名を櫛御気野命（クシミケノミコト）という。大蛇《おろち》を退治して後、「八雲立つ　出雲八重垣　妻籠《つまご》みに　八重垣作る　その八重垣を」と詠んでいる歌人でもある。「この地に来て、私の心はとてもすがすがしい」と語ったその言葉に由来する須賀（島根県雲南市大東町須賀）に、櫛名田比売命（クシナダヒメノミコト）を娶って屋敷を造った。最古の和歌とされるこの歌は、愛妻と新居ができる心を詠んだものであろう。

荒川区南千住の素盞雄神社の由緒書きが「平安時代、小高い丘に奇岩を認め、礼拝するうちに光を発して、二神翁が現われたため、一祠を設けて両神をまつり、飛鳥権現・牛頭天王（コズテンノウ）と称した。その後、官命により、牛頭天王を素盞雄大神、飛鳥権現を飛鳥大神と改め、素盞雄神社と称するようになる」（要旨）と述べているように、昔は須佐之男命のことを牛頭天王と呼んだ。

日野市日野本町の八坂神社には、多摩川の深淵で発見された牛頭天王像を奉遷し、社殿を建立したとの伝承がある。台東区浅草橋の須賀神社は推古天皇九年（六〇一）、武蔵国豊島郡に疫病が流行したおり、人々が牛頭天王に病難平癒を祈ったところ、ことごとく快気を得たので、ここに祠を建てたのが創始といわれる。

八王子市元横山町の八幡八雲神社の八雲神社は、大伴妙行が延喜十六年（九一六）、深沢山（いまの城山）山頂に牛頭天王として奉斎し、のち、北条氏照が築城するさい、鎮護の神として祭ったという。

北条氏が関東を治めていた鎌倉時代、領主の行方与次郎が牛頭天王を祭ったのが大田区本羽田の羽田神社の始まりという。また、寛正元年（一四六〇）に創祀され、「牛頭天王さま」と呼ばれていた中野区江古田の氷川神社が、「氷川神社」と名を改めたのは元禄九年（一六九六）になってからである。

須佐之男命は高天原《たかまがはら》から追放されて朝鮮半島の新羅の牛頭山に降臨したが、すぐに出雲国に渡ったとの伝承があって、こうした言い伝えから「牛頭天王」の別名が付され、疫病除けの神として崇められた。牛頭天王はもともとはインドの祇園精舎の守護神で、除疫神として信仰されている。

川の霊光は漂浪の神

四番目は天照大御神（六十二社）、五番目に多いのは大国主神（五十四社）、ついで伊邪那美神（四十一社）、菅原道真（三十二社）、日本武尊（三十社）、伊邪那岐神（二十七社）、豊受大御神（二十社）、天児屋根命（同）の順である。

福生市熊川の熊川神社の社伝によると、多摩川の流れに夜ごと霊光を放つものがあり、一老翁が現れ「この付近に守護神（守り神）あり」と言って、姿を消した。一個の霊石（生石命《おふいしのみこと》）が発見され、大国主神と合わせ霊石を祭って、社を創設したという。川を漂流する霊光は、自らの領国・出雲国を手放した国譲りの神を象徴しているようだ。

府中市宮町の大國魂神社は、第十二代景行天皇四十一年五月五日、大国魂大神がこの地に臨降し、村人たちが祭ったことを始原としている。出雲臣《いずものおみ》天穂日命（アメノホヒノミコト）の後裔とされる兄多毛比命（エタケヒノミコト）が初代の武蔵国造に任ぜられて大國魂神社に奉仕するようになってから、武蔵国造が代々奉仕して、祭務をつかさどるようになった。

天穂日命は高天原から葦原中国《あしはらのなかつくに》平定のため出雲の大国主神のもとに遣わされたが、大国主神を説得するうちに心服し、地上に住みついて高天原に戻らなかった神。

千代田区外神田の神田神社は、天平二年（七三〇）に武蔵国豊島郡芝崎村（千代田区大手町の平将門首塚から皇居寄り）に入植した出雲系氏族が大己貴神（オオナムチノカミ＝大国主神）を祭って創建したという。はじめは、伊勢神宮の御田があった芝崎村に神田の鎮めのために創建されたが、天慶の乱後の嘉元年間（一三〇三〜五）に疫病が流行し、これは将門の祟りといわれて供養が行われ、延慶二年（一三〇九）に神田神社の相殿神とされた。元和二年（一六一六）、江戸城の表鬼門守護の場所にあたる現在地に遷座し、幕府によって社殿が造営されたという。

英雄の神や文道の神

昌泰四年（九〇一）に太宰府へ流された右大臣・菅原道真が、延喜三年（九〇三）に五十九歳で没した。武蔵国の谷保の里に配流されていた第三子の道武が父君を祭ったのが、国立市谷保の天満宮である。

下町の天神さまとして親しまれているのが江東区亀戸の亀戸天神社である。九州の太宰府天満宮の神官で道真の末裔でもある菅原信祐がゆかりの梅の木「飛び梅」の枝で天神像を刻み、神殿建立の志をもって全国を巡歴して江戸の本所亀戸村にたどりつき、寛文元年（一六六一）八月、村に祭られていた天神の小さな祠《ほこら》に天神像を奉斎したのが、亀戸天神社の始まりである。

二年後に造営された神殿などは、九州の太宰府に模して造られたが、太平洋戦争の下町空襲に遭って戦塵に帰し、戦後、再建された。

東国平定の勅命をうけた日本武尊は、尾張国から東海道筋を三浦半島の走水（横須賀市走水）まで来て、浦賀水道を上総へ渡り、武蔵から常陸、陸奥へ向かって、帰順しない者どもを討った。武蔵国で駐屯した地には日本武尊を祭る神社が創建された。

いまの足立区花畑地方に駐屯、長く苦しめられていた東夷討伐に感謝した村人が十二代景行天皇の四十年に創建したのが、足立区花畑の大鷲《おおとり》神社である。

台東区鳥越《とりごえ》の鳥越《とりこえ》神社にもしばらく駐屯、周辺平定、土地の人々が白雉二年（六五一）、白鳥明神として祭ったとされる。芝白金にもしばらくとどまり、周辺を平定した日本武尊は、日々この地の丘に登り、武蔵国一の宮（埼玉県氷川神社）を遥拝したとする言い伝えがあり、そのゆかりの地に白鳳年間（六七二〜八六）建立の白金氷川神社がある。また、同区東上野の下谷神社は四十五代聖武天皇の天平二年（七三〇）、峡田《はけた》（谷中本村、千束村、三ノ輪村など）の稲置《いなぎ》（古代日本の行政単位である県《こおり》を治めた首長）らが上野忍ケ岡の地に奉斎したという。

西多摩郡桧原村の大嶽神社は、この地を進んだ日本武尊を住民が敬慕して、天平十九年に奥多摩三山の一つである大嶽山山頂に社を建立したという。

豊受大御神を祭る神社（二十二社）のうちで、文京区目白台の稲荷神社には「腰掛稲荷」と呼ばれるようになった挿話が伝えられている。目白台あたりへ鷹狩りにおもむいた徳川幕府三代将軍家光がひと休みしてなにげなく傍らを見ると、祠がある。その祠を「正一位御腰掛稲荷大明神」として奉称・信仰し、それから近隣の氏神となったといわれている。

創建ブームは平安、江戸時代

『古事記』や『日本書紀』に描かれた舞台は近畿から中国地方、九州などの西国であって、その神々を祭る神社の創建を時代的にみると、その多くは大和、飛鳥、奈良時代である。一方、東国はそのころまだ辺境地帯で、武蔵国とその周辺に建立された神社は、ごくわずかであった。

本書がモデルとした「本務社」四百十六社について、その創建経過を『東京都神社名鑑』を参考に地域別、時代別に集計、整理したのが別表である。畿内の本宮から勧請されるなどして、武蔵・江戸で最も多く神社が創建されたのは平安時代。その社数は七十六社、全体の一八・三％にのぼる。ついで江戸時代の七十二社（一七・三％）、鎌倉時代の五十三社（一二・七％）、室町時代の四十一社（九・九％）となっている。創建時不詳は最も多く八十九社、全体の二割（二一・三％）に及ぶ。

神社建立の歴史的事情にはいろいろあるが、武蔵国の神社建立の数が平安期に最も多いのは、奥州征伐がしばしば決行され、武蔵国がその討伐軍の出撃・帰還の通過地点になっていたことから、平定を祈願し、また、戦勝を感謝しての神社創建が相次いだためである。

室町期になると地域の形成がすすみ、町や村などの有力者がはっきりし、また、鎌倉幕府による地頭の設置をきっかけに荘園領主権が急速に解体され、荘園を基盤にしていた貴族層などが農村から町に移り住むようになった。こうした土着や新顔の有力者、地域の城主や篤志家が鎮守を創建する風潮が強まった。

江戸は、家康の江戸市街拡張令にみられるように、人口の急増もあって開発・開拓ブームである。下町では東京湾の海岸線や隅田川沿岸などの埋め立て、山の手から多摩にかけては原野の開拓や新田開発がすすみ、新集落に鎮守が勧請された。市街地の拡大にともなって発展する商業とその浮沈、火事の頻発や疾病の流行など都市不安が急増し、商売繁盛や無病息災を祈願する人々が著増した。

具体例を挙げながら、時代の移り変わりをみていこう。

地区別・時代別創建神社数一覧表（単位：社）

時代＼区群	足立	荒川	板橋	江戸川	大田	葛飾	北	江東	品川	渋谷	新宿	杉並	墨田	世田谷
大和時代（1 ～ 500 年）	1									1	3	1		
飛鳥時代（501 ～ 705 年）					1			1						
奈良時代（706 ～ 794 年）		1			1		1		2			1		1
平安時代（795 ～ 1184 年）	2	1	2	1	2	4	2	1	2	2	6	3	2	4
鎌倉時代（1185 ～ 1335 年）	2	1	2	1	7	4	4		5	2	3	4	2	
南北朝時代（1336 ～ 1395 年）					2									
室町時代（1396 ～ 1575 年）	1		3	1	1			1	1		2	4	2	4
安土桃山時代（1576 ～ 1600 年）	1							1		2		1	1	3
江戸時代（1601 ～ 1868 年）	3	1		2	4			9	1	1	2		3	4
近現代（1869 ～ 2015 年）						1				3				1
不詳	3	1	6	2	1	2	2	2	5	1	3		2	3
計	13	5	13	7	19	11	9	15	16	12	19	14	12	20

(%)	計	島嶼	西多摩	南多摩	北多摩	目黒	港	文京	練馬	中野	豊島	千代田	中央	台東
4.3	18		2	2	1	1		3						3
2.4	10		1	3			1					1		2
3.6	15			1	3	1	1							2
18.3	76		8	6	5		9	3		4		2	2	3
12.7	53		3	1	2	1		1	2		1	1		4
2.4	10		2		1		3		1	1				
9.9	41		7		1		2	1	1	4	1	2	1	1
4.3	18	1			3	1	2	1					1	
17.3	72		3	5	11		4	5	3		3		4	4
3.4	14		2	1	1		1	1				1		2
21.3	89	7	13	7	8	4	2	1	4	1	5		3	1
100	416	8	41	26	36	8	25	16	11	10	10	7	11	22

大和時代の英雄〝白い鳥〟

武蔵国には日本武尊によって創建されたとする神社がある。

新宿区中井の御霊《ごりょう》神社は、日本武尊が諸族を討ち、皇威を伸展したとして、故郷である大和国の氏神・御霊社を勧請・創建したといわれている。台東区蔵前の榊神社は、日本武尊が国土創成の祖神とされる於母蛇流命（オモダルノミコト）と惶根命（カシコネノミコト）の二柱を祭り、白銅の宝鏡を納め、東国の平安を祈願して創建した神社とされ、文京区根津の根津神社、渋谷区東の氷川神社は東征の途次、武神ともいわれる須佐之男命の神徳を仰ぎ祭ったとされる。また、上野公園の五條天神社は、難儀を救われたことを感謝するとして、医薬の神・大己貴神、少彦名命（スクナヒコナノミコト）の二柱を、いまの台東区上野の忍ケ岡あたりを通ったさいに祭ったのが創始といわれている。

新宿区北新宿の鎧神社は、日本武尊が甲冑《かっちゅう》を奉納した神社として知られている。日本武尊が物を納めた神社は、社前の松に熊手をかけた伝説で名高い台東区千束の鷲《おおとり》神社、目を負傷した部下たちの平癒を祈願し、その後、治癒したので、盲神《めくらがみ》と称えられ、十握剣《とつかのつるぎ》を奉納した目黒区下目黒の大鳥神社がある。

先述の「英雄の神や文道の神」でも触れたが、人々が東征に感服し、日本武尊を祭った神社がある。足立区花畑七丁目付近は大和時代、日本武尊軍団が駐屯した地とされ、地元の人々はその後、「東夷平定」に感謝して日本武尊を祭り、大鷲神社を創った。

駐屯の言い伝えは台東区鳥越の里にもあって、日本武尊は走水で海を渡る前に鳥越に滞在し、この地方の悪者を退治した。里の人々が討伐を感謝し、日本武尊を祭って鳥越神社を創建した。

駐屯の挿話は清瀬市清戸にもある。その昔、ヒイラギの老樹がこの地（いまの日枝神社境内）にあり、日本武尊一行はその緑陰に憩い、日本武尊は「清き土地なり」といい、爾来、この村が「清土」と呼ばれるようになった。その後、「清戸」に改められたとする地名をめぐる説話である。

疫病・飢饉の飛鳥時代

諸氏族の抗争の中で皇室に権力が集中していき、東国など辺境の地の征服が進むにしたがい、畿内中心だった国家行政が次第に津々浦々に及ぶようになった。律令制国家の形成を準備しつつあった激動期から、大化の改新をもって中央集権国家を完成させた古代国家の最盛期が現出した。たとえば、飛鳥、奈良時代のころ、慶雲三年（七〇六）には、疫病の大流行により死亡した農民が全国で多数に上る実態が把握できるようになっていた。

飛鳥時代、各地で疫病がはやり、病難平癒を願って神社が建立された。八王子市上川町の今熊神社は、安閑天皇の御代に、飢饉と疫病に脅かされたこの地方の人々が、平癒を願って和歌山の熊野本宮から勧請したのが始まりとする言い伝えがある。

推古天皇時代の六〇一年にも武蔵国豊島郡に流行病がひろがり、いまの台東区浅草橋あたりの人々が疫病平癒の神・牛頭天王に祈ったところ快方に向かったので、祠を立てたのが須賀神社（台東区浅草橋）の起源である。

蝦夷反乱の奈良時代

大和朝廷と東北地方の蝦夷との関係は、斉明天皇の四年（六五八年）と六年に阿倍比羅夫が討伐に出るなど、奈良時代を通じて紛争が激しくなる一方であった。東北を大和朝廷の統治下に編入し、接収した土地に関東や北陸の人民を移住させることを目的としていた奥羽征伐に蝦夷は抵抗し、反乱を続けていた。「七二五年（神亀二）、陸奥の俘囚を伊予・筑紫・和泉三国に配する」（歴史学研究会編『日本史年表　第四版』〈岩波書店、二〇〇一年〉）、「七七六年（宝亀七）、出羽国の俘囚を大宰府管内及び讃岐国へ配す」（笠原一男『日本史小年表』〈東京大学出版会、一九六四年〉）とされているように、朝廷は捕虜を奴隷とすることも狙っていたと思われる。

延暦十六年（七九七）、征夷大将軍に任じられた坂上田村麻呂（七五八～八一一年）は、延暦二十年に四万の軍を整えて、陸奥へ出撃、胆沢《いざわ》の地（いまの岩手県奥州市）を確保して、翌年には胆沢城を築き、延暦二十二年には志波《しわ》城（盛岡市）を築いて大和朝廷の東北における拠点とした。平定したようにみえても反乱は続いており、蝦夷のなかから、のちに奥州安倍氏や出羽清原氏のような豪族が出て、蝦夷征伐は源義家らの武士に受け継がれる状態であった。

蝦夷征討において、武蔵国を合わせた東国七国は、陸奥国へ食料などを輸送する兵站《へいたん》の役割を担っていたため、征討軍と武蔵国との関係は深かった。

北区赤羽台の八幡神社は、延暦三年ころ、坂上田村麻呂が東夷征伐のさいに陣を八幡原に築き、応神天皇など三神を勧請したのが始まりといわれる。武蔵野市吉祥寺東町の武蔵野八幡宮は、坂上田村麻呂が延暦八年、宇佐八幡大神の分霊を祭ったと伝えられている。

関東武士伸張の平安時代

荘園制とよばれる私的大土地所有を基礎に貴族階級が成長し、朝廷は全国統制の力を失っていった。革新的な新しい階級の力が武士を中心に強まりつつあったが、後進地域では豪族がたびたび反乱を起こしていた。承平五年（九三五）の平将門の乱もその一つであった。江戸川区上篠崎の浅間神社は、常陸国の長官・平貞盛が将門平定と関東の平安を祈願して霧島神社を祭り、金幣《きんぺい》（金色のぬさ）・弓矢を奉献した承平八年五月十日を創建の日としている。港区新橋の烏森神社は藤原秀郷《ひでさと》が戦勝を祈願し、勧請・創建したという。朝廷は藤原忠文を征伐に出したが、官軍は無力で、将門を滅ぼしたのは、平貞盛や藤原秀郷など地方武士の首領であった。

文京区小日向の小日向神社は、常陸国の長官・平貞盛がこの地方を平定できたことの礼として天慶三年（九四〇）春に建立した神社である。

勢力と地位を伸ばす武士のなかでも、最強の組織者は桓武平氏と清和源氏であった。長元四年（一〇三一）に、上総で乱を起こした平忠常を源頼信が平定してからは、東国では源氏が平氏に代わって有力になった。品川区旗の台の旗岡八幡神社、中野区東中野の氷川神社は頼信によって創建された。奥州では一度討伐が成功しても、反乱豪族が再起をする。朝廷から永承六年（一〇五一）に陸奥守を任じられた源頼義が、天喜四年（一〇五六）に安倍頼時ら安倍氏掃討の戦いを開始した。翌年、頼時の戦死後も抵抗を続ける、その子・貞任との戦いに苦戦したが、出羽の土豪・清原氏の援軍を得て、康平五年（一〇六二）、やっとのことで鎮定する。前九年の役である。

頼義が前九年の役の、義家が後三年の役の前後に戦勝祈願、または凱旋感謝したことにちなんで創祠された神社に穴八幡神社（新宿区西早稲田）、平塚神社（北区上中里）、宇佐神社（世田谷区尾山台）、八幡神社（中野区白鷺）、八幡神社（中野区大和町）、六郷神社（大田区東六郷）、銀杏岡《いちょうがおか》神社（台東区浅草橋）、今戸神社（台東区今戸）、狭山神社（西多摩・瑞穂町）などがある。

源頼政が治承四年（一一八〇）、後白河法皇の皇子・以仁王《もちひとおう》を奉じて平氏打倒の兵を挙げたのを契機に、各地の武士が相次いで蜂起し、全国的な内乱が始まった。源氏勢は平氏一族を追い詰め、文治元年（一一八五）の壇ノ浦の戦いで滅ぼした。平治の乱からわずか二十余年の栄華ははかなく消え去った。

武家政権旗揚げの鎌倉時代

源頼朝は治承四年の挙兵後、まもなく源氏ゆかりの地であった鎌倉にはいり、文治五年、逃亡した源義経をかくまったことを理由に、奥州の藤原氏を遠征、全国統一を果たした。

頼朝は奥州征伐のさい、新宿区若宮町の神楽坂で宿願をし、平定後にはこの地に鎌倉の若宮八幡宮（鶴ケ岡八幡宮の下宮）を勧請し、神楽坂若宮八幡神社を創建した。北区田端の田端八幡神社は戦勝の帰途、頼朝が鎌倉鶴ケ岡八幡宮を勧請、創立したと伝えられている。出陣した頼朝の身を案じ、多摩川のほとりまで来た妻の政子は、はるかに見える富士山、その浅間神社に向かって武運長久を祈り、身につけていた正観音像を河畔の丘に立てた。大田区田園調布の浅間神社の起こりという。品川区北品川の品川神社の創建は源頼朝が文治三年、品川港の海上交通安全を祈り、安房国洲崎明神を勧請したことによるといわれる。

鎌倉時代の中期、蒙古（国号をこのころ元と改める）のチンギス＝ハンの孫であるフビライ（忽必烈）は、日本の入貢を求めた。鎌倉幕府に拒否され、元軍は文永十一年（一二七四）、壱岐・対馬を侵し、博多に迫ったが撤退、フビライは弘安四年（一二八一）、二度目の侵略として范文虎《ハンブンコ》らの兵十万を送ったが、河野通有ら西国の将兵、よく奮戦して、これを大敗させた。

二度とも大風（「神風」とよぶ）が起こって、元艦がつぎつぎに沈没した。

通有は武功赫々として帰陣したところ、夢の中で山の神・大山祇命（オオヤマツミノミコト）を武蔵国豊島郡に勧請すべく神のお告げをうけ、分霊を奉じて、上野の山に鎮座したのが元三島神社（台東区根岸）の始まりと言い伝えられている。

同区寿町の三島神社、同区下谷の三島神社にも、通有が夢中で神のお告げをうけ、創建されたとする言い伝えがある。

古代から鎌倉幕府成立までの国家権力は、天皇制のみの単線だった。鎌倉から明治維新までのおよそ六百八十年間は朝廷と幕府政権が対立、融和を繰り返す権力複線時代とみることもできる。そして、明治維新からは再び、「王政復古」として天皇単一の国家権力に回帰するが、鎌倉時代は権力複線の起点となった。

さらにつけ加えれば、朝・幕の権力関係は、単に平行していたわけではなく、封建社会の歴代幕府将軍は、朝廷からの御墨付きを借りないでは、支配できない弱さをもっていたということである。たとえば「征夷大将軍」――封建以前の奈良時代、延暦十年（七九一）に蝦夷征討軍主将として出陣した大伴弟麻呂が朝廷から任じられたのが、「征夷大将軍」の第一号だが、鎌倉幕府を開いた源頼朝は、熱望してやまなかった征夷大将軍の官名を建久三年（一一九二）に勅命によって下賜され、ようやく望みを達している。この職名はもはや蝦夷征討とは関係なく、全国の武士を統率する権威を示す名に変わっており、「将軍職」「将軍」と略称され、その政庁を幕府と称した。

同じように、室町幕府の創始者の足利尊氏が暦応元年（一三三八）に、三代将軍・義満が貞治七年（一三六五）にそれぞれ征夷大将軍の名を賜って、織豊政権の羽柴秀吉は天正十三年（一五八五）に関白に任ぜられ、翌年には太政大臣となり、豊臣の姓を朝廷から贈られている。「関白」の起こりは平安時代、天皇の補佐役につけられた職名である。秀吉が慶長三年（一五九八）に亡くなると、朝廷から豊国大明神の号まで贈られている。

徳川家康は慶長八年、征夷大将軍に任ぜられてから江戸幕府を開いた。

織田信長は「神・仏を信ぜず」として権威に寄り掛からず、自力で権力を打ち立てようとし、朝廷に対し征夷大将軍の官職を請い願うことはなかったといわれている。

幕府将軍は支配の根拠づけとして、「征夷大将軍」のみに依拠せず、皇族を将軍に迎えたり、諸国に守護・地頭を任命する権利を朝廷に承認させたりして朝・幕関係の均衡をはかったが、その関係が破綻したこともある。勅許を待たず、幕府が自らの判断で日米通商条約に調印したためひきおこされた、安政の大獄などはその例である。

古代が封建へ、封建から近代へ変革される変わり目に、権力は一つの階級から他の階級へ移行した。班田農民支配の律令制国家から鎌倉幕府が生まれたのは、成長してきた武士階級が古代国家権力を倒し、封建を築き上げたからある。徳川幕藩制社会のなかから発展してきた近代資本と労働者階級による封建打倒の運動が原動力となって、幕藩社会が解体し、資本主義社会を生み出したのである。しかし、権力の階級間移動が行われ、社会が変革されても、天皇制権力は依然、連綿と続いているところに、諸外国にはみられない、日本歴史の特殊な、興味深い展開があると考察される。

地域自治進展の南北朝・室町時代

足利時代は全国の農村に成長してくる「惣」に象徴されるように、地域の自治が、神社の祭りを行う集団を中心に発展した時代であった。

都市でも有力者が成長し、また移り住んでくるものも多く、神社を勧請し、地域づくりに力を入れる勢いになっていた。

応永年間（一三九四〜一四二八）に紀伊国から移ってきて、中野一帯を開拓し「中野長者」と呼ばれた鈴木九郎は、郷土の熊野の十二社を、いまの新宿区西新宿に勧請して熊野神社を創始した。

同じころ、宇多天皇の皇子・敦実《あつざね》親王の十四代の孫といわれる庭田氏兼が、武州豊島郡へ移住してきて、紀州の熊野権現をいまの板橋区熊野町に分祀し、鎮守神として熊野神社を開いた。

応永二十三年（一四一六）の上杉禅秀の乱のさい、品川左京の家臣の良影なる者が武州に土着、信仰していた道真公を北野天神から分霊したのが杉並区荻窪の田端神社である。上杉禅秀の乱は、前関東管領だった上杉禅秀が、鎌倉公方の足利持氏に対して起こした反乱である。

青梅市成木の成木神社は、成木産の石灰を材料にした白土焼の創始者である上成木の木崎平次郎が、元亀二年（一五七一）に熊野権現を勧請しての創建という。

室町幕府は応仁の乱を境にしてさらに無力化し、群雄割拠の戦国時代を招き、天正元年（一五七三）、第十五代将軍・足利義昭に至って、織田信長に滅ぼされた。

貴族住み替えの安土桃山時代

織田信長、豊臣秀吉の織豊政権が行った太閤検地・兵農分離などの統一事業は荘園制を完全に解体させ、荘園を足場にしていた社寺や貴族勢力のなかには、農村から都市への移動を余儀なくされるものが多かった。

武州の開拓が緒に就き、草むらにおおわれた隅田川流域がひらけはじめたのは、このころであった。天文年間（一五三二〜五五）、伊豆の堀越公方政知が滅び、その家臣・江川善左衛門雅門が郎党とともに隅田川河畔に逃れてこの地を切り拓き、京都の伏見稲荷大社を勧請したのが墨田区墨田の隅田稲荷神社である。慶長元年（一五九六）、摂津の深川八郎右衛門が一族を引き連れ、隅田川のデルタ地帯を開拓、伊勢神宮の分霊を祭って創建されたのが江東区森下の深川神明宮である。開拓による神社の勧請は江戸時代に向け、ますます盛んになる。

有力者による神社建立は相変わらず続いて、甲州武田家の家臣・加藤丹後守信重が天正年間（一五七三〜九二）に上野原から目黒の上目黒村に土着し、建立したのが目黒区大橋の氷川神社である。

平貞盛の数世の孫で、伊賀（三重県）出身の服部貞殷が、府中の六所宮（いまの大國魂神社）を勧請・遷宮したのが世田谷区赤堤の六所神社の始まりである。永禄七年（一五六四）には北条氏の家臣で、武州深沢村兎々呂《とどろ》城主であった小谷岡重頼が、伊豆三嶋神社の分霊を同城に移し、守護神としたのが世田谷区深沢の深澤神社の起こりである。兎々呂城の城を「き」と読んで、いまの等々力の地名になった。

庶民信仰に沸く江戸時代

徳川幕藩体制は、織豊政権が確立させた封建制を、さらに発展・完成させ、元禄期以降は商品生産・流通が伸びるなかで矛盾をひろげ、解体していくおよそ三百年の時代である。

徳川家康が江戸城に入城したのは天正十八年（一五九〇）のことである。慶長八年（一六〇三）に諸大名に江戸市街の拡張を命じ、慶長十二年には江戸城の改築を終え、寛永十二年（一六三五）の参勤交代の制度化とともに、全大名の邸宅が江戸につくられた。

家康は慶長八年、江戸防火の総鎮守として、幕命をもって、いまの港区愛宕に愛宕神社を建立した。また、江戸城の鬼門除けとして慶長十一年、いまの足立区柳原に稲荷神社を創建させた。綱吉は元禄六年（一六九三）、同じく江戸城の鬼門除けとして台東区蔵前に蔵前神社をつくらせた。

住民も宮づくりに懸命で、江戸の各地で村民による神社がつくられた。慶長十九年、秀忠のころ、いまの足立区綾瀬の住民・金子五兵衛が開拓した五兵衛新田で、当時六十九戸の村人が四畝八歩（約一五〇平方メートル）の地に稲荷大神を勧請したのが綾瀬稲荷神社の始まりだった。また、江戸川区東葛西の香取神社は慶安二年（一六四九）、開拓した東宇喜田村の村民の切願により、村の東と西にそれぞれ下総（千葉県香取市）の香取神宮が勧請されたのが始まりで、同社は東の社であり、西の社は中葛西の香取神社である。

大田区羽田の穴守稲荷神社のもともとの祠は、文化・文政年間（一八〇四〜三〇）に開墾した鈴木新田にあった。海がしばしば荒れて沿岸の堤防が決壊、村々は海水による水害を受けた。村民一同が相談し、祠を新田から堤防の上に移し、稲荷大神を祭ると、風水害がなくなり、豊作をもたらした。穴守稲荷の名の起こりは、「穴を守り給うた大神」と人々がその神徳をたたえた言葉からだという。

荒海を鎮めた稲荷大神の伝説は築地にもある。万治年間（一六五八〜六一）のことである。江戸東南の海面埋め立てで最後に残った築地の現場は波が荒く、堤防を築くやたちまち崩され、工事は困難を極めた。ある夜、海面に光を放って漂うものがあり、不思議に思った人々が舟を出してみると、稲荷大神のご神体であった。早速、社殿を築き祭ったのが波除稲荷神社（中央区築地）の始まりである。

国民統一を模索する新政府

近代の起点となった明治維新は、百姓一揆・打ちこわしなど反封建闘争が激化していたにもかかわらず、組織的闘争とならず、薩長など一部雄藩による「上から」の変革であった。それはイギリスの清教徒・名誉革命やフランス革命にみるような、ブルジョワジーや民衆が立ち上がって、封建権力を倒し、徹頭徹尾粉砕し、近代国家をつくった「下から」の革命ではなかった。徹底した近代革命を成し遂げた民衆は、自らの力で国家をつくりあげたとする誇り、主権意識とナショナリズムをもっていた。

アメリカやイギリスなど先進諸国から開国を要求される外圧のなかで、「上から」の改良的近代をつくらざるを得なかった日本では、主権意識もナショナリズムも極めて微弱な「市民社会」を生み落とした。それは古代・封建的な殻を払い落とせず、前近代的なものを満身にまとった「近代社会」であった。

諸外国からの外圧は国内で尊王攘夷論を巻き起こし、渋谷区代々木の平田神社に祭られる平田篤胤（安永五〜天保十四年〈一七七六〜一八四三〉）は、尊王愛国論を盛んに説き、その著『天朝無窮暦』によって天保十二年、江戸を追われた。世田谷区若林の松陰神社に祭られる吉田松陰（天保元〜安政六年〈一八三〇〜一八五九〉）は長州藩の尊王攘夷論者である。その尊王論は大義名分論で、倒幕にまで進んだものではなかったが、安政の大獄に連座して、三十歳で刑死した。

慶応三年（一八六七）に発せられた王政復古の大号令で「政治方針の基本を神武創業に復古し、天皇親政とすること」を宣言。翌年の『五箇条の御誓文』では「知識を外国からおおいに摂り入れて、天皇の政治の基礎を振るいおこさなければならない」としている。

さらに、翌六九年（明治二）、薩長土肥四藩主連署で上表した『版籍奉還』は「そもそも、私共の居る所は、陛下の土地であり、私共の治めている人民は陛下の臣民であります。どうして私有してよいでしょうか。それ故に、いま謹んで私共の支配する土地と人民を陛下へおかえしします。どうぞ朝廷のよろしいように、私共にお与えなさるものは与え、私共から奪うものは奪い、およそ列藩の支配する土地については、あらたに御命令を発して、お決めください」としている。

そして、一八七一年の廃藩置県を断行し、一八八九年二月十一日に発布された『大日本帝国憲法』の「第一条　大日本帝国は万世一系ノ天皇コレヲ統治ス」「第三条　天皇ハ神聖ニシテ侵スヘカラス」

の絶対主義天皇制に行き着いたのである。

主権意識、ナショナリズムを持ち得なかった国民は、日本国民としての統合性を欠落させ、そのバラバラさを天皇中心に統合しようとした。維新後、やがて開始されたアジア諸国への度重なる侵略戦争がナショナリズムを形づくっていった。しかし、それは侵略戦争をテコとした疑似的な架空のナショナリズムに過ぎなかった。

その一方で、新政府は祭礼一致の立場から神社の国家管理を推進、一八七〇年、神道の国教化をめざす『大教宣布の詔』を発し、七二年には『教則三条』を定めた。『大教宣布の詔』は宣教使を置いて、惟神《かんながら》の大道（神道）を広く布教せよと命じた詔勅であり、『教則三条』は布教のための教則であった。

神社の国家管理は大化の改新後、神祇官を置いて企てられ、封建社会では管理がゆるんでいたが、維新後の神社の国家管理は、古代社会の復活強化であった。

明治政府はその後、『軍人勅諭』（一八八二年）、『大日本帝国憲法』『教育勅語』（一八九〇年）によって、全国民の精神を神格化された天皇への崇拝と神社参拝へ動員し、軍国主義・国家主義を高め、天皇制支配の思想的支柱とされた。

明治天皇は、自由民権運動、日清、日露戦争と波乱のなかで現人神《あらひとがみ》とされつつ、半封建的近代の殖産興業・富国強兵的発展を貫く背骨を形づくっていた。渋谷区代々木神園町の明治神宮に祭られている。

一九一二年九月十三日、明治天皇の葬儀の日に夫人の静子とともに自殺した乃木希典は、港区赤坂の乃木神社に祭られ、一九一三年、元帥の称号をうけた東郷平八郎は渋谷区神宮前の東郷神社に祭られている。

「伊勢神宮の御光を東京に」として一八八〇年に東京大神宮（千代田区富士見町）が、一九六六年（昭和四十一）には小石川大神宮（文京区小石川二丁目）が創建された。東京大神宮は最初、日比谷の地に鎮座して「日比谷大神宮」と呼ばれていたが、関東大震災後の一九二八年、現在地の飯田橋に移った。ちなみに、一八八〇年は、『君が代』（林広守・エッケルト作曲）が十一月三日の天長節に発表された年であった。

昭和大恐慌の最中、満州事変直前の一九二九年には、国家主義運動の母体である玄洋社の盟主・頭山満らによって東伏見稲荷神社（西東京市田無町）が創立されている。

一九四五年、アジア・太平洋戦争に敗北した結果、占領軍の指令により、国家神道体制を否定し、信教の自由と政教分離の原則を明記した現憲法が成立したことにより、国家から分離された多くの神社は、神社本庁を結成し、宗教法人となって現在に至っている。

第二章　神々の点描

その昔、武将や市井の人々がゆかりの土地に祭った神々がどんな素顔をしていて、神話ではどんな役割をつとめていたのかを紹介するのが本章である。

「ヤマトタケル」と聞けば「それって炊飯器のコピー？」と尋ねる人もいるほど神とのなじみがうすくなっている。「日本尊」は読みにくい神名ではないが、一般的に敬遠されがちになっているのは難読の名が多いことも一因であろう。本章では神名に仮名で読み方を付記した。

国生み・神生み

『古事記』は、つぎのような文章で書き出されている。

天地《あめつち》初めて発《ひら》けし時、高天原に成れる神の名は、天之御中主神（アメノミナカヌシノカミ）、次に高御産巣日神（タカミムスヒノカミ）、次に神産巣日神（カミムスヒノカミ）。此の三柱の神は並《みな》独神《ひとりがみ》と成り坐《ま》して、身を隠したまひき。

1　天之御中主神〈アメノミナカヌシノカミ、または天之御中主命〈アメノミナカヌシノミコト〉〉

天地開闢のときに生まれた神ということから、高御産巣日神、神産巣日神とともに「造化の三神」と呼ばれている。「独神」とは、対偶神に対する単独神のこと。

祭神・天之御中主神の神社

熊野神社（杉並区和泉）・水天宮（中央区日本橋蠣殻町）・東京大神宮（千代田区富士見）・諏訪神社（町田市相原町）・高明神社（あきる野市乙津）・秋川神明社（あきる野市牛沼）・天祖神社（奥多摩町日原）・大神山神社（小笠原村父島字東町）

2　高御産巣日神〈タカミムスヒノカミ、または高皇産霊尊〈タカミムスヒノミコト〉〉

別名・高木神（タカギノカミ）。天孫降臨のさい、天照大御神とともに天之忍穂耳命（アメノオシホミミノミコト）に降臨を命じた。また、神武東征のとき、神武天皇一行が熊野の神の毒気を受け気を失ったため、高倉下（タカクラジ）なる神に霊妙な太刀を授け、救済にあたるなどの活躍をしている。

天之忍穂耳命に代わって降臨した邇邇芸命（ニニギノミコト）は、天照大御神の子である天之忍穂耳命と高御産巣日神の娘の万幡豊秋津師比売命（ヨロズハタトヨアキヅシヒメノミコト）の間に生まれた子である。

祭神・高御産巣日神の神社

白鬚神社（墨田区東向島）・高木神社（墨田区押上）・東京大神宮（千代田区富士見）・氷川神社（豊

島区池袋本町）・秋川神明社（あきる野市牛沼）・天祖神社（奥多摩町　日原）・小河内神社（奥多摩町河内）

3　神産巣日神（カミムスヒノカミ、または神皇産命〈カミムスヒノミコト〉）

国造りのために高天原から遣わされた少名毘古那神（スクナヒコナノカミ・少彦名命〈スクナヒコナノミコト〉）は、神産巣日神の子。大国主神とともに国造りの神とされ、全国各地に祭られている。

祭神・神産巣日神の神社

白鬚神社（墨田区東向島）・東京大神宮（千代田区富士見）・國領神社（調布市国領町）　・天祖神社（奥多摩町日原）

祭神・神皇産命の神社

秋川神明社（あきる野市牛沼）

『古事記』の冒頭の文章はつぎのように続く。

次に国（天上の国に対する地上の国のこと）稚《わか》く、浮かべる脂の如くして、水母《くらげ》なす漂へる時に、葦牙《あしかび》の如く萌え騰《あが》る物に因りて成れる神の名は、宇摩志阿斯訶備比古遅神（ウマシアシカビヒコヂノカミ）、次に天之常立神。（アメノトコタチノカミ）。此の二柱の神も亦、並独《みな》神と成り坐《ま》して、身を隠したまひき。

次に成れる神の名は、国之常立命（クニノトコタチノミコト）、次に豊雲野神（トヨクモノノカミ）。

この二柱の神も亦、独神と成り坐して、身を隠したまひき。

国土の形が依然整わず、海に浮く油、クラゲのようで、葦の芽のように伸び上がる勢いで生成したのが宇摩志阿斯訶備比古遅神と天之常立神の二柱の神である。ついで、国之常立命、豊雲野神が生まれたという。

『古事記』は冒頭部分で、このように神々の名を順次あげ、天之御中主神から神産巣日神の三柱を「造化の三柱」、天之御中主神から天之常立神までの五柱を「別天つ神（コトアマツカミ）の五柱」（とくに尊貴な天つ神）とし、つぎの国之常立命、豊雲野神から伊邪那岐神・伊邪那美神までの七代を「神世七代」と呼んでいる。

「造化の三柱」
天之御中主神
高御産巣日神
神産巣日神

「別天つ神の五柱」
天之御中主神
高御産巣日神
神産巣日神
宇摩志阿斯訶備比古遅神
天之常立神

「神世七代」
国之常立命
豊雲野神
宇比地邇神・須比智邇神
角杙神・活杙神
意富斗能地神・大斗乃弁神
於母陀流命・阿夜訶志古泥命

伊邪那岐神・伊邪那美神

4　天神七代

天地開闢の初めに現れた七代の神。『古事記』では「神世七代」のこと。国之常立命（クニノトコタチノカミ）、豊雲野神（トヨクモノカミ）までは独神、以降は対偶神である。宇比地邇神（ウヒヂニノカミ）・須比智邇神（スヒヂニノカミ＝女神）、角杙神（ツノグヒノカミ）・活杙神（イクグヒノカミ＝女神）、意富斗能地神（オホトノヂノカミ）・大斗乃弁神（オホトノベノカミ＝女神）、於母陀流命（オモダルノミコト）・阿夜訶志古泥命（アヤカシコネノミコト＝女神）、伊邪那岐神（イザナギノカミ）・伊邪那美神（イザナミノカミ＝女神）。

祭神・天神七代の神社
十二所《じゅうにしょ》神社（武蔵村山市三ッ木）

5　国之常立命（または国常立命〈クニノトコタチノミコト〉、国底立命〈クニノソコダチノミコト〉）

『古事記』では国之常立命、『日本書紀』では国常立命と記され、国底立命は別名。天之常立神と対の神で、天之常立神が天上の高天原がとこしえに維持されることを意味しているのに対し、国之常立命は国家が永久に成立することを意味する神である。

祭神・国之常立命の神社

鷲神社（足立区島根）・御嶽神社（大田区北嶺町）・日枝神社（千代田区永田町）・御嶽神社（練馬区下石神井）・大鳥神社（目黒区下目黒）・二宮神社（あきる野市二宮）・天祖神社（奥多摩町日原）

祭神・国底立命の神社

秋川神明社（あきる野市牛沼）

6　豊雲野神（トヨクモノカミ、豊雲野命〈トヨクモノミコト〉ともいう）

天地開闢のとき、国之常立命（クニノトコタチノミコト）についで高天原に現れたという神。神世七代の一神。豊斟渟神（トヨクムネノカミ）ともいう。

祭神・豊雲野命

御嶽《おんたけ》神社（大田区北嶺町）

7　於母陀流命（オモダルノミコト、または面足命）

神世七代のうち、初めの国之常立命と豊雲野神は独神、宇比地邇神から後は二柱で一代として数える。於母陀流命は六代目の男神で、阿夜訶志古泥命（女神）と夫婦神である。

祭神・於母陀流命、面足命の神社

氷川神社（足立区江北）・胡録神社（荒川区南千住）・氷川神社（品川区西五反田）・穏田神社（渋谷区神宮前）・榊神社（台東区蔵前）・稲足《いなたり》神社（あきる野市菅生）

8　阿夜訶志古泥命〈アヤカシコネノミコト、または惶根命〈カシコネノミコト〉〉

神世七代の六代目、於母陀流命とペアの女神。
祭神・阿夜訶志古泥命の神社
穏田神社（渋谷区神宮前）
祭神・惶根命の神社
胡録神社（荒川区南千住）・氷川神社（品川区西五反田）・榊神社（台東区蔵前）・稲足神社（あきる野市菅生）

9　天神第六代坐榊皇大御神（アマツカミムツノミヨニアタリタマウサカキノスメオオカミ）

「神世七代」の第六番目の於母陀流命（オモダルノミコト）と阿夜訶志古泥命（アヤカシコネノミコト）のペアのことである。

於母陀流命の別名は面足命。「オモ」は面、「ダル」は「足る」の意味で、「整い、充足していく状態」を表している。男神。

阿夜訶志古泥命の別名は惶根命（カシコネノミコト）。「アヤ」は驚きの「アア」という感動詞。「カシコ」は「畏し」、「ネ」は親しみを表す接尾語である。女神。

両神の名は、天地が創造されていく過程での神々の表情、心情が表現されているとされている。

祭神・天神第六代坐榊皇大御神の神社
榊神社（台東区蔵前）

10　伊邪那岐神（イザナギノカミ、または伊弉諾命〈イザナギノミコト〉）

天地開闢の高天原に現れた神世七代の最後の神で、伊邪那美神（イザナミノカミ）と夫婦神。『古事記』は天上界の始まりについで、国土創世をこう描いている。

天つ神もろもろの命を受け、伊邪那岐神、伊邪那美神は天の沼矛《ぬぼこ》（玉で飾った矛）を天の浮橋からさし降ろして、海水を「こをろこをろ」とかき鳴らした。すると、その矛の先から滴り落ちた塩が、重なり積もって、島になった。これが「淤能碁呂島《おのごろしま》」である。

二神は、その島に降り立つと、御殿を築いた。「あなたの体はどんな風にできていますか？」と伊邪那岐神に問われた伊邪那美神は、「私の体はできあがりましたが、なお合わないところが一カ所あります」と答えた。すると、伊邪那岐神は「私の体はできあがったが、余ったところが一カ所あります。だから、私の余ったところを、あなたの合わないところにさして、国を生み出そうと思うが、どうだろう」と言えば、伊邪那美神は「それはいいでしょう」と答えた。伊邪那美神が先に「ほんとうに立派な青年だわ」と言えば、その後に伊邪那岐神が「本当に美しいお嬢さんだ」と返し、契りを交わした。

そして水蛭子《ひるこ》を産んだが、ヒルのような障害児で、葦で編んだ舟に乗せて、流し捨ててしまった。天に上って、天の神様のご意見をうかがったところ、「女の方が先に『素晴らしい男よ』と言ったのがよろしくない」と言われ、こんどは夫唱婦随で再び交わったところ、淡路島をはじめ八つの島・大八島国（日本）を生んだというのである。

祭神・伊邪那岐神の神社

熊野神社〈板橋区志村〉・熊野神社〈板橋区前野町〉・多摩川浅間神社〈大田区田園調布〉・熊野神社〈大田区山王〉・熊野神社〈葛飾区立石〉・王子神社〈北区王子本町〉・七社神社〈北区西ケ原〉・八幡神社〈品川区東大井〉・熊野神社〈杉並区和泉〉・玉川神社〈世田谷区等々力〉・今戸神社〈台東区今戸〉・元三島神社〈台東区根岸〉・松島神社〈中央区人形町〉・白山神社〈文京区白山〉・天祖神社〈港区六本木〉・熊野神社〈立川市高松町〉・熊野神社〈国分寺市西恋ケ窪〉・熊野宮〈小平市仲町〉・多賀神社〈八王子市元本郷町〉・熊野神社〈町田市鶴間〉・白山神社〈多摩市連光寺〉・小宮神社〈あきる野市草花〉・高明神社〈あきる野市乙津〉・白山神社〈日の出町大久野〉・神明社〈福生市福生〉・狭山神社〈瑞穂町箱根ヶ崎〉・元狭山神社〈瑞穂町駒形富士山〉

11　伊邪那美神〈イザナミノカミ、または伊弉冉命、伊弉柵尊〈イザナミノミコト〉〉

伊邪那岐神・伊邪那美神の両神は「国生み」を終えると、「神生み」に移った。海の神、山の神、穀物の神などを生み、火の神・火之迦具土神〈ホノカグツチノカミ〉を生んだ。伊邪那美神が火の神を出産するとき、陰部に火傷を負い、死んでしまう。伊邪那岐神は伊邪那美神を出雲〈島根県〉と伯耆〈鳥取県〉の境にある比婆山に葬った。火之迦具土神は伊邪那岐神に恨まれ、切り殺される。ほとばしりでた血から、大国主命の国譲りや神武天皇東征のさいに活躍する建御雷之男神〈タケミカヅチノオノカミ、または武甕槌命〈タケミカヅチノミコト〉〉が生まれた。

伊邪那岐神は亡妻に会いたさ一心で、死者が赴く黄泉国《よみのくに》へ追った。伊邪那岐神は伊邪那美神に「帰ってきて、国造りをし終えて欲しい」と訴えた。伊邪那美神は「黄泉国の仲間入りをしてしまった。けれど、黄泉神に相談してみますから、それまでは私の姿を覗いてはいけませんよ」と念を押した。伊邪那岐神が禁を犯し、「一《ひと》つ火《び》燭《とも》して」見ると、伊邪那美神は死体になって、体のあちこちから「八つの雷神」が生まれ、性器には「析雷《さくいかづち》」（ものを裂く落雷）が生じたという。腐乱した死体にはウジが群がって、あまりのむごさに恐れおののき、伊邪那岐神は黄泉国から逃げようとする。そのあとを「よくも私に恥をかかせたわね」と怒って、伊邪那美神が追いかけて来る。黄泉国と現世との境である黄泉比良坂にやっとたどり着き、千引岩を引きふさぐと、伊邪那岐神は現世に戻ることができた。

祭神・伊邪那美神の神社

氷川神社（足立区江北）・熊野神社（板橋区熊野町）・熊野神社（板橋区志村）・熊野神社（板橋区前野町）・多摩川浅間神社（大田区田園調布）・王子神社（北区王子本町）・七社神社（北区西ケ原）・白山神社（北区堀船）・志演《しのぶ》神社（江東区北砂）・八幡神社（品川区東大井）・熊野神社（渋谷区神宮前）・熊野神社（新宿区西新宿）・熊野神社（杉並区天沼）・熊野神社（杉並区和泉）・白山神社（杉並区上荻）・馬橋稲荷神社（杉並区阿佐谷）・六所神社（世田谷区赤堤）・玉川神社（世田谷区等々力）・今戸神社（台東区今戸）・松島神社（中央区日本橋人形町）・日枝神社（千代田区永田町）・今宮神社（文京区音羽）・白山神社（文京区白山）・幸稲荷神社（港区芝公園）・天祖神社（港区六本木）・熊野神社（目黒区自由が丘）・熊野神社（立川市高松町）・熊野神社（国分寺市西恋が窪）・熊野宮（小平市仲町）・多賀神社（八王子市元本郷町）・熊野神社（町田市鶴間）・春日神社（町田市大蔵町）・白山神社（多摩市連光寺）・成木神社（青梅市成木）・千ケ瀬神社（青

梅市千ケ瀬町）・神明社（福生市福生）・高明神社（あきる野市乙津）・狭山神社（瑞穂町箱根ヶ崎）・元狭山神社（瑞穂町駒形富士山）・熊野神社（奥多摩町小丹波）・小河内神社（奥多摩町河内）

12　火之迦具土神（ホノカグツチノカミ、香具槌命、訶遇突智神、訶遇槌命〈カグツチノミコト〉、または火生霊命〈ホムスビノミコト〉、火産日神、愛宕社とも）

多くの神々を出産した伊邪那美神は、最後に生んだ火の神・火之迦具土神により、陰部に火傷を負い、死んでしまう。火之迦具土神は、父親の伊邪那岐神に斬り殺される。別名の火生霊命の通り、鎮火、防火、火伏せの神として崇められている。

祭神・訶遇突智神の神社

愛宕神社（江東区大島二−一五−四）・大島稲荷神社（江東区大島）・元狭山神社（西多摩郡瑞穂町駒形富士山）・伊勢社（西多摩郡桧原村）

祭神・火生霊命の神社

秋葉神社（台東区松が谷）・愛宕神社（港区愛宕）・八幡神社（東大和市奈良橋）・千ケ瀬神社（青梅市千ケ瀬町）・小河内神社（西多摩郡奥多摩町河内）

祭神・愛宕社の神社。

小平神明社（小平市小川町）

13　秋葉大神

祭神は火之迦具土神（ホノカグツチノカミ）。生まれ出るときに、母体の伊邪那美神を死へ導いてしまい、父の伊邪那岐神の恨みを買って、斬り殺されたという悲劇の神である。火の神とされていたが、時代が下るにつれ、防火の神として祭られるようになった。静岡県浜松市の、天竜川上流東岸にそびえる秋葉山にある秋葉神社を総本社とし、「秋葉信仰」と呼ばれて、全国に広がり、各地の秋葉神社の祭神となっている。

「江戸の華」などといわれるほど火事が多かった江戸時代、秋葉神社は江戸城内に祭られていたが、東京大火災後の明治二年（一八六九）の初め、神田相生町など十七カ町でつくった火除け地に移された。秋葉原の地名は神社が鎮座していたころの名残りである。

明治二十一年、鉄道駅が設置されるため、台東区へ移転した。

祭神・秋葉大神の神社

西向天神社（新宿区新宿）

14　埴山比売大神（ハニヤマヒメノオオカミ）

火之迦具土神を産んで、病床で苦しんでいた伊邪那美神が大便をした。その便から波邇夜須毘古神（ハニヤスヒコノカミ）と波邇夜須毘売神（ハニヤスビメノカミ）が化生した。波邇夜須毘売神は、またの名を埴山比売大神という。埴は「埴輪」などと使われるように粘土のことで、便から粘土を連想したのであろうといわれている。埴山比売大神は土の神である。

秋葉神社（台東区松が谷）には火の神・火産霊大神（ホムスビノオオカミ、またの名は火之迦具土神）、水の神・水波能売大神（ミズハノメノオオカミ）、土の神・埴山比売大神が祭られている。

祭神・埴山比売大神

秋葉神社（台東区松が谷）

15　竈大神（カマドオオカミ）

奥津日子神（オキツヒコノカミ）、奥津比売命（オキツヒメノミコト）と訶遇突智神（カグツチノカミ）を竈三柱神という。かまどを守る神。奥津日子神と奥津比売命（またの名は大戸比命神〈オオヘヒメノカミ〉）は大年神と天知迦流美豆比売（アメシルカルミヅヒメ）の子である。

祭神・竈大神の神社

富岡八幡宮（江東区富岡）

16　常磐社神（トキワシャノカミ）

造化三神（天之御中主神、高御産巣日神、神産巣日神）と伊邪那岐神、伊邪那美神をいう。

祭神・常磐社神の神社

富岡八幡宮（江東区富岡）

17　速秋津日子神（ハヤアキツヒコノカミ）と速秋津比売神（ハヤアキツヒメノカミ）

「国生み」を終えた伊邪那岐神、伊邪那美神の両神は「神生み」に移り、速秋津日子神と速秋津比売神を生んだ。男女一対で、水門、河口、港の神とされている。

祭神・速秋津日子神と速秋津比売神の神社

隅田川神社（墨田区堤通）

18　久久能智命（ククノチノミコト、久久能智神）

伊邪那岐神と伊邪那美神の両神が、速秋津日子神と速秋津比売神についで生んだ神。木の神として崇められている。

祭神・久久能智命の神社

大森神社（大田区大森北）

19　級長津彦命（シナツヒコノミコト、または志那都比古神〈シナツヒコノカミ〉）と級長戸辺命（シナトベノミコト、または志那都比売神〈シナトヒメノカミ〉）

『古事記』では志那都比古神、『日本書紀』では級長津彦命と表記され、級長戸辺命は女神で、この二柱は一対の神である。伊邪那岐神が朝霧を吹き払った息から生まれた神といわれ、暴風を鎮める風の神とされている。級長津彦命と級長戸辺命とを同一神とする説に対して、『古事記伝』で本居宣長は、本来は男女一対の神である、としている。
祭神・級長津彦命と級長戸辺命の神社
田無神社（西東京市田無町）

20 弥都波能売神（美都波能売神、水波能売神〈ミツハノメノカミ〉、または罔象女命〈ミツハノメノミコト〉）

伊邪那美神が火の神・火之迦具土神を出産するさい、火傷を負い、病気になった。病床にあってなお、神々を生み続けるが、その一柱が水の神・弥都波能売神である。
祭神・罔象女命の神社
秋葉神社（台東区松が谷）・馬橋稲荷神社（杉並区阿佐谷南）・愛宕神社（港区愛宕）・神明社（福生市福生）・春日神社（日の出町平井）

21 水神（スイジン）

灌漑用水や飲料水などをつかさどる神。『古事記』では弥都波能売神（または美都波能売神、水波能売神〈ミツハノメノカミ〉、罔象女命〈ミツハノメノミコト〉と表記）が水の神とされている。

火の神・火之迦具土神（ホノカグツチノカミ）を出産して、療養することになった伊邪那美神が病床で吐いたへどから生まれた神が、金山毘古神（カナヤマビコノカミ）と金山毘売神（カナヤマビメノカミ）である。便から生まれた神は波邇夜須毘古神（ハニヤスヒコノカミ）と波邇夜須毘売神（ハニヤスヒメノカミ）、尿からの神が弥都波能売神と和久産巣日神（ワクムスビノカミ）であった。
祭神・水神の神社
青渭《あおい》神社（調布市深大寺元町）

22 豊受大御神（トヨウケオオミカミ、豊受姫神〈トヨウケヒメノカミ〉、豊宇気毘売〈トヨウケビメ〉、豊宇迦能売神〈トヨウカノメノカミ〉）

伊邪那美神は、弥都波能売神と同時に和久産巣日神（ワクムスビノカミ）を生んだが、この二柱の子が豊受大御神である。

宇迦之御魂大神（ウカノミタマノオオカミ）、保食神（ウケモチノカミ）、大気津比売神（オオゲツヒメノカミ）など「ウカ」「ウケ」「ケ」ノ発音をもつ神は食物神が多い。伊勢神宮の内宮は天照大御神が祭られ、外宮は豊受大神宮とも呼ばれ、豊受大御神を主祭神としている。

祭神・豊受大御神の神社
石濱神社（荒川区南千住）・天祖・諏訪神社（品川区南大井）・東京大神宮（千代田区富士見）・芝大神宮（港区芝大門）・日比谷神社（港区東新橋）・母智丘《もちお》神社（町田市原町田）・神明社（福生市福生）・勝沼神社（青梅市勝沼）・千ケ瀬神社（青梅市千ケ瀬町）
祭神・豊宇迦能売神の神社
櫻田神社（港区西麻布）

祭神・豊受姫命の神社
天祖神社（板橋区南常盤台）・稲荷神社（板橋区宮本町）・稲荷神社（江戸川区北葛西）・穴守稲荷神社（大田区羽田）・荏原神社（品川区北品川）・田端神社（杉並区荻窪）・於岩稲荷田宮神社（中央区新川）・鐵砲洲稲荷神社（中央区湊）・稲荷神社（文京区目白台）・千ケ瀬神社（青梅市千ケ瀬町）
祭神・豊由気大神の神社
白鬚神社（墨田区東向島）

23　和久産巣日神（ワクムスビノカミ、稚産霊命〈ワクムスビノミコト〉）

伊邪那美神が罔象女命（弥都波能売神）を生み、つぎに生まれたのが和久産巣日神である。野を耕作して、農地に転換し、収穫を伸ばす生産の神、また、水をつかさどる神とされている。

祭神・和久産巣日神の神社
王子稲荷神社（北区岸町）
祭神・稚産霊命の神社
鐵砲洲稲荷神社（中央区湊）

24　国狭槌尊（クニサヅチノミコト、国狭土神〈クニサヅチノカミ〉）

伊邪那岐神・伊邪那美神の生んだ山の神・大山津見神（オオヤマツノカミ）と野の神・野椎神（ノヅ

チノカミ、またの名は鹿屋野比売）の子。土の神とされている。『日本書紀』では神代七代のうちの一柱。

祭神・国狭槌尊

御嶽《おんたけ》神社（大田区北嶺町）・日吉八王子神社（八王子市日吉町）

25 岩筒雄命（イワツツノオノミコト、岩筒男神〈イワツツノオノカミ〉）

伊邪那岐神が長い剣を抜いて、火之迦具土神の首を斬ったとき、剣の先についた血が「清らかな巌」にほとばしりついて、出現した神。経津主神（フツヌシノカミ）の親神といわれ、防火の神である。

祭神・岩筒雄命の神社

赤城神社（新宿区赤城元町）

26 高おかみ神（または闇淤加美〈クラオカミ〉といい、高おかみの大神という）

伊邪那岐神が火之迦具土神を斬ったとき、剣の柄に集まって、手の指の間から滴り落ちる血から生まれた神。

祭神・高龗《おかみ》神、または高龗の大神の神社

貴船神社（大田区大森東）・居木《いるぎ》神社（品川区大崎）・荏原神社（品川区北品川）・貴船神社（品川区西品川）

27 貴船大神

祭神は祈雨・止雨祈願の神・高おかみの大神。日照りのときの雨乞いと五穀豊穣の神としてあがめられている。

祭神・貴船大神の神社

小河内神社（西多摩郡奥多摩町河内）

28　速玉之男命（ハヤタマノオノミコト）

黄泉国の伊邪那美神を訪ねた伊邪那岐神は、「あなた、来るのが遅いわ。ここでつくったものを食べてしまったので、現世には戻れません。寝なくてはなりませんので、のぞかないで」と言われたにもかかわらず、約束を破ってしまった。のぞき見を非難された伊邪那岐神は、帰ろうとしたとき、「離婚しよう」といい、唾を吐いた。その唾から生まれた神が速玉之男命。「唾」は「誓いの言葉」を確実にするシンボルのように使われているようだ。速玉之男命のつぎに唾から生まれた神が泉津事解之男尊（ヨモツコトサカノオノミコト）であった。

祭神・速玉之男命の神社

熊野神社（板橋区熊野町）・熊野神社（葛飾区立石）・王子神社（北区王子本町）・熊野神社（目黒区自由ケ丘）・熊野宮（小平市仲町）・成木神社（青梅市成木）・小河内神社（西多摩郡奥多摩町河内）・熊野神社（西多摩郡奥多摩町小丹波）

29　鳴雷神（ナルイカヅチノカミ）

伊邪那岐命が黄泉国で伊邪那美命の屍を見たとき、その肢体に生じていた八種の雷神をいう。すなわち、頭には大雷（オオイカヅチ）、胸には火雷（ホノイカヅチ）、腹には黒雷（クロイカヅチ）、陰部には析雷（サクイカヅチ）、左手には若雷（ワキイカヅチ）、右手には土雷（ツチイカヅチ）、左足には鳴雷（ナルイカヅチ）、右足には伏雷（フシイカヅチ）の八柱の雷神である。

転じて、自然現象としての雷それ自体を神としている場合もある。雷の文字は雨が田に降り注ぐ形をしており、また、稲光・落雷が多い年は豊作といわれるほど、雷と稲作との関係は深く、雷は農業の神として古来から信仰されてきた。

祭神・鳴雷神の神社

春日神社（日の出町平井）

30　泉津事解之男尊（ヨモツコトサカノオノミコト、または豫母津事解之男神、泉津事解美男神）

黄泉国で伊邪那岐神が伊邪那美神に穏やかな口調で「もう縁を切りましょう」と離別の言葉を交わしたとき、伊邪那美神は「あなたがこんなこと（「見てはいけない」という約束を破ったこと）をするなら、私はあなたの国の人間を一日に千人殺しましょう」と言った。すると、伊邪那岐神は「私は一日に千五百もの産屋を建ててみせる」と言葉を返し、一日に千人死んでも、千五百人は必ず生まれるぞと応酬した。「お前には負けないつもりだ」と誓いの言葉を述べたあと、伊邪那岐神が吐いた唾から生まれた神が速玉之男命、つぎに掃きはらって生まれた神が泉津事解之男尊である。事解《ことさか》は離縁の意。
祭神・泉津事解之男尊（豫母津事解之男神、泉津事解美男神）の神社
熊野神社（目黒区自由ケ丘）・狭山神社（西多摩郡瑞穂町箱根ヶ崎）
祭神・事解之男命の神社
熊野神社（板橋区熊野町）・熊野神社（板橋区志村）・熊野神社（葛飾区立石）・王子神社（北区王子本町）・玉川神社（世田谷区等々力）・熊野宮（小平市仲町）・成木神社（青梅市成木）・熊野神社（西多摩郡奥多摩町小丹波）・小河内神社（西多摩郡奥多摩町河内）

31　祓戸《はらえど》の大神四柱

伊邪那岐神が黄泉国で亡妻・伊邪那美神と会って戻ったあと、日向は橘の小門《おど》の阿波岐原で禊祓《みそぎはらえ》をしたさい、いろいろな神々が現れるが、黄泉国での禍《わざわい》や罪のけがれを祓おうとして現れた神々。祓えどころの川の落ち口を主宰する神々は、瀬織津比売大神（セオリツヒメノオオカミ）、速開都比売大神（ハヤアキツヒメノオオカミ、または速秋津姫尊〈ハヤアキツヒメノミコト〉、別名・伊豆能売神〈イズノメノカミ〉）、気吹戸主大神（イブキドヌシノオオカミ）、速佐須良比売大神（ハヤスサラヒメノオオカミ）である。

川の神といわれる瀬織津比売大神は、勢いよく流れ下る川の水の力で罪のけがれを押し流し、荒潮の流れに坐す海の神・速開都比売大神は、大海へ流れ出た罪のけがれを飲み込んでしまう。風の神とされる気吹戸主大神は、速開都比売大神が飲み込んだ罪のけがれを地底に吹き放つ。地底に住む速佐

須良比売大神は、罪のけがれを浄化し、消滅させてしまう。四柱の神は、このようにして伊邪那岐神をお祓いし、よみがえらせた（黄泉帰らせた）というわけである。

祭神・瀬織津比売大神、速開都比売大神、気吹戸主大神、速佐須良比売大神の神社

日比谷神社（鯖稲荷）（港区東新橋）

祭神・瀬織津姫命の神社

小野神社（多摩市一の宮）

32 伊豆能売神（イズノメノカミ、または速開都比売大神〈ハヤアキツヒメノオオカミ〉、速開津比売〈ハヤアキツヒメ〉）

祓戸《はらえど》の大神四柱の一柱。瀬織津比売大神（セオリツヒメノオオカミ）が川の神、気吹戸主大神（イブキドヌシノオオカミ）が風の神、速佐須良比売大神（ハヤスサラヒメノオオカミ）が地底の神といわれるのに対し、伊豆能売神は海の神といわれ、海の底で待ち構えていて、禍事・罪・汚れを飲み込む神である。

祭神・伊豆能売神の神社

鹿島玉川神社（青梅市長渕）

33 底筒之男命・中筒之男命・上筒之男命（ソコツツノオノミコト、ナカツツノオノミコト、ウワツツノ

オノミコト、または底筒男命・中筒男命・表筒男命）

伊邪那岐神が日向・橘の小門の阿波岐原で禊祓をしたさい、水底で体をすすいだときに現れた神が底筒之男命。海中で清めたときに現れた神が中筒之男命。水面で洗ったときに現れた神は上筒之男命である。三神とも航海の守護神とされている。三神は、神功皇后による新羅《しらぎ》征討を助けたことで知られ、住吉大神といわれている。

祭神・底筒之男命・中筒之男命・上筒之男命の神社

小岩神社（江戸川区東小岩）・住吉神社（中央区佃）・住吉神社（青梅市青梅）・住吉神社琴平神社合社（宮尾神社　八王子市上恩方町）・住吉神社（八王子市戸吹町）・能ケ谷神社（町田市能ケ谷）

祭神・表筒男命の神社

春日神社（町田市大蔵町）

34　八街比古命・八街比売命（または八衢比古命・八衢比売命〈ヤチマタヒコノミコト、ヤチマタヒメノミコト〉）

伊邪那岐神が阿波岐原で禊ぎをしたさい、投げ捨てた褌《はかま》から生まれたのが道俣神（チマタノカミ。道のわかれる所を守って、邪神・悪霊の侵入を防ぐ神）である。天孫降臨のさい、衢《ちまた》に迎えて先導した猿田彦神の別称ともいわれる。

祭神・八街比古命・八街比売命の神社

田無神社（西東京市田無町）

35 菊理姫命（ククリヒメノミコト、菊理姫神、菊理媛神）

伊邪那岐神と伊邪那美神が仲違いしているところに菊理姫命が登場する場面が、『日本書紀』に描かれている。菊理姫命が伊邪那岐神に何かを語り、それを聞いた伊邪那岐神は、菊理姫命を褒めたと記されているが、菊理姫命と伊邪那岐神との間で交わされた話の内容は不明である。

祭神・菊理姫命の神社

多摩川浅間神社（大田区田園調布）・白山神社（文京区白山）・元狭山神社（西多摩郡瑞穂町駒形富士山）・白山神社（西多摩郡日の出町大久野）

36 熊野三神

和歌山県熊野地方にある熊野坐神社（本宮）、熊野速玉神社（熊野新宮）、熊野那智神社の熊野三山に祭られている主祭神。

田辺市本宮町にある熊野坐神社の祭神は、須佐之男命の子の家津御子神（ケツミコノカミ）、新宮市の熊野川河口近くにある熊野速玉神社の祭神は、伊邪那岐命の子の熊野速玉神（クマノハヤタマノカミ）、田辺市那智勝浦町の那智山ふもとの熊野那智神社の祭神は、天照大御神の子の熊野夫須美神（クマノフスミカミ）である。

熊野は、神武天皇が八咫烏《やたがらす》の先導で大和国に進軍したさいの上陸地点であり、伊邪那美命が隠れたところとも伝えられ、記紀の神話に深く関わる土地である。濃密な森、深い谷、険しい崖など原始の自然を残し、本宮は樹木崇拝に起源し、速玉神社は巨岩崇拝に、那智神社は滝崇拝に起源しているといわれる。

祭神・熊野三神の神社

小河内神社（西多摩郡奥多摩町河内）

37 **鬼王権現《きおうごんげん》**

月夜見命、大物主命、天手力男命、火産霊神を祭神としている。鬼王権現は、新宿区歌舞伎町の稲荷鬼王神社に天保三年（一八三二）、熊野（和歌山県）から勧請された。熊野の鬼王権現は現存していないので、「鬼王」の名のつく神社は稲荷鬼王神社だけである。

祭神・鬼王権現の神社

稲荷鬼王神社（新宿区歌舞伎町）

天の岩戸こもり

38 **天照大御神**（アマテラスオオミカミ、または、大日孁貴尊〈オオヒルメムチノミコト〉、大日孁命〈オ

オヒルメノミコト〉）

伊邪那岐神が禊ぎをしたさい、左の目を洗って誕生したのが天照大御神、右の目を洗って誕生したのが月読命（ツクヨミノミコト）、鼻を洗うと誕生したのが建速須佐之男命（タケハヤスサノオノミコト）であった。三貴子（みはしらのうずのみこ）をもうけ、喜びひとしおの伊邪那岐神は、天照大御神には高天原《たかまがはら》を、月読命には夜の食国《おすくに》を、建速須佐之男命には海原を治めるように命じた。

天照大御神は高天原にいて、孫の邇邇芸命（ニニギノミコト）を大八州の主として、高天原から降し、治めさせた。これがいわゆる天孫降臨である

祭神を天照大御神とする神社

〔二十三区〕

梅田神明宮（足立区梅田）・石浜神社（荒川区南千住）・天祖神社（板橋区南常盤台）・諏訪神社（江戸川区平井）・天祖神社（江戸川区東葛西）・小岩神社（江戸川区東小岩）・稗田《ひえだ》神社（大田区蒲田）・天祖神社（葛飾区高砂）・天祖神社（葛飾区堀切）・王子神社（北区王子本町）・東大島神社（江東区大島）・天祖神社（江東区亀戸）・猿江神社（江東区猿江）・深川神明宮（江東区森下）・富岡八幡宮（江東区富岡）・上神明天祖神社（品川区二葉）・下神明天祖神社（品川区二葉）・荏原神社（品川区北品川）・天祖・諏訪神社（品川区南大井）・氷川神社（渋谷区東）・神明宮（杉並区阿佐谷北）・田端神社（杉並区荻窪）・天祖神社（杉並区高円寺南）・白鬚神社（墨田区東向島）・玉川神社（世田谷区等々力）・天祖神社（世田谷区経堂）・六所神社（世田谷区給田）・深澤神社（世田谷区深沢）・東京大神宮（千代田区富士見）・天祖神社（豊島

区南大塚）・氷川神社（豊島区池袋本町）・土志田八幡宮（練馬区土志田）・今宮神社（文京区音羽）・小石川大神宮（文京区小石川）・天祖神社（文京区本駒込）・芝大神宮（港区芝大門）・天祖神社（港区六本木）・芝元神明宮（港区三田）・氷川神社（目黒区大橋）

〔多摩〕

神明社（三鷹市牟礼）・國領神社（調布市国領）・神明社（国分寺市西町）・小平神明　宮（小平市小川町）・神明神社（昭島市拝島町）・神明社（武蔵村山市中央）・子安神社（八王子市明神町）・能ケ谷神社（町田市能ケ谷）・神明社（福生市福生）・秋川神明社（あきる野市牛沼）・勝沼神社（青梅市勝沼）・千ケ瀬神社（青梅市千ケ瀬町）・小河内神社（西多摩郡奥多摩町河内）・元狭山神社（西多摩郡瑞穂町駒形富士山）

〔島嶼〕

大宮神社（大島町野増字大宮）・十三社神社（新島村本村）・大神山神社（小笠原村父島字東町）

祭神・大日孁貴尊、大日貴尊、大日孁尊、大日孁貴命、大日命、日前大神の神社

天祖神社（板橋区西台）・天祖神社（葛飾区東新小岩）・松島神社（中央区日本橋人形町）・氷川神社（中野区弥生町）・天祖若宮八幡宮（練馬区関町北）・小平神明宮（小平市小川町）・能ケ谷神社（町田市能ケ谷）・伊勢社（西多摩郡桧原村）

39　月読命（ツクヨミノミコト、または月夜見命）

伊邪那岐神が禊祓で右目を洗っているときに誕生した神。伊邪那岐神から夜の食国を治めるよう命

じられた。
祭神・月読命の神社
稲荷鬼王神社（新宿区歌舞伎町）・今熊神社（今熊大権現　八王子市上川町）

40　日月大神（ニチゲツノオオカミ）

どんな神様なのか、祭神としている東大和市奈良橋の八幡神社でもよく分からないといわれる。そこで、こんな推定をしてみた——黄泉国から逃れてきた伊邪那岐命は「けがれた体を清めなければ」と、筑紫・日向《ひむか》の橋の小門《おど》阿波岐原《あわきはら》に赴き、禊祓をする。身につけていた帯や衣、袴などを脱いで投げ捨てていくとそれぞれが神に化生し、清流に身を浸すと、流れのなかからも神々が生まれてきた。そして、最後に左の目を洗うと天照大御神が、右の目を洗うと月読命が、鼻を洗うと建速須佐之男命が誕生した。日月大神は日の神・天照大御神と、月の神・月読命とを合わせた神として信仰された、とは考えられないだろうか。
祭神・日月大神の神社
八幡神社（東大和市奈良橋）

41　保食神（ウケモチノカミ、または宇気母智之神、受持神、保食姫命〈ウケモチヒメノミコト〉）

保食神は『古事記』には登場しない。『日本書紀』の「黄泉の国」の段の「一書（第十一）」だけに登場する神である。

天照大御神から「葦原中国《あしはらのなかつくに》に保食神というのがいるそうだ。行って見ておいで」との命を受けた月夜見命が、葦原中国に降りて探し出した神である。保食神が頭を陸地の方へ向けると、口から飯が出てきた。海へ向けると、色々な魚が、山へ向けると、さまざまな獣が出てきた。これらの食べ物を調理して、百脚のテーブルに並べ月夜見命をもてなした。

ところが、月夜見命は怒った。「どうして、口から吐き出したものを、わざわざ私に食べさせようとするのか。汚い」と言うやいなや、抜刀し斬りつけた。

のちに、月夜見命から報告をうけた天照大御神は「お前は悪い神だ」と怒った。天照大御神はこの後、天熊人（アマノクマヒト）を遣わして、偵察させたところ、保食神はすでに息絶えていた。しかし、神の頭は牛馬に変わり、額からは粟が生え、眉のうえには蚕が、目からは稗が、腹からは稲が、陰部からは麦や大豆、小豆が生えていた。

天熊人は、これらを採取、運搬し、献上した。喜んだ大御神は種子として田や畑にまき、また、蚕を口にふくみ、糸を引き出すことができた。養蚕の始めといわれている。

「お前は悪い神だ」と怒った天照大御神は、それに続けて「お前とはもう二度と会わない」と宣言。それで太陽と月が離ればなれになり、一日が昼と夜に分かれたというエピソードも伝わっている。

祭神・保食神、宇気母智之神、保食姫命、受持神の神社
稲荷神社（板橋区若木）・王子稲荷神社（北区岸町）・花園神社（新宿区新宿）・松島神社（中央区日本

橋人形町）・柳森神社（千代田区須田町）・稲荷神社（豊島区上池袋）・染井稲荷神社（豊島区駒込）・氷川神社（豊島区池袋本町）・菅原神社（豊島区北大塚）・北野神社（中野区新井）・吹上稲荷神社（文京区大塚）・稲荷神社（文京区千石）・秋川神明社（あきる野市手沼）

42 建速須佐之男命（タケハヤスサノオノミコト、または素盞嗚尊、須盞之男尊〈スサノオノミコト〉、別称を櫛御気野命〈クシミケノミコト〉、または櫛御食野神〈クシミケヌノカミ〉）

伊邪那岐神が禊祓で鼻を洗っているときに誕生した神。

伊邪那岐神から「海原」を治めるよう命じられたにもかかわらず、建速須佐之男命だけは「死んだ母の伊邪那美神が住む『根の国』へ行きたい」と、いつまでも泣き叫び、ごね続けるので、父の伊邪那岐神の激怒をかって、高天原から追い出されたのであった。「根の国」へ行くことを決意した須佐之男命は、姉の天照大御神に暇乞いのあいさつを申すべく、昇天してきた。そのときの山河を鳴動させる衝撃は天照大御神を動転させ、男装までして身構えさせたほどであった。

「どんな目的で昇ってきたの？」と、姉は高天原侵略を狙っての昇天と疑い、弟は「邪心はない。別れのあいさつに来たのだ」と答え、それを証明するための「うけい」（誓約）という一種の占いをすることになった。それぞれの珠と剣を交換し、それにお呪《まじな》いをかけて、子を産む。あらかじめ「女の子」（須佐之男命の宣誓）、「男の子」（天照大御神の宣誓）といって、その通りの子が産まれれば、「心の清廉潔白」が証明されたとするものである。

まず、天照大御神が須佐之男命の剣を受け取り、それを噛んで、吐き出した霧のなかから三女神が現れた。市寸島比売命（イチキシマヒメノミコト）、多紀理毘売命（タキリヒメノミコト）、多岐都比売命（タキツヒメノミコト）。宣誓どおり、須佐之男命の剣から三女神が産まれ、須佐之男命の「潔白」が証明されたわけで、これで「うけい」を打ち切ってもいいと思われるが、『古事記』はつぎに、須佐之男命が天照大御神の勾玉を、同じように噛んで吐き出した息吹のなかから、五男神が産まれる描写を続けている。産まれた子の名は天之忍穂耳命（アメノオシホミミノミコト）、天之菩卑能命（アメノホヒノミコト）、天津日子根命（アマツヒコネノミコト）、活津日子根命（イクツヒコネノミコト）、熊野久須毘命（クマノクスヒノミコト）。

天鈿女命の項で詳述するが、須佐之男命は乱暴な性格で、天照大御神を怒らせて天の岩戸にこもらせ、天上から地上へ追放された。出雲（島根）で八岐大蛇《やまたのおろち》を退治して、奇稲田姫（櫛名田比売、クシナダヒメ）と結婚、大蛇の尾から出た天叢雲剣（アメノムラクモノツルギ）を天照大御神に献上した。のちに、三種の神器の一つとして知られる草薙剣である。出雲に宮殿を造営して、安住の地を得た。

天之忍穂耳命は、天孫降臨する邇邇芸命の父である。

祭神・建速須佐之男命の神社

〔二十三区〕

稲荷神社（足立区足立）・氷川神社（足立区江北）・千住本氷川神社（足立区千住）・氷川神社（足立区千住仲町）・千住神社（足立区千住宮元町）・氷川神社（足立区西保木間）・素盞雄神社（荒川区南千住）・

氷川神社（板橋区赤塚）・氷川神社（板橋区東新町）・氷川神社（板橋区氷川町）・氷川神社（板橋区双葉町）・羽田神社（大田区本羽田）・氷川神社（葛飾区堀切）・志演《しのぶ》神社（江東区北砂）・品川神社（品川区北品川）・氷川神社（品川区西五反田）・貴船神社（品川区西品川）・荏原神社（品川区北品川）・氷川神社（渋谷区本町）・氷川神社（渋谷区東）・氷川神社（新宿区下落合）・須賀神社（新宿区須賀町）・氷川神社（杉並区高円寺南）・牛嶋神社（墨田区向島）・氷川神社（世田谷区喜多見）・六所神社（世田谷区赤堤）・須賀神社（台東区浅草橋）・稲荷神社（台東区竜泉）・三崎稲荷神社（千代田区三崎町）・氷川神社（豊島区池袋本町）・氷川神社（豊島区高田）・長崎神社（豊島区長崎）・氷川神社（中野区江古田）・氷川神社（中野区上高田）・氷川神社（中野区沼袋）・氷川神社（中野区東中野）・氷川神社（中野区本町）・氷川神社（中野区弥生町）・氷川神社（練馬区大泉町）・八雲神社（練馬区小竹町）・氷川神社（練馬区石神井台）・氷川神社（練馬区高野台）・氷川神社（練馬区豊玉南）・氷川神社（練馬区氷川台）・今宮神社（文京区音羽）・小日向神社（文京区小日向）・簸川神社（文京区千石）・根津神社（文京区根津）・氷川神社（港区赤坂）・氷川神社（港区白金）・氷川神社（港区元麻布）・氷川神社（目黒区大橋）・氷川神社（目黒区八雲）

〔多摩〕

熊野神社（立川市高松町）・日吉神社（昭島市拝島町）・國領神社（調布市国領町）・熊野神社（府中市西府）・田無神社（西東京市田無町）・氷川神社（東村山市秋津町）・八坂神社（東村山市栄町）・氷川神社（東久留米市南沢）・今熊神社（八王子市上川町）・子安神社（八王子市明神町）・八幡八雲神社（八王子市元横山町）・八坂神社（日野市日野本町）・春日神社（町田市大蔵町）・八雲神社（あきる野市野辺）・千ケ

瀬神社〔青梅市千ヶ瀬町〕・八坂神社〔青梅市小曽木〕・八雲神社〔西多摩郡奥多摩町川井〕・元狭山神社〔西多摩郡瑞穂町駒形富士山〕・阿豆佐味天神社〔西多摩郡瑞穂町殿ケ谷〕

祭神・櫛御食野神の神社

穏田神社〔渋谷区神宮前〕

祭神・櫛御気野命〔須佐之男命〕の神社

熊野神社〔新宿区西新宿〕・八坂神社〔日野市日野本町〕

43　多岐理毘売命〔多紀理毘売命、または田心姫命〈タキリヒメノミコト〉〕

高天原に昇ってきた理由について、天照大御神から「侵略しにきたのではないか」と誤解された須佐之男命は、身の潔白を証明するために「うけい」を行い、その結果、三柱の女神と五柱の男神が誕生した。多岐理毘売命は海の道〔玄海灘〕を守るために降臨した宗像三女神の一柱である。

祭神・田心姫命の神社

十番稲荷神社〔港区麻布十番〕

44　市寸島比売命〈イチキシマヒメノミコト、または市杵島比売命、狭依姫女〈サヨリヒメノミコト〉〉

天照大御神と須佐之男命の間で行われた「うけい」の結果誕生した三女神の一柱。「海の神」といわれ、また、弁財天と同一視されている。

祭神・市寸島比売命の神社
七社神社（北区西ケ原）・洲崎神社（江東区木場）・八幡神社（杉並区天沼）・小網神社（中央区日本橋小網町）・十番稲荷神社（港区麻布十番）・八幡神社（東大和市奈良橋）
祭神・狭依姫姫の神社
・天祖若宮八幡宮（練馬区関町北）

45 多岐都比売命（または湍津姫命〈タキツヒメノミコト〉）

天照大御神と須佐之男命の間で行われた「うけい」の結果誕生した三女神の一柱。五男三女神は各地の八王子神社に祭られている。
祭神・湍津姫命の神社
十番稲荷神社（港区麻布十番）

46 比売大神（ヒメノオオカミ）

この神の正体については諸説あるが、須佐之男命の子・多岐理毘売命、市寸島比売命、多岐都比売命の宗像三神を表すというのが、一般的な見解のようだ。『日本書紀』の一書では、天照大御神は三女神を筑紫国に天降らせ、「海路の途中に降りて、鎮座し、天孫をお助けし、天孫のためにお祭りなさい」と述べたといわれる。多岐理毘売命は奥津宮、市寸島比売命は中津宮、多岐都比売命は辺津宮に祭られている。奥津宮は福岡県宗像市の本土から六十キロメートルほど沖合の玄界灘の小島・沖ノ島に鎮座している。中津宮は十キロメートルほど沖の筑前大島に、辺津宮は本土の宗像に鎮座し、三宮を結ぶ線は一直線の海路のようである。三柱は、三宮の総社・宗像大社のある地（いまの福岡県宗像市）に降りる前に、「葦原中国《あしはらのなかつくに》の宇佐嶋」に立ち寄ったので、宇佐神宮（大分県宇佐市）の祭神になっている。

祭神・比売大神の神社

磐井神社（大田区大森北）・旗岡八幡神社（品川区旗の台）・多武峯内藤神社（新宿区内藤町）・北澤八幡神社（世田谷区代沢）・蔵前神社（台東区蔵前）・武蔵野八幡宮（武蔵野市吉祥寺東町）・春日神社（町田市大蔵町）・春日神社（青梅市野上町）

47　**厳島大神**（イックシマオオカミ）

市寸島姫神、湍津姫神、田心姫神の宗像三女神。

祭神・厳島大神の神社

西向《にしむき》天神社（新宿区新宿）

48　**八王子神**（ハチオウジカミ）

天照大御神が須佐之男命と誓約したさいに生まれた五男三女の神々のこと。先に生まれた多岐理毘売命（タキリヒメノミコト）、市寸島比売命（イチキシマヒメノミコト）、多岐都比売命（タキツヒメノミコト）

の三女神は須佐之男命の子、あとから生まれた五柱の男神は天照大御神の子とされている。五柱の男神とは天之忍穂耳命（アメノオシホミミノミコト）、天之菩卑能命（アメノホヒノミコト）、天津日子根命（アマツヒコネノミコト）、活津日子根命（イクツヒコネノミコト）、熊野久須毘命（クマノクスビノミコト）。この男神女神八柱を八人の王子、「八王子」と呼んでいた。

北条氏照が天正六年（一五七八）、いまの八王子市の多摩御陵の裏山に山城を築き、守り神として勧請したのが牛頭天王（ゴズテンノウ）である。牛頭天王は須佐之男命と同一視されていて、さきの「うけい」のいきさつから「八王子権現」とも呼ばれ、氏照はその名をとって「八王子城」と称した。「八王子」の地名の由来である。

牛頭天王が須佐之男命と同一視されるのは、須佐之男命が朝鮮半島の新羅で牛頭方と呼ばれる地方にいたことに由来する。

祭神・八王子神の神社

八幡八雲神社（八王子市元横山町）

49 建夷鳥神（タケヒナトリノカミ、または建比良鳥神〈タケヒラトリノカミ〉）

天之菩卑能命（アメノホヒノミコト、または天穂日命）の子。天之菩卑能命は、天照大御神と須佐之男命の間で行われた「うけい」のさい、天照大御神の右のみずら（古代の髪の結い方の一つで、耳の前に垂れる髪）に巻いた勾玉から生まれた神。天之菩卑能命は、葦原中国平定のため、出雲の大国主命のところへ遣わされた。大国主命を説得しているうちに、大国主命の反論に心服し、大国主命に仕えることを誓い、地上に住みついて、高天原には戻らなかった。出雲の国造《くにのみやつこ》の祖神になったのが、子の建夷鳥神である。天照大御神の孫・建夷鳥神が、出雲の国造のほか、武蔵、上総、下総などの国造の祖神になった。

祭神・建夷鳥神の神社

阿伎留神社（あきる野市五日市）

50 宇迦之御魂神

（ウカノミタマノカミ、または宇賀能御魂命〈ウガノミタマノミコト〉、宇賀之売命〈ウカノメノミコト〉。ウカノミタマノミコトを倉稲魂命または稲倉魂命と表記することも多い。神社によっては倉稲魂命をクラシネタマノミコト、稲倉魂大神イナクラタマノオオカミとする祭神もある）

『古事記』では須佐之男命と神大市比売（カムオホチヒメ）の間の子として生まれ、大年神（オオトシノカミ）の妹。『日本書紀』では伊邪那岐神、伊邪那美神の子として生まれ、倉稲魂命と伝えられている。稲など穀物の農耕神として崇められ、別名を稲荷大明神、稲荷大神と呼ばれている。

祭神・宇迦之御魂神の神社

〔二十三区〕

稲荷神社（足立区足立）・稲荷神社（足立区綾瀬）・稲荷神社（足立区梅田）・千住神社（足立区千住宮元町）・稲荷神社（足立区柳原）・徳持神社（大田区池上）・王子稲荷神社（北区岸町）・大島稲荷神社（江東区大

島）・志演《しのぶ》神社（江東区北砂）・猿江神社（江東区猿江）・宇迦八幡宮（江東区千田）・正木稲荷神社（江東区常盤）・北谷稲荷神社（渋谷区神南）・須賀神社（新宿区須賀町）・皆中稲荷神社（新宿区百人町）・馬橋稲荷神社（杉並区阿佐谷南）・稲荷神社（杉並区永福）・飛木稲荷神社（墨田区墨田）・初音森神社（墨田区千歳）・五柱稲荷神社（墨田区緑）・三圍神社（墨田区押上）・隅田稲荷神社（墨田区向島）・八幡神社（世田谷区桜上水）・稲荷神社（世田谷区新町）・玉姫稲荷神社（台東区清川）・鐵砲洲稲荷神社（中央区湊）・三崎稲荷神社（千代田区三崎町）・武蔵野稲荷神社（練馬区栄町）・三河稲荷神社（文京区本郷）・高輪神社（港区高輪）・廣尾稲荷神社（港区南麻布）・稲荷神社（港区三田）

〔多摩〕

東伏見稲荷神社（西東京市東伏見）・諏訪神社（町田市相原町）・町田天満宮（町田市原町田）

祭神・倉稲魂命、蒼稲魂命の神社

〔二十三区〕

稲荷神社（足立区千住河原町）・氷川神社（板橋区双葉町）・於玉稲荷神社（葛飾区　新小岩）・半田稲荷神社（葛飾区東金町）・大島稲荷神社（江東区大島）・富賀岡八幡宮（江東区南砂）・居木《いるぎ》神社（品川区大崎）・花園神社（新宿区新宿）・水稲荷神社（新宿区西早稲田）・三輪里稲荷神社（墨田区八広）・奥澤神社（世田谷区奥沢）・稲荷神社（世田谷区池尻）・稲荷神社（世田谷区大原）・深澤神社（世田谷区深沢）・蔵前神社（台東区蔵前）・矢先稲荷神社（台東区松が谷）・稲荷神社（台東区竜泉）・吉原神社（台東区千束）・波除稲荷神社（中央区築地）・小網神社（中央区日本橋小網町）・永久稲荷神社（中央区日本橋箱崎町）・

福徳神社（中央区日本橋室町）・柳森神社（千代田区須田町）・大鳥神社（豊島区雑司が谷）・十番稲荷神社（港区麻布十番）・烏森神社（港区新橋）・朝日神社（港区六本木）・久國神社（港区六本木）・芝元神明宮（港区三田）・稲荷神社（目黒区中央町）・稲荷神社（目黒区上目黒）

〔多摩〕

神明社（三鷹市牟礼）・八重垣稲荷神社（小金井市中町）・押立神社（府中市押立町）・産千代稲荷神社（八王子市小門町）・八坂神社（日野市日野本町）・春日神社（町田市大蔵町）・三島神社（あきる野市戸倉）・元狭山神社（西多摩郡瑞穂町駒形富士山）

〔注〕日本橋堀留町の椙森神社、千代田区神田須田町の柳森神社、新橋の烏森神社は江戸三森と称された。

祭神・宇賀能御魂命、宇賀御魂命、宇賀魂命の神社

稲荷鬼王神社（新宿区歌舞伎町）・末廣神社（中央区日本橋人形町）・白鬚神社（青梅市小曽木）

祭神・宇賀之売命の神社

品川神社（品川区北品川）

祭神・稲倉魂大神の神社

小野神社（多摩市一ノ宮）

51　稲荷大神

「お稲荷さん」として親しまれ、「商売繁盛」「五穀豊穣」などの神様として崇められている。稲荷大神は、つぎの五柱の神の総称。稲荷大神の主祭神で、稲の神である宇迦之御魂大神（ウカノミタマノオオカミ）、天孫降臨のさい、邇邇芸命（ニニギノミコト）の道案内をした佐田彦大神（サルタヒコノオオカミ、または猿田毘古命）、神殿の守護神である大宮能売大神（オオミヤノメノオオカミ）の三柱と、四大神（シノオオカミ）、田中大神（タナカノオオカミ）の二柱である。四大神、田中大神については不明で、前記の三柱を祭神としている稲荷神社が多いようだ。

祭神・稲荷大神の神社

東大島神社（江東区大島）・西向天神社（新宿区新宿）・天祖神社（世田谷区経堂）・吉原神社（台東区千束）

52　田中稲荷大神、豊澤稲荷大神

豊栄稲荷が創建されたころ、祭られた場所は、いまの渋谷川のほとり、渋谷区並木町三一番地あたりである。渋谷川が渋谷城の濠に利用されていたことから江戸時代の文化・文政期のころまでは「堀の外稲荷」と呼ばれ、その後、「田中稲荷」と呼ばれるようになったと言い伝えられている。『新編武蔵国風土記稿』には「田中稲荷と称す中豊沢村東福寺の持」とある。「田中」の名の由来はわからない。豊栄稲荷は田中稲荷をもって創建されたとされている。

渋谷川ほとりの中豊沢村には多くの稲荷祠があったといわれ、豊澤稲荷もその一つと見られる。「豊澤」の名の由来は村名からであろうか。
祭神・田中稲荷大神、豊澤稲荷大神の神社
豊栄稲荷神社（渋谷区渋谷）

53　牛嶋大神（ウシジマノオオカミ）

牛嶋神社（墨田区向島）に祭られている三柱・須佐之男命、天之菩卑能命、貞辰親王命（サダトキシンノウノミコト）の総称。東京大空襲で焼失した北本所牛島神社や南本所牛島神社など近辺五社が戦後に合併して創建された東大島神社（江東区大島）は、三柱を「牛嶋大神」の名で祭っている。東京下町をほとんど焼き尽くした東京大空襲だったが、牛嶋神社（墨田区向島）は戦災を免れた。
祭神・牛嶋大神の神社
東大島神社（江東区大島）

54　香山戸神（カグヤマドノカミ、または大香山戸臣神〈オオカグヤマトミノカミ〉）

須佐之男命の子・大年神と香用比売（カグヨヒメ）との間に、御年神（ミトシノカミ）と香山戸神が生まれた。山里を開墾するのに功徳のある神とされている。
祭神・香山戸命の神社
日吉神社（拝島山王社、昭島市拝島町）

55 天鈿女命（アメノウズメノミコト、天宇受売神、または大宮比売大神〈オオミヤヒメノオオカミ〉、大宮能売神〈オオミヤノメカミ〉、大宮女神〈オオミヤメノカミ〉、大宮女命〈オオミヤメノミコト〉）

天の岩戸に隠れた天照大御神を引き出そうと、天の岩戸前で舞い、踊った女神。乳房も下半身もあらわに踊りまくって、神々を笑わせ、大喝采を浴びた。この騒ぎに驚いた天照大御神が、なんの騒ぎだろうと岩屋の戸をわずかに開けるや、天手力男命（アメノタヂカラオノミコト）は、すかさず戸を押し開け、手をつかみ、外へ引っ張り出した。

ことの起こりは、須佐之男命の乱暴狼藉からだった。「うけい」の結果「潔白」が証明されたのに勢いづき、天照大御神の神田の畔や溝を壊し、神殿に大便をするなど、農耕や祭礼の妨害をした。天照大御神は弟をかばい反省を求めていたが、乱行はエスカレートして、天照大御神の機織り屋の屋根に穴を開け、馬の死体を投げ入れた。中にいた機織り女は驚いて、機の梭《ひ》（横糸を通す金属がついている道具）で陰部を突き、即死した。

天照大御神は怒り、また、恐れおののき、天の岩戸に逃げ込み、閉じこもってしまった。日の神が姿を隠したため、闇夜が続き、凶事が頻発した。

八百万の神が協議の末、知恵者の思金神（オモイカネノカミ、高御産巣日神の子）に善後策を講じさせた。

まず、夜明けのときと思わせるように、常世の長鳴鳥を集めて鳴かせた。

つぎに、伊斯許理度売命（イシコリドメノミコト）に八咫の鏡を、玉祖命（タマノオヤノミコト）に勾玉を緒に通した玉飾りを作らせた。そして、天児屋命（アメノコヤネノミコト）と布刀玉命（フトダマノミコト、太玉命）を呼び、占いをさせて、祭儀の次第を決めさせた。①布刀玉命が八咫の鏡や玉飾りを取り付けた榊を捧げ持ち、②天児屋命が祝詞を響かせ、③天鈿女命が鎮魂舞踊をする、というお膳立てが決まった。

天の岩戸前広場は熱狂みなぎっていた。

「一体、何が？」と天照大御神が岩屋の戸を少し開けるや、天児屋命と布刀玉命が八咫の鏡を掲げる。天照大御神は鏡を覗こうとして、身をさらに乗り出す。そのとき、怪力の天手力男命が戸を押し開けると、天照大御神の手をつかみ、外へ引っ張り出した。世界は再び明るくなった。

須佐之男命は高天原から永久追放された。去るときにも、食物を提供した大気都比売神（オオゲツヒメノカミ）を殺してしまうほどの無法ぶりであった。

また、天鈿女命は天孫降臨のさい、邇邇芸命にお供として従った五神の一柱でもある。天孫降臨の道をふさいだ猿田毘古神に笑みを浮かべて平然と立ち向かい、「そなたは何者？」と詰め寄ったのは天鈿女命こと大宮比売大神であった。

天鈿女命と猿田毘古神は、天孫降臨を無事に成就させ、伊勢に戻って結婚したことになっている。

天鈿女命はもともと、穀物神・宇迦之御魂神を祭る巫女《みこ》だったが、宮廷のなかに祭られている天照御大神はじめ神々に供える食物を扱う女神・大宮能売神とも呼ばれるようになり、天照御大神に仕え、周囲との間をうまくとりもつ神としてあがめられている。また、芸能の守護とされ、天鈿女命の子孫は宮中で楽を奏し、舞う舞妓をしていた。

祭神・天鈿女命の神社

鳥森神社（港区新橋）・青渭《あおい》神社（稲城市東長沼）

祭神・大宮比売大神、大宮能売神、大宮女神の神社。

北谷稲荷神社（渋谷区神南）・水稲荷神社（新宿区西早稲田）・白髭神社（墨田区東向島）・六所神社（世田谷区赤堤）・今宮神社（文京区音羽）東伏見稲荷神社（西東京市東伏見）・千ケ瀬神社（青梅市千ケ瀬）

56 天手力男命（アメノタヂカラオノミコト、または田力男命）

力持ちのこの神が、天の岩戸から天照大御神を引きずり出したことは前述したが、天孫降臨のさいには、邇邇芸命のお供として従った。天照大御神から命じられて、天児屋命、布刀玉命、天鈿女命、伊斯許理度売命、玉祖命の五神に天手力男命も加わって、出発した。

祭神・天手力男命の神社

志演《しのぶ》神社（江東区北砂）・居木《いるぎ》神社（品川区大崎）・荏原神社（品川区北品川）・雉子神社（品川区東五反田）・稲荷鬼王神社（新宿区歌舞伎町）・湯島神社（文京区湯島）・正一位岩走神社（あきる野市伊奈）・九頭龍神社（西多摩　郡桧原村）

57 天比理乃売命（アメノヒリノメノミコト、または天比理刀売命）

天の岩戸の前で榊の木を捧げ持ち、戸を開けた天照大御神に八咫の鏡を差し出した布刀玉命（フトダマノミコト、または天太玉命〈アメノフトダマノミコト〉）の后。祈願成就、航海安全の神とされている。布刀玉命は天孫降臨のさい、邇邇芸命にお供をした神でもある。布刀玉命は朝廷の祭祇に奉仕する氏族・忌部《いんべ》氏の祖。

祭神・天比理乃命の神社

品川神社（品川区北品川）

58 天児屋根命（または天児屋命、アメノコヤネノミコト）

天の岩戸の前で祝詞をあげ、天照大御神が天の岩戸をわずかに開けたとき、布刀玉命とともに鏡を差し出し、外へ出すきっかけをつくった立て役者。天孫降臨のさいには、邇邇芸命のお供として従った五神の一柱。代々、神祇祭祀をつかさどった氏族・中臣《なかとみ》氏の祖でもある。

祭神・天児屋根命の神社

小岩神社（江戸川区東小岩）・香取神社（江戸川区中央）・天祖神社（葛飾区東新小岩）・七社神社（北区西ケ原）・富岡八幡宮（江東区富岡）・居木《いるぎ》神社（品川区大崎）・上神明天祖神社（品川区二葉）・下神明天祖神社（品川区二葉）・多武峯内藤神社（新宿区内藤町）・鳥越神社（台東区鳥越）・今宮神社（文京区音羽）・春日神社（港区三田）・御田《みた》八幡神社（港区三田）・阿豆佐味天神社（立川市砂川町）・春日神社（町田市大蔵町）・阿伎留神社（あきる野市五日市）・春日神社（青梅市野上町）・春日神社（西多摩郡

日の出町）・伊勢社（西多摩郡桧原村）・春日神社（西多摩郡桧原村）・大神山神社（小笠原村父島字東村）

59　**棚機姫命**（タナバタヒメノミコト、または天棚機姫命〈アメノタナバタヒメノミコト〉、雅日女尊〈ワカヒルメノミコト〉）

七夕の織り姫として名高い織物の神で、天照御大神が天の岩戸から出てきたときに着た衣を織ったという言い伝えがある。↓122雅日女尊

祭神・棚機姫命の神社

正一位岩走神社（あきる野市伊奈）

60　**伊斯許理度売命**（イシコリドメノミコト）

三種の神器の一つ、八咫《やた》の鏡（『古事記』では八尺の鏡、『日本書紀』では八咫鏡）を作った神。天孫降臨のさいには、邇邇芸命のお供として従った五神の一柱でもある。

祭神・伊斯許理度売命の神社

七社神社（北区西ケ原）

61　**櫛名田比売命**（クシナダヒメノミコト、奇稲田姫命〈クシイナダヒメノミコト〉、稲田姫命、稲田比売命〈イナダヒメノミコト〉）

高天原から追放された須佐之男命は、出雲国の肥《ひ》の河（斐伊川《ひいかわ》）の上流、鳥髪《とりかみ》と呼ばれる地に天降った。流れてきた箸を見て、川上に人が住んでいると思い訪ねてみると、一組の老夫婦に出会った。足名椎（アシナヅチ）と手名椎（テナヅチ）といい、美しい一人娘を間にして泣いている。足名椎は、大山津見神（オオヤマツミノカミ）の子であり、木花之佐久夜毘売（コノハナノサクヤヒメ）と兄弟である。

理由を尋ねた須佐之男命は、毎年、娘を食いにくる八俣大蛇《やまたのおろち》の怪談を聞かされる。「八人の娘がいたが、今年はいよいよ、最後に残ったこの娘の番だ」と鳴咽しながら訴える。

櫛名田比売命を見初め、足名椎翁に「ぜひ妻に」と望んだ須佐之男命は、大蛇退治に乗り出した。老夫婦に八つの入り口のある垣根を作らせ、入り口ごとに酒船を置き、強い酒を盛らせて、大蛇が来るのを待った。やって来た大蛇は八つの器に八つの頭を突っ込み、むさぼり飲むと、酔いつぶれ眠ってしまった。須佐之男命は「ここぞ」と十拳剣で「肥河血に変《な》りて流れ」るほどに斬り刻んだ。このとき、尾から出てきた一振りの太刀を、天照大御神に献上した。これが、のちの「草薙の太刀」である。退治後、須佐之男命は櫛名田比売命を妻に迎え、出雲国の須賀に宮殿を構えた。

祭神・櫛名田比売命の神社

氷川神社（板橋区氷川町）・羽田神社（大田区本羽田）・氷川神社（渋谷区東）・氷川　神社（渋谷区本町）・氷川神社（新宿区下落合）・氷川神社（豊島区高田）・長崎神社（豊島区長崎）・氷川神社（中野区弥生町）・氷川神社（中野区東中野）・氷川神社（練馬区石神井台）・氷川神社（港区赤坂）・氷川神社（港区白金）・氷川神社（目黒区八雲）・八重垣稲荷神社（小金井市中町）・氷川神社（東久留米市南沢）・子安神社（八

王子市明神町）・元狭山神社（西多摩郡瑞穂町駒形富士山）・八雲神社（西多摩郡奥多摩町）

62 大市姫神（オオイチヒメノカミ、または神大市姫命〈カムオオイチヒメノミコト〉）

大山津見神の娘。櫛名田比売命の次に、須佐之男命の妻となり、宇迦之御魂神と大年神を生んだ。大市姫神は農耕の神・食料の神として信仰され、また、名前から市場・生産流通を司る神ともいわれている。宇迦之御魂神、大年神も農耕の神・食料の神である。

祭神・大市姫神の神社

三崎稲荷神社（千代田区三崎町）

63 大年神（オオトシノカミ、大歳大神〈オオトシノオオカミ〉）

須佐之男命が神大市姫神と結婚して生まれた子が大年神と宇迦之御魂神である。大年神が天知迦流美豆比売（アメシルカルミヅヒメ）と結婚し、生まれた子に羽山戸命（ハヤマドノミコト）、大山咋神（オオヤマクイノカミ）がいる。「年」は稲の実りのことで、大年神は穀物の守護神とされている。

祭神・大年神の神社

下谷神社（台東区東上野）・母智丘《もちお》神社（町田市原町田）

64 羽山戸命（ハヤマドノミコト）

大年神が天知迦流美豆比売に生ませた子。「ハヤマ」は麓のことで、「山の入り口の神」といわれている。

祭神・羽山戸命の神社
日吉神社（拝島山王社、昭島市拝島町）

65 大山咋神（または大山咋神、オオヤマクイノカミ）

須佐之男命の子の大年神と、天知迦流美豆比売との間に生まれ、別名、山末之大主神（ヤマスエノオオヌシノカミ）という。神名の通り、大山に杭を打つ神、偉大な山の所有者とされ、「山王様」と呼ばれている。『古事記』は「この神は近つ淡海の国の日枝の山にます。また、葛野の松の尾にます、鳴鏑《なりかぶら》を用《も》ちたまふ神なり」と記している。比叡山（滋賀県大津市）の日吉大社と松尾山（京都市西京区）の松尾大社に祭られ、比叡山の守り神ともいわれている。また、鳴鏑（鏑矢《かぶらや》）を使う神として知られている。鏑矢は木や竹の根、または角で蕪《かぶら》の形につくり、中を空にして、数個の穴を開けて、矢の先に付けたもの。射れば、穴に風が入って響きを発する。↓112賀茂別雷神

祭神・大山咟神の神社
神明社（福生市福生）
祭神・大山咋神の神社

天祖神社（板橋区南常盤台）・日枝神社（葛飾区新宿）・居木《いるぎ》神社（品川区　大崎）・東玉川神社（世田谷区東玉川）・日枝神社（千代田区永田町）・根津神社（文京区根津）・稲穂神社（小金井市本町）・日枝神社（小平市小川町）・日枝神社（清瀬市中清戸）・日吉神社（昭島市拝島）・子安神社（八王子市明神町）・若宮神社（日野市東豊田）・八坂神社（日野市日野本町）・町田天満宮（町田市原町田）・能ケ谷神社（町田市能ケ谷）

出雲の国譲り

66　**大国主神**（オオクニヌシノカミ、大国主命〈オオクニヌシノミコト〉とも。または大名牟遅神、大己貴神〈オオナムチノカミ〉、大己貴命〈オオナムチノミコト〉、または八千戈命〈ヤチホコノミコト〉）

須佐之男命と櫛名田比売命はめでたく結婚、大国主神はその子とも、六世の孫ともいわれている。大穴牟遅神が本名だが、別名が多いことでも知られている。大己貴神（命）、八千戈神（ヤチホコノカミ）、葦原色許男神（アシハラシコオノカミ）、宇都志国玉神（ウツシクニタマノカミ）などがある。大国主神には、八十神《やそがみ》といわれるほどの多くの異母兄弟がいた。お馴染みの『因幡の白兎』は、その異母兄弟たちとの物語だが、大国主神は善人過ぎて、かえって八十神から憎まれていた。

大国主神は隣の因幡国の八上比売（ヤガミヒメ）と恋に落ち、八上比売は子を産んだ。のちに、八上比売が大国主神を訪ねると、正妻・須勢理毘売（スセリヒメ）がいて、遠慮した女神は産んだばかりの御子神を、木のまたに挟んだまま、因幡へ帰ったという物語がある。須勢理毘売は、須佐之男命の娘である。大国主神は出雲国の治政神で、出雲の国土改造、国内平定につとめた。

祭神・大国主神（命）、または大己貴神（命）、大名牟遅神の神社

〔二十三区〕

氷川神社（足立区西保木間）・諏訪神社（江戸川区平井）・磐井神社（大田区大森北）・白髭神社（葛飾区東四つ木）・香取神社（江東区亀戸）・居木神社（品川区大崎）・北谷稲荷神社（渋谷区神南）・氷川神社（渋谷区東）・鎧神社（新宿区北新宿）・氷川神社（新宿区下落合）・諏訪神社（新宿区高田馬場）・須賀神社（新宿区須賀町）・田端神社（杉並区荻窪）・六所神社（世田谷区赤堤）・玉川神社（世田谷区等々力）・六所神社（世田谷区給田）・駒繋神社（世田谷区下馬）・玉川神社（世田谷区瀬田）・五條天神社（台東区上野公園）・浅草神社（台東区浅草）・松島神社（中央区人形町）・神田神社（千代田区外神田）・大國神社（豊島区駒込）・氷川神社（豊島区高田）・氷川神社（中野区東中野）・御嶽神社（練馬区下石神井）・氷川神社（練馬区石神井台）・今宮神社（文京区音羽）・根津神社（文京区根津）・氷川神社（港区赤坂）・氷川神社（目黒区八雲）

〔多摩〕

杵築《きづき》神社（武蔵野市境南町）・田無神社（西東京市田無町）・伊豆美神社（狛江市中和泉）・大國魂神社（府中市宮町）・日吉神社（昭島市拝島町）・日枝神社（清瀬市中清戸）・氷川神社（東久留米市南沢）・日枝神社（八王子市弐分方町）・諏訪神社（八王子市鑓水）・諏訪神社（町田市相原町）・穴澤天神社（稲城市矢野口）・秋川神明社（あきる野市牛沼）・三島神社（あきる野市戸倉）・熊川神社（福生市熊川）・千ケ瀬神社（青

梅市千ケ瀬）・青渭《あおい》神社（青梅市沢井）・鹿島玉川神社（青梅市長渕）・元狭山神社（西多摩郡瑞穂町駒形富士山）・阿豆佐味天神社（西多摩郡瑞穂町殿ケ谷）・春日神社（西多摩郡日の出町平井）・白山神社（西多摩郡日の出町大久野）・大嶽神社（西多摩郡桧原村）・伊勢社（西多摩郡桧原村）

祭神・八千戈命の神社

三島神社（あきる野市戸倉）

67 御霊大神（ゴリョウオオカミ）

無念を抱いて亡くなった人を慰め、怨霊《おんりょう》となるのを防ぐ信仰が古くからあって、「御霊信仰」と呼ばれてきた。その信仰対象の神が御霊大神と呼ばれている。御霊宮に供える神饌《しんせん》（神に供える酒食）が八つであることから、その神は須佐之男命だといわれている。須佐之男命は天照大御神と「うけい」したさい、天照大御神との間に八人の王子をもうけたいわれからである。

祭神・御霊大神の神社

大國魂神社（府中市宮町）

68 六所の宮（ろくしょのみや）

律令制時代の国府、またはその付近に、とくに当時、著名な周辺の神社六所を左右の相殿に合祀したもので、六所の宮、六所宮と呼ばれるようになった。世田谷の六所神社や府中市の大國魂神社の場合は、『江戸名所図会』などによると、一の宮・小野神社（多摩市）、二の宮・小河神社（あきる野市）、三の宮・氷川神社（大宮市）、四の宮・秩父神社（秩父市）、五の宮・金佐奈神社（金鑽《かなさな》とも書く。埼玉県児玉郡神川町）、六の宮・杉山神社（横浜市港北区）の六社である。

祭神・六所の宮の神社

六所神社（世田谷区給田）・大國魂神社（府中市宮町）

69　少彦名命（スクナヒコナノミコト、または少名毘古那神〈スクナビコナノカミ〉）

ある日、大国主神が出雲の御大《みほ》（美保）の岬（島根県境港付近）にたたずんでいたとき、小舟が近づいてきて、岬にたどり着いた。乗っていたのは、神産巣日神（カミムスビノカミ）の子・少彦名命であった。神産巣日神が「わたしの手の股からこぼれ落ちた子どもです」と語っていたほど小さな神である。父から「大国主神の兄弟になって、この国を造り、固めなさい」と命じられたのだった。二神は協力して全国を回り、国造りに励んだ。少彦名命は国土開拓・経営の役目を終えると、常世国《とこよのくに》（海の彼方にあると古代日本民族が想像した異郷）へ帰っていった。

『伊予国風土記』逸文には、死に瀕した少彦名命を大国主神が温泉で生き返らせる話が記され、国土開拓の神、温泉の神として知られている。

祭神・少名毘古那神（少彦名命）の神社

鎧神社（新宿区北新宿）・玉川神社（世田谷区等々力）・玉川神社（世田谷区瀬田）・五條天神社（台東

区上野公園)・神田神社(千代田区外神田)・御嶽神社(練馬区下石神井)・今宮神社(文京区音羽)・阿豆佐味天神社(立川市砂川町)・布多天神社(調布市調布ケ丘)・諏訪神社(町田市相原町)・穴澤天神社(稲城市矢野口)・秋川神明社(あきる野市牛沼)・三島神社(あきる野市戸倉)・大嶽神社(西多摩郡桧原村)・阿豆佐味天神社(西多摩郡瑞穂町殿ケ谷)

70 淡島大神(または淡嶋大神〈アワシマノオオカミ〉)

淡島大神の正体については諸説あるが、国造りを終えた少名毘古那神が、粟島《あわしま》から常世国に渡って行ったと『古事記』などに記されていることから、少名毘古那神のこととする説がある。和歌山市の郊外の小島が点在する景勝地である加太の淡嶋神社は、出雲の国造りを果たした大国主神を少名毘古那神と併せて祭神としている。二神の出会いは出雲の美保岬。岬に立っていた大国主神は、波間から舟に乗った神が現れたので、驚いた。神産巣日神(カミムスビノカミ)の子・少名毘古那神であることが分かり、ともに国造りをするために遣わされたことを知り、それ以降、二神は協力し、国造りに励むことになった。

祭神・淡嶋大神の神社

松島神社(中央区日本橋人形町)

71 天之菩卑能命(アメノホヒノミコト、または天穂日命、天菩日命)

大国主神が国造りを終え、統治者となった葦原中国《あしはらのなかつくに》（日本国の古称）であるが、天照大御神は自らの長子・天忍穂耳命（アメノオシホミミノミコト）に、その統治を命じて天降りさせた。ところが、天忍穂耳命が天の浮橋に立って下界を眺めたところ、「豊葦原の千秋の長五百秋《ながいおあき》の瑞穂国」は、ひどく騒然としている、といって途中から引き返してきた。これを聞いた天照大御神は八百万《やおよろず》の神々と相談の結果、葦原中国平定のため、天照大御神の第二子・天之菩卑能命を派遣した。しかし、天之菩卑能命は大国主神にとりこまれ、三年経っても、戻ってこない。天津国玉神（アマツクニタマノカミ）の子・天若日子（アメノワカヒコ）を第二の使者として送り出したが、この神は、大国主神の娘・下照比売（シタテルヒメ）を妻に娶って、復命しなかった。

天照大御神の長子・天忍穂耳命、第二子の天之菩卑能命は、天照大御神が須佐之男命と「うけい」をしたときに生んだ神である。

平安期の『先代旧事本紀《せんだいくじほんぎ》』は、宮司にあたる世襲の出雲大社「国造」家の祖先が天穂日命であることを記している。

祭神・天之菩卑能命の神社

亀戸天神社（江東区亀戸）・牛嶋神社（墨田区向島）・大戸里神社（あきる野市乙津）

72　建御雷之男神（タケノミカヅチノオノカミ、または武甕槌命、武御加豆智命〈タケミカヅチノミコト〉）

天照大御神の命による葦原中国への第三の使者として派遣されたのが、建御雷之男神であった。大国主神とその子である事代主神（言代主神〈コトシロヌシノカミ〉）に「この葦原中国は天照大御神の御子が統治すべき国では？ 答えは？」と、国譲りを促したところ、大国主神は「子の意見に従おう」と答え、言代主神は承知した。建御雷之男神はもう一人の大国主神の子・建御名方神（タケミナカタノカミ）に迫った。力自慢の建御名方神は、建御雷之男神に力競べを挑んだ。ところが、建御名方神はねじ伏せられ、信濃の諏訪まで追い詰められた揚げ句、「この国を天つ神の御子にお譲りしましょう」と了承、二人の子は服従した。いよいよ最後、当の大国主神に要求した。大国主神は「奉りましょう。その代わり、私の住まいとして御殿を造っていただきたい。宮柱は、地底の岩盤に届くほどがっしりと、千木は高天原に届くまで高々とした住まいを」と求め、やがて、出雲国の多芸志《たぎし》の小浜に豪壮な神殿が築かれた。

伊邪那美神は、火の神・火之迦具土神（ホノカグツチノカミ）を出産したさいの火傷が原因で死去した。愛妻を失った伊邪那岐神は、火之迦具土神を恨み、斬り殺してしまうが、噴き出た血から生まれた神が建御雷之男神である。↓82建御名方神

祭神・建御雷之男神の神社

香取神社（江戸川区中央）・諏訪神社（江戸川区平井）・天祖神社（葛飾区高砂）・香取神社（葛飾区亀有）・香取神社（江東区亀戸）・鹿嶋神社（品川区大井）・御霊神社（新宿区中井）・多武峯内藤神社（新宿区内藤町）・御嶽神社（豊島区池袋）・御穂鹿島神社（港区芝）・鹽竈神社（港区新橋）・鹿島玉川神社（青梅市長渕）・春日神社（青梅市野上町）・豊鹿島神社（東大和市芋窪）・春日神社（西多摩郡日の出町平井）・春日神社（西

多摩郡桧原村）

73　手置帆負神（タオキホウイノカミ）・彦狭知命（ヒコサシリノミコト）

『日本書紀』に「手置帆負神の役目を祭祀のための笠を作る笠作り、彦狭知命を盾作りの役目とされた」と記されている。国譲りを受諾した大国主神のために、手置帆負神は彦狭知命とともに渓谷から木材を調達して、御殿を造営し、御笠や矛、盾を製作した。手置帆負神は紀国の忌部氏《いんべ》（朝廷の祭祀に奉仕する氏）の遠祖とされる。

手置帆負神と彦狭知命の子孫は、神武天皇が橿原の地を都としたときも、正殿の造営を行った。このようないわれから土木・建築業者から信仰を集めている。

祭神・手置帆負神、彦狭知命の神社

松島神社（中央区日本橋人形町）

74　事代主神（コトシロヌシノカミ、言代主神、または飛鳥大神）

建御雷之男神から国譲りを迫られた大国主神は、自らは答えようとはせずに、美保（島根県島根半島の境港付近）で鳥や魚を捕っていた、息子の事代主神を呼び戻して回答させることにした。事代主神は受諾して、海の八重青柴垣《やえあおふしがき》（青葉のついた柴でつくった垣。神籬《ひもろぎ》ともいい、神霊が宿っていると考えられた玉垣）の中にこもってしまった。「八重事代主命」の名は、この挿話に由来する。

国つ神（天つ国の神を天つ神というのに対し、国土に土着して一地方を治めている神）である事代主神の子や孫が神武天皇以下三代の天皇の后になるなど、天皇家との関係は深く、朝廷側は出雲との融和を計ってきた。

祭神・事代主命の神社

荏原神社（品川区北品川）・諏訪神社（新宿区高田馬場）・氷川神社（中野区弥生町）・杵築神社（武蔵野市境南町）・富賀《とが》神社（三宅村阿古）・十三社神社（新島村本村）

祭神・飛鳥大神の神社

素盞雄神社（荒川区南千住）

75 伊古奈比売命（イコナヒメノミコト）

事代主神の后。三宅村の案内板には「事代主命は、父・大国主命と共に出雲国島根半島から紀伊国に渡り、更に三宅島に渡って、この神社（三宅村阿古の富賀神社）付近に居住し、島々に漁業や農業を伝えて、島の基盤を築いたといわれている。伊豆七島の総鎮守でもあり、静岡県三島神社発祥の神社として名高い」とある。

祭神・伊古奈比売命の神社

富賀神社（三宅村阿古）

76　阿米津和気命（アメツワケノミコト）

事代主神と、后の伊古奈比売命の子。

祭神・阿米津和気命の神社

富賀神社（三宅村阿古）

77　阿豆佐和気命（アズサワケノミコト）**・下上命**（オリノボリノミコト）

事代主神の子である阿豆佐和気命と、その妃神《きさきがみ》である下上命。伊豆七島は事代主神によって造られたという伝説から、七島には事代主神を祭る社がある。事代主神が三宅島に来て、島々を治めたことから、「宮家島」の名が起こったといわれるほど、事代主神とその親族は、七島と関係が深い。

祭神・阿豆佐和気命・下上命の神社

阿豆佐和気命神社（利島村）

78　物忌奈命（モノイミナノミコト）

静岡県三島市にある三島神社の祭神である事代主神の嫡子で、神津島の開祖といわれている。

祭神・物忌奈命の神社

物忌奈神社（神津島村）

79　優婆夷大神（ウバイノオオカミ）

別名を八十八重姫（ヤソヤエヒメ）といい、三島大明神（事代主神）の妃神《きさきがみ》をつとめた一人。八丈島へ渡り、古宝丸（宝明神）を生んだ。のち、優婆夷大神と古宝丸の母子が交わり、八丈島が繁栄したという神話が伝えられている。

祭神・優婆夷大神の神社

優婆夷宝明神社（八丈島八丈町大賀郷）

80　宝明神（ホウメイノカミ）

優婆夷大神の子。三宅島の壬生家に代々伝わる『三島大明神縁起』、通称『三宅記』によると、宝明神は「五郎王子」と呼ばれている。

祭神・宝明神の神社

優婆夷宝明神社（八丈島八丈町大賀郷）

81　阿治古命（アジコノミコト）

『三宅記』によると、「三島の神、大島に置き給う后を羽分の大后と申しける」とあり、「羽分の大后」は、大島南東部に鎮座する波布比命神社に祭られているが、「羽分の大后」には二人の子があった。一人は「太郎王子おほい所」、もう一人は「次郎王子すくない所」である。「太郎王子おほい所」が、大島西部にある大宮神社（大島町野増）の祭神である阿治古命だという。
「次郎王子すくない所」は大島北西部にある波知加麻神社（大島町泉津）の祭神（大廣祇命）とされる。
祭神・阿治古命の神社
大宮神社（大島町野増）

82 建御名方神〈タケミナカタノカミ、または武御名方命〈タケミナカタノミコト〉〉

天照大御神の使者である建御雷之男神（タケミカズチノオノカミ、または武甕槌命）から出雲の国譲りを迫られた、大国主神の子。事代主神は一応同意したものの、建御名方神は力競べをいどみ、抵抗を示した。ところが、建御雷之男神の力におじけづき、信濃・諏訪まで逃げて、追い詰められ、「諏訪から外へは出ない」ことを誓い、命乞いをして国譲りに同意した。妻は八坂刀売神（ヤサカトメノカミ）。諏訪大社（上社＝諏訪市・茅野市、下社＝下諏訪町）の祭神は建御名方神・八坂刀売神の夫婦神。
大国主神は、こうまで執拗に要求されては、奉らざるを得ないとの思いで、国を譲ることの最終決断を下し、回答した。こうして、出雲の多芸志の小浜（島根県出雲市の海岸）に大神殿を造営してもらい、大国主神はそこに隠遁した。↓72建御雷之男神
祭神・建御名方神の神社
諏方神社（荒川区西日暮里）・諏訪神社（江戸川区平井）・白髭神社（葛飾区東四つ木）・氷川神社（品川区西五反田）・天祖・諏訪神社（品川区南大井）・諏訪神社（新宿区高田馬場）・白髭神社（墨田区東向島）・

玉川神社（世田谷区等々力）・諏訪神社（立川市柴崎町）・八幡神社（東大和市奈良橋）・諏訪神社（八王子市鑓水）・諏訪神社（町田市相原町）・春日神社（町田市大蔵町・玉川神社（羽村市羽中）・元狭山神社（西多摩郡瑞穂町駒形富士山）・三嶋神社（西多摩郡日の出町大久野）

83 八坂刀売神（ヤサカトメノカミ）

建御名方神と夫婦神。建御名方神の名は「たけ（みなかた＝水潟）神」から諏訪湖の水辺を表し、八坂刀売神の名は湖畔周辺の山並みの坂を表しているとの説もある。

祭神・建御名方神・八坂刀売神の神社

諏訪神社（台東区駒形）・諏訪神社（八王子市諏訪町）

84 経津主神（フツヌシノカミ、または斎主命、伊波比主命〈イワイヌシノミコト〉）

建御雷之男神（タケミカヅチノオノカミ、または武甕槌神）とともに高天原の使者として、出雲の大国主神のもとに遣わされ、国譲りを成功させた。また、建御雷之男神とともに「関より東の軍神、鹿島、香取、諏訪の宮」（『梁塵秘抄』）と、平安時代の人々にうたわれたほど、東国平定に名をあげた武神である。

建御雷之男神と経津主神は縁が深く、同一神とか、経津主神を神格化した剣とするなど諸説がある。

建御雷之男神は常陸国（茨城県）の鹿島神宮、経津主神は、利根川をはさんで、下総国（千葉県）の香取神宮に勧請されて鎮座している。

経津主神を「神格化した剣」とする神話とは、高千穂宮にいた神倭伊波礼毘古命（カムヤマトイワレビコノミコト〈のちの神武天皇〉）と、兄の五瀬命（イツセノミコト）は、天下の政をスムーズに執行したいとして、東の地へ遷ることにした。日向を発って、宇沙（豊前）を経て、筑紫国の岡田宮に一年、阿岐（安芸）国の多祁理《たけり》宮に七年、吉備国の高島宮に八年滞在しながら、さらに東へ向かった。一行が浪速の渡（大阪湾）を経て、白肩津（いまの東大阪市日下町付近）に停泊したさい、大和の登美にいた那賀須泥毘古（ナガスネヒコ）が軍を集結し、待ち受けていた。戦闘中、五瀬命が矢を受けて負傷した。五瀬命は「私は日の神の御子だから、日に向かって戦うのはよくない。日を背にして、敵を討とう」といい、南から紀国の男《お》の水門《みなと》にたどり着いたが、そこで息をひきとった。

神倭伊波礼毘古命らが熊野村に着くや、巨熊が現れ、姿を消した。熊は熊野の荒神の毒気を現している象徴だったのか、みな、気を失った。このとき、地元の高倉下（タカクラジ）という者が神倭伊波礼毘古命にひと振りの太刀を献上すると、神倭伊波礼毘古命らはたちまち目を覚まし、熊野の山の荒神はお呪《まじな》いのように切り倒されてしまった。神倭伊波礼毘古命に太刀の由来を訊かれた高倉下は答えた。「わたしの夢のなかで『葦原の中心の国は騒々しい。わたしの御子たちは困っているらしい。お前が降ってこい』と天照大御神と高木神（高御産巣日神の別名）から命じられた建御雷之男神が、『わたしが降りませんでも、以前、この国を平定したときの刀を降しましょう』といい、私に『お前の倉の屋根に穴を開けて、そこに刀を落とし入れる。その刀を天つ神の御子に献上せよ』と告げられたものです」と。

この太刀の名は佐士布都神（サジフツノカミ）、甕布都神（ミカフツノカミ）、布都御魂（フツノミタマ）といわれる。（「フツ」のつく多くの異名があり、武神・経津主神（フツヌシノカミ）と太刀は同一だとする記述もある）。

高木神は夢で「これより奥へ進ませてはならない。天上から遣わす八咫烏のあとについていくように」と教えた。神倭伊波礼毘古命らは八咫烏に従い、吉野川の川下から吉野の宇陀《うだ》へ前進した。

祭神・経津主神の神社

香取神社（江戸川区中央）・諏訪神社（江戸川区平井）・香取神社（江戸川区東葛西）・香取神社（葛飾区亀有）・葛西神社（葛飾区東金町）・天祖神社（葛飾区高砂）・香取神社（江東区亀戸）・多武峯内藤神社（新宿区内藤町）・香取神社（墨田区文花）・鹽竈神社（港区新橋）・春日神社（青梅市野上町）・春日神社（西多摩郡桧原村）

祭神・斎主命の神社

春日神社（西多摩郡日の出町平井）

85　大物主神（オオモノヌシノカミ、金刀比羅大神、琴平大神ともいう）

大国主神の和御魂《にぎみたま》といわれ、奈良の大神《おおみわ》神社の祭神。

「荒御魂《あらみたま》」が荒く猛き神霊を意味するのに対し、「和御魂」は柔和、精熟などの徳を備えた神霊の意味。

大神神社（奈良県桜井市）は、奈良盆地の東にそびえる三輪山にある。御諸山《みもろやま》とも美和山とも呼ばれる三輪山の西側のふもとに、山を背にして鎮座している。神が宿っている山そのものがご神体とされているので、参拝者は拝殿と、その奥に建てられている鳥居を通して、山を拝む。

三輪山のすぐ近くに都を遷した第十代崇神天皇の御代は、疫病がはやって多くの人が病死し、また、反乱が起こって朝廷を揺るがし、騒然とした情勢であった。日夜、憂えている天皇が神意を問うたところ、夢に大物主神が現れ、「疫病の流行などの乱世は私の意志による。意富多多泥古（オオタタネコ、または大田田根子）という人物に、我が御魂を祭らせれば、祟りも起こらず、国は安らかに治まるだろう」と託宣があり、天皇はさっそく託宣に従い、探し出した。意富多多泥古を神主として、大物主神を三輪山に祭った。すると、病の伝染は止み、反乱は沈静、国内は平安をようやく取り戻したという。

意富多多泥古は、大物主神が活玉依毘売（イクタマヨリビメ）のもとに通って生ませた子の子孫とされている。

天下を治める天つ神系譜の皇室と、国つ神である出雲の神々との軋轢葛藤は、「三輪山伝説」の神話にもみられ、託宣通りに三輪山に祭ることによって、対立性をなんとか包みこもうとつとめている姿が描かれている。神武天皇の皇后となった比売多多良伊須気余理比売（ヒメタタライスケヨリヒメ）は、大物主神の子とも（『古事記』）、あるいは、大国主神の子・事代主神が玉櫛媛に生ませた子ともいわれ（『日本書紀』）、初代天皇の時期から、朝廷側と大物主神または大国主神との融和がはかられていたようである。

大物主神の妻・夜麻登登母母曽毘売命（ヤマトトモモソビメノミコト）、『日本書紀』では倭迹迹日百襲姫命（ヤマトトトビモモソヒメノミコト）は第七代の孝霊天皇の皇女である。

比売多多良伊須気余理比売は、三島溝咋（ミシマノミゾクイ）の娘・勢夜陀多良比売（セヤダタラヒメ）の子である。三和（三輪）の大物主神は勢夜陀多良比売を見初め、彼女が厠《かわや》で用を足していると き、丹塗りの矢に化けて、溝から忍び込み、彼女の陰部を突いた。仰天した勢夜陀多良比売は走り回り、その矢を床のそばに置くと、麗しい男性になった。勢夜陀多良比売はその男性と結婚し、伊須気余理比売を生んだというのである。

祭神・大物主神の神社

荏原金刀比羅神社（品川区荏原）・稲荷鬼王神社（新宿区歌舞伎町）・三崎稲荷神社（千代田区三崎町）・金刀比羅神社（港区虎ノ門）・阿伎留神社（あきる野市五日市）・住吉神社琴平神社合祀（八王子市恩方町）・大神山神社（小笠原村父島字東町）

祭神・金刀比羅大神の神社

松島神社（中央区日本橋人形町）

86 天日鷲神（アマノヒワシノカミ）

大物主神に「皇孫支持」を説いた高皇産霊尊は、同神のために笠作り、盾作り、玉作りなどの役目の神を決めたが、木綿《ゆう》作り担当の神が天日鷲神であった。

天の岩戸の戸開きの場面でも活躍している。戸口で布刀玉命（フトダマノミコト）に持たせる御幣《みてぐら》の榊の木の枝に大鏡、勾玉などとともに掛けた木綿は、天日鷲神が織ったものだった。

祭神・天日鷲神の神社

須賀神社（新宿区須賀町）・鷲神社（台東区千束）・松島神社（中央区人形町）・大戸里神社（あきる野市乙津）

87 **青渭大神**（アオイノオオカミ）

青渭は、「大沼青沼」といわれるような大きな沼のことで、渭は沼を意味している。水の神である。たとえば、青渭大神を祭る調布の青渭神社の境内には泉が湧き、波が立っていたことから青波天神宮と呼ばれた。稲城の青渭神社があるあたりは、かつては多摩川の水があふれ出す氾濫原で、沼地が多く、大沼明神、青沼明神などと呼ばれた。水にかかわりの深い土地柄である。

具体的な祭神は、水波能売大神（ミツハノメノオオカミ、弥都波能売神）と青沼押比売命（アオヌマオシヒメ）の二神。水波能売大神は伊邪那美命の子、青沼押比売命は大国主神の子で、前者はいわば伊勢神宮系・高天原の神であり、後者は出雲系の神である。

祭神・青渭大神の神社

青渭神社（調布市深大寺元町）・青渭神社（稲城市東長沼）

88　伍社稲荷大神（ゴシャイナリオオカミ）

宇迦之御魂神（倉稲魂命）、須佐之男命（素盞鳴命）、大市比売神（オオチヒメノカミ、または神大市比売神〈カムオオチヒメノカミ〉）、大己貴命（オオナムチノミコト）に、四大神（シノオオカミ）を加えた総称。

宇迦之御魂神は稲の神・五穀豊穣の神。大市比売神は、山の神・大山津見神（オオヤマツミノカミ、または大山祇神）の子で、櫛名田比売のつぎの須佐之男命の妻となり、宇迦之御魂神と大年神を生んだ。農耕神とされている。国造りの神・大己貴命は大国主神の別称。

四大神については、諸説あって、「四大神」を一柱の神とする説と、四柱の神の総称とする説などがある。「四大神」という場合は、具体的にどんな神か分からない。「四柱の神の総称」といわれる場合は「五十猛命（イソタケルノミコト、またはイタルケルノミコト）、抓津姫命（ツマツヒメノミコト）、大弥津姫命（または大家姫〈オオヤツヒメ〉）、事八十神（コトヤソノカミ）の四柱の神」としている。

須佐之男命は、息子の五十猛命と娘の抓津姫命、大弥津姫命とともに新羅国から木の種を携えて帰り、山陰の大浦海岸（いまの島根県大田市五十猛町）に上陸した話が伝えられている。須佐之男命は上陸後、出雲国の肥の川を上って、例の八俣大蛇《やまたのおろち》を退治した地へ移っていくが、息子、娘たちはこの地にとどまって、五十猛命は五十猛（大田市）で造林に、抓津姫命は川合（同市川合町）で製材に、大弥津姫命は大屋（同市大屋）で建築にそれぞれ努めたといわれている。

大田市には須佐之男命を主祭神とする韓神新羅《からかみしらぎ》神社、五十猛命を祭る五十猛神社、大弥津姫命を祭る大家姫命神社、抓津姫命を祭る漢女《からめ》神社がある。

事八十神は、世にいう「因幡《いなば》の白兎」に登場する八十神といわれている。大国主神の異母兄弟だが、気多の岬で遭遇した、毛皮の剥がれた赤裸の兎を騙し、傷つけた面々である。

祭神・伍社稲荷大神の神社

椙森神社（中央区日本橋堀留町）

89　五十猛命（イソタケルノミコト、またはイタルケルノミコト）

須佐之男命の子。木の種を生む三神の一柱。粗暴な行いを重ねたため、天照大御神はじめ神々の怒りをかい天つ国から追放された須佐之男命は、子の五十猛命らをひきいて、新羅《しらぎ》の国に天降ったといわれる。新羅の曽戸茂梨《そしもり》というところで「私はこの地に居たくない」といって、舟を作ると、子らを引き連れ、海を渡って出雲国に着いた。須佐之男命は、五十猛命らと出雲で別れ、肥の川の上流にある鳥上《とりかみ》の山（通船山）に登った。大蛇を退治する物語は、ここを舞台に始まった。

一方、五十猛命は天降るとき、たくさんの木の種を持って降り、韓地《からくに》では植えないで、全部持ち帰って、筑紫（福岡）から播きはじめ、大八洲の国中に播いて、列島を青々とさせたという。

新羅から帰った須佐之男命、五十猛命、抓津姫命、大弥津姫命の一行がたどり着いた山陰の大浦海岸（島根県大田市）には、「神島」「神上島」など、船を繋ぎ留め、上陸したという伝説にまつわる地名が伝えられている。上陸後、須佐之男命が子どもたちと別れたといわれる「神別れ坂」の地名もある。五十猛命は植林の仕事をしたのち、紀伊国へ移ったといわれる。

祭神・五十猛命の神社
紀州神社（北区豊島）・熊野神社（渋谷区神宮前）

90 抓津姫命（ツマツヒメノミコト）

須佐之男命の子。木の種を生む三神の一柱。薬草を植えたといわれる伝説の「薬師山《くすしやま》」が大田市内にある。その後、紀伊国へ移った。
祭神・抓津姫命の神社
紀州神社（北区豊島）・熊野神社（渋谷区神宮前）

91 大弥津姫命（オオヤツヒメノミコト、大屋津姫命）

須佐之男命の子。木の種を生む三神の一柱。その後、紀伊国へ移った。五十猛命、抓津姫命、大弥津姫命の一男二姫が、紀伊へ旅立つときに落ち合ったといわれる「逢浜《おうはま》」の地名が大浦海岸（島根県大田市）に伝えられている。
祭神・大弥津姫命の神社
紀州神社（北区豊島）・熊野神社（渋谷区神宮前）

92 味耜高彦根神（アジスキタカヒコネノカミ、または阿遅志貴高日子根神〈アジシキタカヒコネノカミ〉）

大国主神の子。国土開発の神とされている。福島の都々古別《つつこわけ》神社（東白川郡棚倉町）の祭神とされるなど、東国の開拓神ともいわれる。母は宗像三女神の一柱である多紀理毘売命。味耜高彦根神の妹・下光比売（シタテルヒメ）は天若日子（アメワカヒコ）の妻である。

天若日子は、天照大御神はじめ高天原の神々が葦原中国を譲り受ける折衝の使者として派遣された神である。しかし、八年経っても戻らず、音沙汰がないまま亡くなってしまった。

味耜高彦根神は天若日子と親しくしていたし、容貌もそっくりだった。訃報を聞いて、死を弔いに喪屋を訪れたとき、使者の父や妻が自分の子と間違えたほどだった。「息子が生きている」と味耜高彦根神の手足にすがって泣いた。

味耜高彦根神はけがれた死人と間違えられたことを怒って、喪屋を蹴って壊した。残骸が天から墜ち、美濃国（岐阜県）藍見川近くの喪山（美濃市大矢田）になったとの伝説がある。

祭神・味耜高彦根神の神社

阿伎留神社（あきる野市五日市）・元狭山神社（西多摩郡瑞穂町駒形富士山）

93　恵比寿大神（エビスオオカミ）

七福神乗り合い舟で風折烏帽子《かざおりえぼし》をかぶり、狩衣《かりぎぬ》（平安時代の公家の常用略服）に指貫《さしぬき》（裾を紐で指し貫き、くくる袴）をつけ、右手に釣竿、左脇に鯛をかかえているのが、恵比寿大神である。この福々しい姿は、出雲国美保の岬沖で魚釣りをしていた事代主神ともみられ、漁業の神、航海の神として崇められていたが、海から陸に伝わって、商業神の性格をもつようになり、商売繁盛の神として祭られている。

クジラやイルカは、漁民から「エビス」と呼ばれる。魚群を追って、大漁をもたらすからであろうが、沖から浜へ寄せる生物の水死体も、魚群を集めるということから、やはり「エビス」として供養する風習があった。

海岸に流れついて、西宮神社（兵庫県西宮市）の祭神となった蛭子（ヒルコ）大神は、遥か沖から流れてきたイメージからエビスと同一視されるようになり、漁村で福の神として祭られていたのが、農家や商家でも福徳をもたらす神として大黒天と並べて祭られるようになった。

伊邪那岐神・伊邪那美神の子として生まれ、三歳になっても足が立たない障害児のため、葦舟に乗せ捨てられた蛭子は、その後、御前浜に流れつき、「夷三郎（エビスサブロウ）」の名で信仰されるようになったという。

祭神・恵比寿大神の神社
椙森神社（中央区日本橋堀留町）

94　**岐神**（クナドノカミ、またはフナドノカミといわれる場合もある）
伊邪那岐命が黄泉国《よみのくに》から逃げ帰ったのち、裸になって、禊祓《みそぎはらえ》をしたが、そのさい、投げ捨てた杖《つえ》から化生したとされる神。

村の入り口や分かれ道などに祭られ、岐路または旅の神、道祖神とされた。

船戸の神（フナドノカミ）とも書かれる。
祭神・岐神の神社
香取神社（葛飾区亀有）

95　福禄寿

寿老人の別体、同神異体の神とされている。寿老人は室町時代のころから、七福神の首席におかれる長命の神として描かれるようになった。普及していくうちに、違った図柄に描かれ、福禄寿が分身したといわれる。形象は老人の姿をして、長頭で髭多く、経巻《きょうかん》を結びつけた杖をついている。経巻は人間の寿命をつかさどる書き物である。中国で長命の象徴といわれる玄鹿《げんろく》を連れているのが、民間に流布する寿老人の姿である。

七福神は一般的には、夷《えびす》・大黒・布袋和尚・寿老人・福禄寿・毘沙門天・弁才天をいうが、寿老人は福禄寿と同体異名の神であるとして、そのかわりに吉祥天や猩々とすることもある。
祭神・福禄寿の神社
今戸神社（台東区今戸）

96　牛頭天王（ゴズテンノウ）

「インドの祇園精舎（仏教説話に登場する庭園『祇園』に建てられた寺）の守護神が、除疫神として京都祇園社（八坂神社）などに祭られた」「高句麗《こうくり》の調進副使《ちょうしんふくし》が新羅国牛頭山《こずさん》の神を祭った」など、諸説ある。「須佐之男命をはじめとする『記・紀』神話の神々」ともいわれているが、疫病よけの神として信仰されている。

須佐之男命が新羅で牛頭方と呼ばれる地方にいたという言い伝えから、須佐之男命の別名とされている。

祭神・牛頭天王の神社

八雲神社（西多摩郡奥多摩町川井）

神代から人の世に

97 **邇邇芸命**（ニニギノミコト）

天照大御神の子である天忍穂耳命（アメノオシホミミノミコト）と、高御産巣日神（タカミムスビノカミ）の娘である万幡豊秋津師比売命（ヨロズハタトヨアキヅシヒメノミコト）の間に生まれた。天照大御神の孫である。

『古事記』の天孫降臨の物語は、つぎのような文章で始まっている。

爾《こ》に天照大御神・高木神（タカギノカミ）の命もちて、太子正勝吾勝勝速日天忍穂耳命（ヒツギミコマサカアカツカモハヤヒアメノオシホミミノミコト）に詔《の》りたまはく、「今、葦原中国《あしはらのなかつくに》を平げ訖《を》へぬと白《まを》す。故《かれ》、言《こと》よさし賜へるまにまに、降りまして知らしめせ」とのりたまひき。

高木神は、天地開闢のときに生まれた「造化の三神」の一神・高御産巣日神（タカミムスヒノカミ）の別名である。葦原中国は、天の神の世界と、死人が住む地下の黄泉国との中間の、人間が住む日本国土。「言よさし賜へるまにまに」とは、天照大御神が出雲国を支配しようとしたさいに語った言葉「豊葦原の千秋の長五百秋の瑞穂国は、わが子・天忍穂耳命が治める国である」を指している。「いまや、葦原中国を平定し終わった。今度こそ本当に地上を統治するときだ」と、天照大御神・高木神は天忍穂耳命に、降臨を命じた、というのである。

ところが、天忍穂耳命が天降りの準備をしているさなか、子が生まれる。邇邇芸命である。その名は、稲がにぎにぎしく生い茂っているさまを表すといわれている。母は高木神の娘・万幡豊秋津師比売命。父の「穂」、母の「豊秋」、子の「邇邇」と、いずれも豊作にちなんだ名前である。

天忍穂耳命の「誕生したこの子を降臨させるほうがよろしいかと存じます」との提案を、天照大御神は受け入れ、邇邇芸命に降臨の命が下された。

天孫は降臨の途中、天地を照らす不思議な神を見たので、天宇受売神（天鈿女命〈アメノウズメノミコト〉、天岩戸開きのさい、岩戸の前で踊った女神）を遣わし、正体を質させた。その神は「私は国つ神の猿田毘古神（サルタビコノカミ）。天孫の先導役を務めたく、お迎えに参りました」と答えた。

お供は天児屋命（アメノコヤネノミコト）、布刀玉命（フトダマノミコト）、天宇受売神、伊斯許理度売命（イシコリドメノミコト）、玉祖命（タマノオヤノミコト）の五神に猿田毘古神となった。大御神は、これに八尺瓊《やさかに》勾玉、八咫《やた》鏡、草薙剣を授け、さらに常世の思金神（オモイカネノカミ）、手力男神（タヂカラオノカミ）、天岩戸別神（アメノイワトワケノカミ）を付き添わして、筑紫は日向の高千穂へ向け、出発させた。邇邇芸命は両手に高天原の稲の束をかかえていた。高千穂の地名の起こりは、多くの稲穂を高く積み上げたことかららしい。

高千穂の「くじふる」嶺に降り立った邇邇芸命は当地に宮殿を造営、居住することになるが、笠沙の岬で出会った木花之佐久夜毘売（コノハナノサクヤビメ）にほれ込み、父親の大山津見神（オオヤマツミノカミ、大山祇命〈オオヤマツミノミコト〉）に申し込んで結婚する。やがて妊娠がわかると、木花之佐久夜毘売は邇邇芸命から「一夜の契りで身ごもるとは」と不貞を疑われ、身の潔白を証明するため、産屋に火を放ち、燃え盛る炎のなかで出産したとされる。三人の子を生んだ。火照命（ホデリノミコト）、火須勢理命（ホスセリノミコト）、火遠理命（ホオリノミコト）である。

笠沙は、薩摩半島から西へ突き出た野間半島、いまの南さつま市笠沙町あたりとみられている。

邇邇芸命を祭神とする神社

筑土神社（千代田区九段北）・烏森神社（港区新橋）

98 天つ神・国つ神〈天津神・国津神〈アマツカミ・クニツカミ〉〉

天つ神は高天原からわが国に降臨した神とその子孫。国つ神は天孫降臨以前からこの国に土着して、一地方を治めていた神。

祭神・天つ神・国つ神の神社

日比谷神社（港区東新橋）

99　八百万の神（ヤオヨロズノカミ）

多くの神々。『古事記』には「八百万の神」の言葉が五回、出てくる。まず初めは、天照大御神が天の岩戸に隠れた場面で登場する。世の中が真っ暗になって、「さて、どうしたらいいか」と困った「八百万の神、天の安の河原に神集い集いて」善後策を講じることになった。

二回目に登場するのは、天宇受売神（アメノウズメノカミ、または天鈿女命）が天の岩戸の前で踊る場面である。伏せた桶の上で踊り狂い、乳房も下半身もあらわにして、「ここに高天の原、動《とよ》みて、八百万の神、共に咲《わら》いき」。

三回目はそのすぐあと、世界が光をとり戻して、元通りになると、「ここに八百万の神共に議《はか》りて」、天照大御神を怒らせる悪さをした須佐之男命に対する罰を決めたのである。

四、五回目は天孫降臨前の準備の場面。「天の安の河原に八百万の神を神集《かむ》へに集へて」「八百万の神たち議《はか》りて」とある。

祭神・八百万の神の神社

田無神社（西東京市田無町）・熊野神社（国分寺市西恋ケ窪）

100 猿田彦命（サルタヒコノミコト、猿田毘古神〈サルタビコノカミ〉、または、佐田彦大神〈サダヒコノオオカミ〉、岐命〈フナトノミコト〉）

その風貌は、『日本書紀』では、長鼻で眼光輝き、一見、天狗のように描かれる。道案内をしたあとは、故郷の伊勢国に戻り、鎮まったとされる。『書紀』では「岐命（猿田彦命）」と表記されている。↓55

天鈿女命

祭神・猿田彦命の神社

白髭神社（渋江白髭神社、葛飾区東四つ木）・田端八幡神社（北区田端）・白髭神社（墨田区立花）・白髭神社（墨　田区東向島）・永久稲荷神社（中央区日本橋箱崎町）・松島神社（中央区人形町）・今宮神社（文京区音羽）・田無神社（西東京市田無町）・八重垣稲荷神社（小金井市中町）・熊野宮（小平市仲町）・若宮神社（日野市東豊田）・青渭神社（稲城市東長沼）・秋川神明社（あきる野市牛沼）・白鬚神社（青梅市小曽木）・千ケ瀬神社（青梅市千ケ瀬）・幸神神社（西多摩郡日の出町大久野）

祭神・佐田彦大神の神社

水稲荷神社（新宿区西早稲田）・東伏見稲荷神社（西東京市東伏見）

祭神・岐神の神社（94参照）

香取神宮（葛飾区亀有）

101 木花之佐久夜毘売（コノハナノサクヤビメ）

大山津見神（オオヤマツミノカミ）の娘。別名、神阿多都比売（カムアタツヒメ）、鹿葦津姫命（カシツヒメノミコト）、身島姫命（ミシマヒメノミコト）、下津姫命（シタツヒメノミコト）ともいう。木花之佐久夜毘売は、磐長比売神と姉妹である。

邇邇芸命に見初められ、結婚。火照命、火須勢理命、火遠理命の三人の子を生んだ。

祭神・木花之佐久夜毘売の神社

子易《こやす》神社（板橋区板橋）・浅間神社（江戸川区上篠崎）・浅間神社（大田区大森西）・多摩川浅間神社（大田区田園調布）・浅間神社（江東区亀戸）・氷川神社（豊島区池袋本町）・富士神社（文京区本駒込）・諏訪神社（立川市柴崎町）・子安神社（八王子市明神町）・御嶽神社（青梅市新町）・伊勢社（西多摩郡桧原村）・元狭山神社（西多摩郡瑞穂町駒形富士山）・狭山神社（西多摩郡瑞穂町箱根ヶ崎）

祭神・身島姫命、下津姫命の神社

三島神社（台東区寿）

102 磐長比売神（イワナガヒメノカミ、巖永姫命、石長比売、または和足彦命〈ヤマトタラシヒコノミコト〉、上津姫命〈カミツヒメノミコト〉）

天孫・邇邇芸命が笠沙の岬（いまの南さつま市笠沙町）で美しい娘と出会い、名を尋ね、父神の大山津見神（オオヤマツノカミ）に「木花之佐久夜毘売を娶りたい」と申し込んださい、大喜びの父神が、妹の木花之佐久夜毘売と合わせて差し出した姉神である。父神は、木花之佐久夜毘売には「天孫が花のように栄え」、姉の磐長比売には「その命が石のように永遠に」と願いをこめていたのだが、邇邇芸命は醜女ゆえに姉を断り、妹だけを選んで結婚した。「その命が石のように永遠に」の願いを拒否したことから、天孫の神々は死を免れなくなったといわれる。

あるとき、磐長比売神が鏡で顔を見たとき、醜いと思ってとっさに鏡を投げ捨てた。すると、鏡が龍房山《りゅうふさやま》（宮崎県西都市）の木にひっかかり、山を白く照らしたという言い伝えがある。西都市の銀鏡《しろみ》神社は、この鏡を御神体にしていると伝えられている。

祭神・磐長比売神の神社

狭山神社（西多摩郡瑞穂町箱根ヶ崎）

祭神・和足彦命、上津姫命の神社

三島神社（台東区寿）

103 大山津見神（オオヤマツミノカミ、大山祇命〈オオヤマツミノミコト〉、または山王宮とも）

山の神といわれる。邇邇芸命が木花之佐久夜毘命を妻として所望したさい、姫の姉である磐長比売神も差し出したという姫の父親。邇邇芸命は、磐長比売神の容姿が醜かったので、姉との結婚は断ってしまった。

祭神・大山津見神の神社

雉子神社（品川区東五反田）・田端神社（杉並区荻窪）・深澤神社（世田谷区深沢）・三島神社（台東区下谷）・元三島神社（台東区根岸）・三島神社（台東区寿）・氷川神社（中野区弥生町）・愛宕神社（港区愛宕）・三島神社（あきる野市戸倉）・玉川神社（羽村市羽中）・八幡神社（東大和市奈良橋）・小河内神社（西多摩郡奥多摩町河内）・三嶋神社（西多摩郡日の出町大久野）・元狭山神社（西多摩郡瑞穂町駒形富士山）・狭山神社（西多摩郡瑞穂町箱根ヶ崎）・吉谷神社（大島町元町）

祭神・山王宮の神社

小平神明宮（小平市小川町）

104

塩土老翁（シオツチノオジ、または鹽土老翁、塩筒大神、塩椎神）

天孫・邇邇芸命が笠沙の岬で出会った神・事勝国勝長狭（コトカツクニカツナガサ）の別名。伊邪那美神の子。邇邇芸命が塩土老翁に「ここは誰の国か」と尋ねると、「これは長狭が住む国です。けれども、今は天孫に奉ります」と答えたという。

塩土老翁は、笠沙の岬の場面のあと、海幸彦・山幸彦の物語や神武天皇の東征の場面などにも登場する。

海幸彦・山幸彦の物語では、兄の釣針を紛失し、海辺を嘆きさ迷っていた弟の彦火火出見命（ヒコホホデミノミコト）の前に忽然と現れ、事情を聞いて気の毒に思った塩土老翁が、浦島太郎物語よろしく、海底の宮殿行きの筏を用意した。

神武天皇の東征の場面では、天皇から日向の地で「遼遠の地」の情勢について質問された塩土老翁は、「東に美しい国がある。青い山に囲まれ、その中に、また天磐船《あめのいわふね》に乗って、飛び降りる者がいる」と答えている。天皇は、この話を聞いて、「なんとしても、そこへ行き、都としなければならぬ」と、東征の決意を語る。もの知りの神・塩土老翁は海の神、製塩の神とされている。

祭神・塩土老翁（鹽土老翁）の神社

鹽竈神社（港区新橋）

105 豊玉毘売（トヨタマビメ）

兄の火照命（ホデリノミコト）の釣針をなくして、海神宮にやってきた火遠理命（または彦火火出見命〈ヒコホホデノミコト〉、通称、山幸彦）に出会い、そのすばらしい姿に魅せられ、さっそく父に報告して、結婚した海神の娘。

海神宮に三年間滞在した火遠理命は、ふとここに来た理由を思い出した。事情を聞いた海神は、鯛の喉に刺さっていた件の釣針を見つけ出した。ほっとした火遠理命は海神宮から鰐に乗り、地上に帰ってきて、釣針を兄に返した。

しばらくして豊玉毘売が妹の玉依毘売を連れ、海を越えてやってきた。火遠理命に「あなたの子を宿し、産み月を迎えた」ことを告げ、天神の子を海中で出産するわけにはいかないとして、「海辺に鵜の羽で葺いた産屋を作ってほしい」と依頼した。

豊玉毘売は火遠理命に「出産の姿を見ないで」といって産屋に入った。不思議に思った火遠理命が覗いてみると、巨大な鰐がのたうっていた。そこで生まれた子の名を天津日高日子波限建鵜葺草葺不合命（アマツヒコヒコナギサタケウガヤフキアエズノミコト）といった。

姿を見られた豊玉毘売は激しく恥じうらみ、子を産み置いて海へ帰っていった。しかし、豊玉毘売は恨みながらも、火遠理命を思い、子の養育のために地上に遣わす妹に恋歌を持たせ、その後も友好は続いた。

成長した鵜葺草葺不合命は叔母の玉依毘売と結婚し、四人の子を生んだ。四番目の子・若御毛沼命〈ワカミケヌノミコト、または神倭伊波礼毘古命〈カムヤマトイワレビコノミコト〉〉が、のちの神武天皇である。

祭神・豊玉毘売の神社

鹿島玉川神社（青梅市長渕）・元狭山神社（西多摩郡瑞穂町駒形富士山）

106　地神《ちじん》五代

天神七代に続き、神武天皇以前に日本を治めた五柱の神々。天照大御神、天忍穂耳尊（アメノオシホミミノミコト〈「尊」を「命」と表記する場合もある。以下同じ〉）、邇邇芸尊（ニニギノミコト）、彦火火出見尊（ヒコホホデミノミコト）、鵜葺草葺不合尊（ウガヤフキアエズノミコト〈神武天皇の父〉）。

祭神・地神五代の神社

十二所《じゅうにしょ》神社（武蔵村山市三ッ木）

107 天下春命（アメノシタハルノミコト、または天下春之命）

天上春命（または天表春命、いずれもアメノウワハルノミコト）とともに八意思兼命（ヤゴコロオモイカネノミコト）の子で、天下春命は弟神。両神は、饒速日命（ニギハヤヒノミコト）が天磐船《あめのいわふね》（神々の飛行船）に乗って天降ったとき、護衛として付き従った三十二柱の神のうちの二柱である。八意思兼命は、「天の岩戸開き」のさい、善後策を講じた知恵者・思金神（オモノカネノカミ、高御産巣日神の子）と同神。

『日本書紀』などによると、饒速日命が天降ったのは、神武天皇の東征に先立ち、天照大御神から十種の宝を授かって、天から河内国の哮ケ峯《たけるがみね》（大阪府交野市私市）に降りたことをいい、邇邇芸命の天孫降臨とは別の神話である。

三十二神は三十二国に分け降り、天上春命は信濃国に、天下春命は武蔵国に降臨、天下春命は武蔵秩父国造《むさしのちちぶのくにのみやつこ》の先祖といわれ、開墾の神として崇められている。↓110布留御魂大神

祭神・天下春命の神社

小野神社（多摩市一ノ宮）

108 箱根大神（ハコネオオカミ）

日向の高千穂峰に天孫降臨し、わが国開拓の神といわれる邇邇芸命。邇邇芸命が笠沙（いまの南さつま市笠沙町）の岬で見初めて結婚した、地神・大山津見神（オオヤマツミノカミ、または大山祇神）の

娘・木花之佐久夜毘売（コノハナサクヤビメ）。邇邇芸命と木花之佐久夜毘売との間に生まれ、海幸彦・山幸彦の神話で知られる彦火火出見尊（ヒコホホデノミコト、または日子穂穂出見命、または火遠理命〈ホオリノミコト〉）の三神。

邇邇芸命は、天孫降臨の比定地の一つとされる高千穂峰にある霧島神宮、木花咲耶姫命は富士山の浅間大社、彦火火出見尊は鹿児島神宮の祭神になっている。

祭神・箱根大神の神社

狭山神社（西多摩郡瑞穂町箱根ヶ崎）

109

駒形神（コマガタカミ）

この神については諸説あるが、一般的にはつぎの六神の総称といわれている。天照大御神、国之常立命（クニノトコタチノミコト）、国狭槌命（クニサヅチノミコト）、吾勝命（ワカツノミコト）、置瀬命（オキセノミコト）、彦火火出見命（ヒコホホデミノミコト）。

天照大御神は日の神と仰がれ、伊勢の皇大神宮（内宮）に祭られ、国之常立命は天地開闢とともに現れた神代七代の第一代目、国土形成の神。国狭槌命は、伊邪那岐・伊邪那美が生んだ山の神・大山津見神（オオヤマツノカミ）と野の神・野椎神（ノヅチノカミ）の子。

吾勝命は、天照大御神の子・天忍穂耳命（アメノオシホミミノミコト）のことで、天孫降臨した邇邇芸命の父である。置瀬命は天之杵火火置瀬命（アマノキホホオキセノミコト）といい、邇邇芸命自身といわれている。彦火火出見命は神武天皇のことで、祖父の彦火火出見命（火遠理命＝ホオリノミコト）と同じ名で呼ばれていた。火遠理命は「海幸山幸《うみさちやまさち》」神話に登場する山幸彦である。

祭神・駒形神の神社

元狭山神社（西多摩郡瑞穂町駒形富士山）

110 布留御魂大神（フルノミタマノオオカミ）

奈良県天理市に鎮座する石上神宮《いそのかみじんぐう》に主祭神として祭られている三柱（布都御魂大神〈フツノミタマノオオカミ〉、布都斯御魂大神〈フツシミタマノオオカミ〉、布留御魂大神）のうちの一柱。

物部氏の遠祖である饒速日命（ニギハヤヒノミコト）が、天磐舟《あめのいわふね》に乗って豊葦原中国《とよあしはらのなかつくに》に天降るとき、高天原からの多くの供を従え、天つ神から授けられた宝を携えていたが、その「とくさのかんだから」と呼ばれる十種神宝のことを布留御魂大神と呼んだ。その内訳は瀛津鏡《おきつかがみ》、辺津鏡《へつかがみ》、八握剣《やつかのつるぎ》、生玉《いくたま》、足玉《たるたま》、死返玉《まかるがえしのたま》、道返玉《ちがえしのたま》、蛇比礼《へみのひれ》、品物比礼《くさぐさのもののひれ》の十種で、この品々をゆらゆら振れば、「亡くなられた人をも蘇生させる」霊力を秘めていると言い伝えられた。→107天下春命

布都御魂大神は神武天皇を救ったといわれる剣。布都斯御魂大神は須佐之男命が八俣大蛇を斬った十拳剣《とつかのつるぎ》。

祭神・布留御魂大神の神社

六所神社（世田谷区赤堤）

111 神武天皇〈神日本磐余彦尊〈カミヤマトイワレビコノスメラミコト〉〉

火遠理命の子を懐妊し、臨月をむかえた豊玉毘売（トヨタマビメ）は、海路はるばるやってきた。海辺に、産屋《うぶや》を造り、鵜の羽で屋根葺きをさせていたときに産気づいて、まだ葺き終わらないうちに中に入った。そのとき、「異郷の者はみんな、本国の姿になって生むので、その間、私の姿をのぞき見しないでください」と念を押した。

火遠理命は禁を破って、のぞいてしまう。産屋の中では八尋《ひろ》もある大鰐《ワニ》がのたうち回っているではないか。火遠理命は驚いて、恐れ逃げ出し、豊玉毘売は見られてはずかしく、生まれたばかりの子を残して海神の国へ帰ってしまう。生まれた神の名は「天津日高日子波限建鵜葺草葺不合命（アマツヒコヒコナギサタケウガヤフキアエズノミコト）」という。

豊玉毘売はその後、夫や愛児のために妹の玉依毘売（タマヨリビメ）を地上に遣わした。成長した鵜葺草葺不合命は、叔母の玉依毘売と結婚、四人の子をもうける。五瀬命（イツセノミコト）、稲氷命（イナヒノミコト）、御毛沼命（ミケヌノミコト）、若御毛沼命（ワケミケヌノミコト）。第四子の、神倭伊波礼毘古命（カムヤマトイワレビコノミコト）という別名のある若御毛沼命こそ、のちの神武天皇であった。

高千穂宮にいた神倭伊波礼毘古命と兄の五瀬命は、天下を治めるのには、もっと東が便利だとして、東方へ移動することになった。

大和の登美で那賀須泥毘古（ナガスネビコ）の軍と戦って破り、熊野では巨熊の毒気に襲われて倒れ、吉野では八咫烏の道案内で宇陀へ進んだ。

宇陀には兄宇迦斯（エウカシ）と弟宇迦斯（オトウカシ）という長がいた。神倭伊波礼毘古命はこの兄弟のもとに八咫烏を差し向け、「帰順せよ」と迫るが、兄宇迦斯は神倭伊波礼毘古命を殺害しようと謀った。弟宇迦斯からの密告で謀略が明るみに出て、神倭伊波礼毘古命は兄宇迦斯を殺害した。このあと、弟は神倭伊波礼に食糧を献上するなど、帰服した。

忍坂では、岩屋で待ち受けていた土着民（土雲）らを討ち殺し、大和の平定をほぼ終えた神倭伊波礼の前に、饒速日命（〈ニギハヤヒノミコト〉邇芸速日命とも表記）が現れ、天つ神の子の証しとなる品々を献上して、神倭伊波礼に仕えたという。饒速日命は、那賀須泥毘古の妹・登美夜毘売（トミヤビメ）を娶り、物部連らの祖となる宇摩志麻遅命（ウマシマジノミコト）をもうけた。

神倭伊波礼毘古命は、荒ぶる神々をつぎつぎに平定、畝傍山の東南の地に橿原宮を造営し、天皇として即位して天下を治めた。

神倭伊波礼毘古命が、まだ日向にいたときのことである。阿多《あた》の阿比良比売（アヒラヒメ）という小椅君（オバシノキミ）の妹を娶り、多芸志美美命（タギシミミノミコト）、岐須美美命（キスミミノミコト）の二柱の子をもうけた。

神倭伊波礼毘古命はその後、比売多多良伊須気余理比売（ヒメタタライスケヨリヒメ）を皇后として娶り、日子八井命（ヒコヤイノミコト）、神八井耳命（カムヤイミミノミコト）、神沼河耳命（カムヌナカワミミノミコト）の三柱の子をもうけた。

祭神・神武天皇の神社
御嶽神社（豊島区池袋）

112 賀茂別雷神（加茂別雷神〈カモワケイカヅチノカミ〉）

西多摩郡奥多摩町の小河内神社の祭神の一柱。小河内神社は、一九五七年（昭和三十二）完成の小河内ダムを建設するさい、水没した旧小河内村に祭られていた加茂神社、温泉神社など九社十一祭神を勧請・合祀して創建された神社である。

賀茂別雷神は、京都の賀茂別雷神社からうつされた祭神で、玉依毘売（タマヨリノビメ）が生んだ神といわれる。玉依毘売が鴨川で遊んでいるとき、川上から流れてきた丹塗《にぬり》の矢をとって、地面に挿し置いていたところ、懐妊し、生まれた子が賀茂別雷神という。その矢は実は大山咋神の化身といわれている。玉依毘売の父・賀茂建角身命（カモタケツノミノミコト）の名にちなんで、賀茂別雷神と命名したと言い伝えられている。↓65大山咋神

祭神・加茂別雷神の神社
小河内神社（西多摩郡奥多摩町河内）

〔注〕「玉依毘売（タマヨリノビメ）」と呼ばれる女神が神話のいろいろな場面に現れる。たとえば、三輪山伝説に登場する大物主神の妻として（85、115）、また、山幸彦・海幸彦の物語に登場する豊玉毘売の妹として（111）、そして、賀茂建角身命の娘として（112）。「玉依毘売」は固有名詞というより、

その名の通り、玉（神）が依り憑《つ》いた巫女《みこ》という役柄のようにして登場していることが多いようだ。

113　**春日大神**（カスガオオカミ、または春日明神）

武甕槌命（タケミカヅチノミコト、または建御雷之男神〈タケミカヅチノオノカミ〉）、経津主神（フツヌシノカミ、または斎命〈イワイヌシノミコト〉）、天児屋根命（アメノコヤネノミコト、『古事記』では天児屋命）、比売神（ヒメカミ）をもって春日大神と総称される。

天児屋根命は、天の岩戸の前で太祝詞《ふとのりと》を奏す役を受け持ち、その美辞を天照大御神からめでられた神で、大化改新で知られる中臣鎌子（藤原鎌足）の祖先。比売神は宗像の三女神である。

祭神・春日大神の神社

稗田《ひえだ》神社（大田区蒲田）・十三社神社（新島村本村）

114　**健磐竜命**（タケイワタツノミコト）**など九州・阿蘇地方を開発した十二の神々**

健磐竜命は、神武天皇の皇子・神八井耳命（カムイミミノミコト）の子である。神武天皇の孫にあたる。阿蘇地方の鎮護・開発の仕事を神武天皇から命じられ、阿蘇へ下った。地元の国竜神（クニタツノカミ）の女神・阿蘇都日咩命（アソツヒメノミコト）を娶ったことから阿蘇津彦とも呼ばれた。阿蘇の山麓に美田をひらき、住民に農耕の技術を伝え、畜産を奨励した。

この統治と開拓の事業には健磐竜命の妃神・阿蘇都日咩命をはじめ、つぎの神々が尽力した。健磐竜命の第一の御子・速瓶玉命（ハヤミカタマノミコト）、健磐竜命の嫡孫・彦御子神（ヒコミヒノカミ）と彦御子神の妃神・若比咩神（ワカヒメノカミ）、国竜神とその妃神・比咩御子神（ヒメミコノカミ）、国竜神の長男・新彦神（ニイヒコノカミ）の女神・新比咩神（ニイヒメカミ）。新彦神の御子・若彦神（ワカヒコノカミ）とその妃神の弥比咩神（ヤヒメノカミ）、そして、神武天皇の皇子・綏靖《すいぜい》天皇である。

速瓶玉命は、第十代天皇・崇神天皇の時代に阿蘇の初代国造に任ぜられ、また、住民からは農業の神として崇められた。以来、健磐竜命の子孫が阿蘇の国造をつとめ、阿蘇氏を名乗って、鎌倉時代末期から南朝に忠勤を励んで勢力を伸ばし、のちには神職を専門とし、明治には男爵に列せられた。

熊本・阿蘇には阿蘇神社を一の宮として十二の宮まであり、健磐竜命を筆頭に一族の神々が祭られ、十一の宮は速瓶玉命を祭る。

祭神・健磐竜命・阿蘇都日咩命・速瓶玉命・彦御子神・若比咩神・国竜神・比咩御子神・新彦神・新比咩神・若彦神・弥比咩神・綏靖天皇の神社

阿蘇神社（羽村市羽加美）

115

意富多多泥古（オオタタネコ、大田田根子、または大田大神）

いまの奈良県桜井市の三輪山のすぐ近くに都を遷した第十代崇神天皇は、水垣宮《みずかきのみや》で天下を治め、十二人の子をもうけた。

この天皇の時代に百姓らの反乱によって国が乱れ、また、疫病が流行して、多くの人命が失われた。

このため、天皇は神意をうかがう占いを行った。すると、夢に大物主神が現れ、自分を祭るよう求めた。それで祭祀を行ったが、国は一向に治まらない。さらに祈願を重ねたところ、「国が不安定なのは、私の意思による。わが子の大田田根子に私を祭らせれば、国は安らかになるだろう」と告げた。朝廷の祭祀ではなく、血縁による祭祀を要求したのである。

天皇は大田田根子を河内の美努村《みののむら》から捜し出し、神主にして三輪山に大物主神を祭らせたところ、疫病の流行は止み、国の乱れはおさまったという。

『古事記』はこのあと、大田田根子の出自と三輪の地名の起こりを物語っている。

大田田根子は、大物主神と活玉依毘売（イクタマヨリビメ）の末裔である。活玉依毘売がまだ少女のころ、ある夜男が訪れた。美男、美女が愛し合って日々を送るうち、少女は妊娠した。親は未婚の少女の懐妊を不審に思い、問いただした。

男性の素性を知るためとして「糸巻きに巻いた麻糸に針を通して、その男の裾に刺しておきなさい」と言いつけた。

翌朝、男性が帰ったあとに見ると、麻糸が外へと続いていた。麻糸をたどると、大物主神を祭る頂上の社で止まっていた。それで、生まれてくる子が神の子だとわかったという。糸巻きに麻糸が三輪残っていたことから三輪山の名がある。

祭神・大田大神の神社

北谷《きたや》稲荷神社（渋谷区神南）

116 倭姫命（ヤマトヒメノミコト、倭比売命、倭大国魂）

垂仁天皇の子、景行天皇の妹。崇神天皇の六年ころ、疫病の流行や農民の反乱などで国中が乱れた一因は、土地の神である倭大国魂大神（ヤマトオオクニタマノオオカミ）と、天皇家の祖神である天照大御神とを宮中に合祀していたためではないか、といわれるようになった。

（注　倭大国魂大神がどういう神か、はっきりしていない。大国主神の別名に「大国魂大神」があることから、大国主神と同神とする説がある。また、大和国の地主神とする説もある。本居宣長は『古事記伝』で大国主神同神説を否定している）

天照大御神の神霊を豊鍬入姫命（トヨスキイリビメノミコト、垂仁天皇の妹）に託し、大和国内の笠縫邑《かさぬいのむら》に祭らせていた。豊鍬入姫命が天照大御神の初代齋宮《いつきのみや》（祭りの奉仕者）となったが、やがて祭祀ができなくなり、垂仁天皇の二十五年に倭姫命に祭祀を託した。倭姫命は祭祀にふさわしい土地を探し、各地を巡礼した。伊勢国に入ったとき、天照大御神が「是の神風の伊勢国は、常世の浪の重浪帰する国なり。傍国の可怜し国なり。是の国に居らむと欲ふ」という託宣があったため、社と齋宮を五十鈴川河畔に建てたという。伊勢神宮の始まりである。

倭姫命が天照大御神の鎮座地を求め伊勢にやってきたとき、猿田彦命の子孫である大田命（オオタノミコト）が五十鈴川の川上に迎え、伊勢神宮の創建に力を尽くした。

祭神・倭比売命の神社

東京大神宮（千代田区富士見）

117 日本武尊（ヤマトタケルノミコト、倭建命）

纏向《まきむく》（いまの奈良県桜井市穴師の北）の日代宮《ひしろのみや》で国を統治していた第十二代景行天皇はある日、長男の大碓命（オオウスノミコト）が近ごろ、朝夕の食事の席に姿を見せないので、次男の小碓命（オウスノミコト）に兄に教え諭すよう申しつけた。

それでも依然現れないので、小碓命に確認したところ、そうしたと答えた。天皇はさらに、どのように教え諭したのか、と尋ねると、「明け方、厠《かわや》に入ったときを待ち受け、手足をもいで、菰《こも》に包んで、投げ捨てた」という。

その凶暴性に恐れをなした天皇は、小碓命に、西の熊曽建《くまそたける》兄弟（『古事記』では「熊曽」、『日本書紀』では「熊襲」）を征伐するよう命じた。天皇から恐れられ、うとまれた小碓命は、叔母の倭姫命（倭比売命）から御衣《みそ》と御裳《みも》をもらい、授かった剣を懐にして、出発した。

熊曽建兄弟の家では、新室《にいむろ》の落慶会の準備が進んでいた。

小碓命は宴の日に、倭姫命の御衣と御裳を身につけ、髪をほどいて娘のように垂らし、女たちのなかに紛れ込んで、屋敷内に潜入した。熊曽建兄弟は「愛らしい娘」といって、自分たちの間に座らせた。

宴もたけなわとなると、小碓命はこのときとばかり、剣を取り出して兄を刺し殺し、逃げる弟を追って、尻から突き刺した。剣に貫通されながら弟は「大和国には我々二人にまさった無敵の方がいたのですね。それではお名前を献上いたしましょう。これからは倭健御子と称えましょう」と武勇を賞賛して申し終えるや、小碓命に斬殺されたのだった。

熊曽建を滅ぼした小碓命はこのときから名を倭健命と称し、大和への帰路についた。途中、出雲に立ち寄り、出雲国の首長・出雲健（イズモノタケル）を撃とうと思い、肥河の水浴に誘って、打ち殺した。

倭建命は、大和に戻ると、今度は東国の平定を命じられた。途中、伊勢に参拝し、倭姫命に会い、草薙の剣と、「火急のことがあったとき、開けなさい」といわれ、袋を受け取った。

相模国（いまの静岡市清水区草薙付近）で国造《くにのみやつこ》に「この草原にある沼に凶暴な神がいる」と嘆き訴えられ、野原に足を踏み入れるや、国造が火を放ったので、だまされたことに気づいた。燃え盛る炎のなかで逃げ場を失った倭建命は草薙の剣で野原の草をなぎ払った。さらに、袋を開けると、火打ち石が入っていた。これで向かい火を起こし、炎を追いやった。野原から無事飛び出すと、国造らを斬り、焼き殺してしまった。ここから焼遺《やきづ》（焼津）の地名が起こった。

祭神・倭建命（日本武尊）、または小碓命の神社

鷲神社（足立区島根）・大鷲神社（足立区花畑）・香取神社（江戸川区中央）・葛西神社（葛飾区東金町）・富岡八幡宮（江東区富岡）・居木《いるぎ》神社（品川区大崎）・雉子神社（品川区東五反田）・荏原神社（品川区北品川）・鎧神社（新宿区北新宿）・須賀神社（新宿区須賀町）・花園神社（新宿区新宿）・玉川神社（世田谷区瀬田）・深澤神社（世田谷区深沢）・玉川神社（世田谷区等々力）・熱田神社（台東区今戸）・鷲神社（台東区千束）・鳥越神社（台東区鳥越）・下谷神社（台東区東上野）・松島神社（中央区日本橋人形町）・御嶽神社（豊島区池袋）・大鳥神社（豊島区雑司が谷）・稲荷神社（文京区千石）・愛宕神社（港区愛宕）・十番稲荷神社（港区麻布十番）・氷川神社（港区白金）・氷川神社（港区元麻布）・大鳥神社（目黒区下目黒）・田無神社（西

東京市田無町）・御嶽神社（青梅市新町）・大嶽神社（西多摩郡桧原村）

118 **弟橘比売命**（オトタチバナヒメノミコト）

倭建命の一行が相模国からさらに東進、三浦半島から走水の海（東京湾湾口の海峡・浦賀水道）を房総半島へ渡ろうとしたとき、急に暴風が吹き始め、荒波が立って波にもまれ、舟が進めなくなった。倭建命の后であった弟橘比売命が「このままでは沈んでしまいます。これは海の神の仕業です。私が犠牲になって、海の神の心を慰めます」と言い残して、海中に身を投げてしまった。すると、嵐は止み、舟は房総の海岸に無事に着いた。

それから七日後、弟橘比売命の櫛が浜辺に打ち上げられたので、比売の墓を造り、納めたという。

祭神・弟橘比売命の神社

熱田神宮（台東区今戸）・大鳥神社（目黒区下目黒）

119 **足仲日子尊**（タラシナカツヒコノミコト、または足仲彦尊、帯中津日子命、帯中日子命）

倭建命が、垂仁天皇の女・布多遅伊理毘売命（フタジノイリビメノミコト）と結婚して生まれた子は足仲日子尊（帯中津日子命）だけであった。のちの第十四代仲哀天皇である。

仲哀天皇は初めは穴門《あなど》（山口県）の豊浦《とよら》で、のちには筑紫の香椎の宮（いまの福岡市東区）へ移って天下を治めた。大江の王の女の大中津比売と結婚して生まれた子は、香坂（カゴサカ）の王と忍熊（オシクマ）の王の二人であった。

筑紫の訶志比宮《かしい》（いまの福岡県香椎にあった。香椎の宮とも）で国を治めていた第十四代仲哀天皇（帯中津日子天皇〈タラシナカツヒコテンノウ〉）が、家臣たちと熊曽を討つ作戦会議を開いているとき、神功皇后が神憑り《かみがか》（皇后に神が乗り移った状態）となった。

そこで、天皇が琴を弾き、建内宿禰（タケウチノスクネ）が審神者《さにわ》（神命を承る人）を務めて神託を乞うたところ、「天皇は、西方にある熊襲が服従しないことを憂うのではなく、海の向こうの新羅国を討つべし」ということであった。

ところが、天皇は神託を信じなかったため、「この国は、お前の統治する国ではない。黄泉《よみ》国へ行け」と神の怒りをかった。建内宿禰が「畏れ多いこと、天皇さま、琴を弾いてください」ととりなし、天皇は再び、弾き始めたが、やがて、琴の音は絶えた。亡くなっていたのである。仲哀天皇九年二月のことであった。

祭神・足仲彦尊の神社

日枝神社（千代田区永田町）・八幡神社（港区虎ノ門）

祭神・仲哀天皇の神社

磐井神社（大田区大森北）・八幡神社（北区赤羽台）・七社神社（北区西ケ原）・八幡神社（新宿区筑土八幡町）・御霊神社（新宿区中井）・御霊神社（新宿区西落合）・穴八幡宮（新宿区西早稲田）・大宮八幡宮（杉並区大宮）・世田谷八幡宮（世田谷区宮坂）

120 大蔦大神（オオトリオオカミ）

田無神社の祭神の一柱。倭建命が死後に変身した白鳥と、同神社を崇敬していた元横綱・納谷幸喜さんのしこな大鵬とをあわせた神、と同神社では説明している。

祭神・大蔦大神の神社

田無神社（西東京市田無町）

121 神功皇后（息長帯比売命〈オキナガタラシヒメノミコト〉）

『日本書紀』では気長足女尊（オキナガタラシヒメノミコト）といい、『古事記』では息長帯比売命、大帯比売命（オオタラシメノミコト）といった。父は開化天皇の曾孫・息長宿禰王（オキナガスクネノミコ）、母は葛城高額比売（カツラギノタカヌカヒメ）。

仲哀天皇の急死に宮中は恐れおののき、大祓《おおはらい》を行い、建内宿禰が審神者をして神意を求めた。「西の国を求めたいならば、神々ことごとくに幣《ぬさ》を奉り、私の神霊を船上に祠《まつ》り、真木を焼いた灰をひさごに入れ、また、箸と柏の葉の皿をたくさん作って、海に散らし浮かべて、海を渡るがよい」との託宣であった。

皇后が神の指示通りにして軍を従え海を渡ると、大小の魚群が船を背負い、追い風を受け、波を立て疾走した。波が新羅国の半ばにまで打ち上げるほどの勢いであった。恐れをなした新羅の王は、「天皇の命に従い、御料場で馬を飼育する部民《べのたみ》として仕えましょう」と述べた。

新羅遠征がまだ終わらないうちに、皇后は臨月を迎え、お腹を鎮めるための石を衣装の腰に巻きつけ、姪浜（福岡市西区）に上陸し、筑紫国に戻って、宇美（いまの福岡県糟屋郡宇美町）で出産した。この地はもとは「蚊田」と呼ばれていたが、皇后の出産をきっかけに「宇美」と名付けられた。生まれた子の名を大鞆和気命（オオトモワケノミコト）、またの名を品陀和気命（ホンダワケノミコト）といった。のちの応神天皇である。

祭神・神功皇后（息長足姫命または息長帯比売命）の神社

磐井神社（大田区大森北）・富岡八幡宮（江東区富岡）・八幡神社（北区赤羽台）・旗岡八幡神社（品川区旗の台）・八幡神社（品川区東大井）・北谷稲荷神社（渋谷区神南）・八幡神社（渋谷区千駄ケ谷）・月見岡八幡神社（新宿区上落合）・八幡神社（新宿区　筑土八幡町）・御霊神社（新宿区中井）・御霊神社（新宿区西落合）・穴八幡宮（新宿区西早稲田）・大宮八幡宮（杉並区大宮）・北澤八幡神社（世田谷区代沢）・世田谷八幡宮（世田谷区宮坂）・蔵前神社（台東区蔵前）・住吉神社（中央区佃）・八幡神社（港区虎ノ門）・住吉神社琴平神社合社（宮尾神社、八王子市上恩方町）・八幡社（町　田市矢部町）・住吉神社（青梅市青梅）

祭神・大帯比売命の神社

武蔵野八幡宮（武蔵野市吉祥寺東町）

122　雅日女尊（ワカヒルメノミコト）

神功皇后は新羅遠征から大和へ帰還する途中、忍熊王（オシクマノミコ）が畿内で待ち伏せしていることを知り、武内宿禰に命じて皇子とともに南へ迂回させ、自らは難浪《なにわ》（いまの大阪）へ直進した。ところが、舟がぐるぐる回転して進まなくなった。このため、武庫（兵庫）の港に戻って占うと、神託があった。天照大神の荒魂《あらみたま》を広田国《ひろたのくに》（兵庫県広田神社）に、雅日女尊（天照大御神の妹）を活田長峡国《いくたのながおのくに》（いまの神戸市の生田神社）に、事代主命（コトシロヌシノミコト）を長田国《ながたのくに》（神戸市の長田神社）に、住吉三神を大津の渟名倉《ぬなくら》の長峡《ながお》に祭れ、ということであった。その通りにすると、海を無事に渡ることができたという。

雅日女尊は高天原の天照大御神のための機織り屋・斎服殿《いみはたどの》にいたころ、須佐之男命が投げ込んだ馬に驚き、身を傷つけて死んだとされている。↓55天鈿女命、59棚機姫命

祭神・雅日女尊の神社

正一位岩走神社（あきる野市伊奈）

123　建内宿禰命（タケウチノスクネノミコト、武内宿禰）

神功皇后の新羅遠征に従軍し、景行、成務、仲哀、応神、仁徳の五代の天皇に仕え、二百数十年間官にあったとされる伝説の人。

建内宿禰命が皇太子（のちの応神天皇）を連れて、禊をするため、近江と若狭国をめぐったとき、高志《たかし》（越前）国の角鹿《つぬが》に仮の宮を造って、皇太子を住まわせた。

『日本書紀』によれば、そのとき、地の神「角鹿《つぬが》の笥飯大神《けひのおおかみ》」が皇太子との名前の交換を求め、大

神は去来紗別神〈イザサワケノカミ、または伊奢沙和気大神〈イザサワケノオオカミ〉とも〉、皇太子は誉田別尊〈ホンダワケノミコト〉と称することになった。『古事記』では、大神が夢に現れ、名前の交換を求め、これに応じると、大神は建内宿禰命に「明日の朝、浜に行くがよい。名を換えてくれたお礼に、贈物を献上する」と述べた。そこで、浜に行ってみると、鼻が傷ついたイルカがいて、それを見た皇太子は、大神が自分に「御食《みけ》（神に供進する食物）」の魚を与えてくれたのだと語り、大神を「御食津大神《みけつのおおかみ》」と称えた。

イルカの鼻の血が臭かったため、その海辺は「血浦」と呼ばれていたが、発音が次第に変化して、「敦賀」となり、「笥飯大神《けひのおおかみ》」の表記も「気比〈ケヒ〉大神」に変化したらしい。敦賀市の敦賀湾の海辺には広大な公園「気比ノ松原」がある。

祭神・建内宿禰命の神社
薭田《ひえだ》神社〈大田区蒲田〉・富岡八幡宮〈江東区富岡〉・御霊神社〈新宿区西落合〉・銀杏岡八幡神社〈台東区浅草橋〉・御田八幡神社〈港区三田〉

124　応神天皇〈誉田別尊、品陀和気命〈ホンダワケノミコト〉〉

仲哀天皇が急死し、神功皇后が新羅征服に従事している間中胎内にあったので、「胎中天皇」と呼ばれる。

朝鮮半島や中国など大陸との交流をさかんにして、百済から機織りの技術が入り、王仁《わに》が論語・千字文を献じ、阿直岐《あちき》らによって儒学が伝えられるなど、『宋書』「倭国伝」の「倭の五王」として名が挙がっている「讃」は応神天皇を指すといわれるほど、大和朝廷の対外的地位を宣揚させたシンボル的天皇であった。

応神天皇については歴史学のうえでも、その王朝をめぐる論争が展開されている。

たとえば、応神王朝による崇神王朝壊滅論もその一つである。応神王朝のもともとは、九州で勢力を伸ばしていた日本武尊の征討伝説で著名な熊曽《くまそ》の支配者である。その応神が九州から東進して、大和（奈良）に侵入、崇神王朝を征服して、応神天皇に始まる応神王朝を開いたというのである（水野祐著『日本古代王朝史論序説』一九五四年刊）。

そして、水野氏は第十六代の仁徳から第二十五代の武烈天皇にいたる諸天皇にだけ、朝鮮の王号と通ずる独特な名が付いていることから、この王朝が朝鮮系の征服王朝であったことを暗示しているという。

これに対して、井上光貞氏は、応神が九州の熊曽に関係をもつ王朝であり、そこから起こった征服者である可能性は認めながらも、朝鮮系の征服王朝であったとする点については「従いがたい」としている（『日本国家の起源』一九六〇年刊）。

また、直木孝次郎著『日本古代史と応神天皇』（二〇一五年刊）は、応神以前の第一代の神武天皇から第十四代の仲哀天皇までは神の活動が依然著しいことを挙げて、「神代の延長」または「神代から人の代への過渡期」であったとし、第十五代応神天皇から人の代が始まるとする。そして、応神天皇は政権の拠点を、それまでの大和（奈良）から難波（大阪）へ遷し、応神王朝を確立、第十六代仁徳・十七代履中・十八代反正・十九代允恭天皇までの半世紀近くに及ぶ新政権の初代の支配者になったとする河内政権論を、さまざまなデータを駆使して展開している。

祭神・応神天皇の神社

八幡神社（荒川区西尾久）・磐井神社（大田区大森北）・子安八幡神社（大田区北糀谷）・雪ケ谷八幡神社（大田区東雪谷）・八幡神社（北区赤羽台）・七社神社（北区西ケ原）・宇迦八幡宮（江東区千田）・富岡八幡宮（江東区富岡）・上神明天祖神社（品川区二葉）・下神明天祖神社（品川区二葉）・金王八幡宮（渋谷区渋谷）・八幡神社（渋谷区千駄ケ谷）・代々木八幡宮（渋谷区代々木）・月見岡八幡神社（新宿区上落合）・八幡神社（新宿区筑土八幡町）・御霊神社（新宿区中井）・御霊神社（新宿区西落合）・穴八幡宮（新宿区西早稲田）・神楽坂若宮八幡神社（新宿区若宮町）・八幡神社（杉並区天沼）・大宮八幡宮（杉並区大宮）・八幡神社（杉並区上荻）・八幡神社（杉並区下高井戸）・八幡神社（世田谷区桜上水）・北澤八幡神社（世田谷区代沢）・世田谷八幡宮（世田谷区宮坂）・八幡神社（世田谷区太子堂）・今戸神社（台東区今戸）・蔵前神社（台東区蔵前）・八幡神社（中野区白鷺）・八幡社（三鷹市大沢）・田無神社（西東京市田無町）・八幡神社（八王子市元八王子）・若宮神社（日野市東豊田）・八幡社（町田市矢部町）・春日神社（町田市大蔵町）

祭神・誉田別尊の神社

鷲神社（足立区島根）・小岩神社（江戸川区東小岩）・諏訪神社（江戸川区平井）・徳持神社（大田区池上）・薭田《ひえだ》神社（大田区蒲田）・蒲田八幡神社（大田区蒲田）・六郷神社（大田区東六郷）・天祖神社（葛飾区東

新小岩）・天祖神社（葛飾区堀切）・富賀岡八幡宮（江東区南砂）・八幡神社（品川区荏原）・八幡神社（品川区小山）・八幡神社（品川区戸越）・氷川神社（品川区西五反田）・旗岡八幡神社（品川区旗の台）・八幡神社（品川区東大井）・奥澤神社（世田谷区奥沢）・宇佐神社（世田谷区尾山台）・銀杏岡八幡神社（台東区浅草橋）・平河天満宮（千代田区平河町）・八幡神社（中野区大和町）・土支田八幡宮（練馬区土支田）・今宮神社（文京区音羽）・小日向神社（文京区小日向）・根津神社（文京区根津）・高輪神社（港区高輪）・御田《みた》八幡神社（港区三田）・中目黒八幡神社（目黒区中目黒）・碑文谷八幡宮（目黒区碑文谷）・武蔵野八幡宮（武蔵野市吉祥寺東町）・諏訪神社（立川市柴崎町）・八幡神社（東大和市奈良橋）・八幡八雲神社（八王子市元横山町）・諏訪神社（八王子市鑓水）・八幡神社（あきる野市乙津）・八幡神社（西多摩郡日の出町平井）・大神山神社（小笠原村父島字東町）

祭神・品陀和気命の神社

子安八幡神社（大田区仲池上）・千束八幡神宮（大田区南千束）・馬込八幡神社（大田区南馬込）・八幡神社（北区滝野川）・田端八幡神社（北区田端）・正八幡神社（文京区関口）・八幡神社（港区虎ノ門）

125 **八幡大神**（ハチマンオオカミ、ヤワタオオカミ）

応神天皇と神功皇后の国つ神（国土を守備する神。国譲り以前の土着の神としての用法とは別）と、比売大神の天つ神（高天原からわが国土に降臨した神）を合わせた神。比売大神は多岐理比売命（タキリヒメノミコト）、市寸島比売命（イチキシマノヒメノミコト）、多岐津比売命（タキツヒメノミコト）の宗像三神である。
稲荷神社についで分社が多いのが八幡神社で、その原点は大分県宇佐市にある宇佐神宮である。
祭神・八幡大神の神社
井草八幡宮（杉並区善福寺）・深澤神社（世田谷区深沢）・松島神社（中央区人形町）・八幡神社（府中市南町）・十三社神社（新島村本村）

126　淀姫命（ヨドヒメノミコト）

神功皇后の妹神・虚空津姫命（ソラツヒメノミコト）の別名。

仲哀天皇のころ、神功皇后が三韓征伐のため、西国へ向かったさい、「備後の南の浜」と呼ばれていた海辺（広島県福山市）に投宿、海の神・大綿津見命（オオワタツミノミコト）を祭り、これから向かう海路の無事を祈った。大綿津見命は伊邪那岐、伊邪那美の息子である（「ワタツ」は海の古語。「ミ」は神霊の意味で、「ワタツミ」は海の神霊）。三韓征伐では淀姫命が潮の干満を操り、敵を海中に落とす殊勲を立てた。

皇后は西国からの帰りも、備後の南の浜に再び寄泊し、大綿津見命の御前に、身につけていた鞆（弓を射るとき、左手内側に着ける革製の具）を奉納し、虚空津姫命（淀姫命）を祭主として仕えさせた。虚空津姫命は数年後、この浜を去ったが、こうした経緯から浜の地名が「鞆の浦」となったといわれている。淀姫命は鞆の浦の入り口の丘の上にある淀姫神社に祭られている。

祭神・淀姫命の神社
居木《いるぎ》神社（品川区大崎）

127　**大麻等能豆神**（オオマトノズノカミ）
この神名では『古事記』『日本書紀』に見えない神だが、平安中期の延長五年年（九二七）の『延喜式』神明帳に「大麻止乃豆天神社云々」とあり、『武蔵国風土記』に「大麻止乃智天神（中略）所祭大己貴命也（後略）」の記述がある。「『大』は尊称、麻等は『的』に通じ、吉凶を占う神ではないか」との説もある。
祭神・大麻等能豆神の神社
馬橋稲荷神社（杉並区阿佐谷南）

128　**加古槌命**（カコツチノミコト）
元狭山神社の祭神だが、どのような神か不詳。
祭神・加古槌命の神社
元狭山神社（西多摩郡瑞穂町駒形富士山）

129　**仁徳天皇**

第十六代天皇。応神天皇の第四子。大雀命（オオサザキノミコト）ともいう。難波の高津の宮で天下を治めた。石日売命（イワノヒメノミコト）、髪長比売（カミナガヒメ）などを皇后として、授かった子は六王（男王五人、女王一人）。仁徳天皇の時代は大陸文化との交流が盛んになり、秦人《はたびと》の協力を得て、茨田《まんた》の堤（大阪府枚方市から守口市付近にかけて淀川左岸にあった堤防）や茨田の御倉、丸邇《まるに》の池や依網《よさみ》の池を造った。また、難波の堀江を掘って海まで通し、小椅《おばし》の江を掘って墨江の舟つき場を築くなど、土木工事の技術が進んだ。

高台に登って民のかまどの煙を眺め、その貧しさを知って、租税・労役すべてを免じた。朝廷への税収が減って宮殿が傷み、雨漏りしても修理せず、漏らないところへ移るなどして耐え、三年後煙の多いのを見て民の暮らしぶりがよくなったと判断して、再び税を課したという。

祭神・仁徳天皇の神社

富岡八幡宮（江東区富岡）・月見岡八幡神社（新宿区上落合）・御霊神社（新宿区中井）・神楽坂若宮八幡神社（新宿区若宮町）・北澤八幡神社（世田谷区代沢）・若宮神社（日野市東豊田）

130　荒木田襲津彦命（アラキダソツヒコノミコト）

この表記では『記・紀』に記されていないため、特定については諸説あるが、『古事記』の「孝安天皇」「仁徳天皇」の項に登場する「葛城の曽都☒古（ソツビコ、または曽都比古〈ソツヒコ〉）」のことではないかといわれている。武内宿禰の子とされ、神功皇后の朝鮮征伐で功績があった武将で、朝鮮経営のため新羅に派遣されている。
襲津彦の娘は成務天皇を生み、また、他の娘・石日売命（イワノヒメノミコト、または磐之媛）は仁徳天皇の后にたてられて、履中、反正、允恭の各天皇に就任する子三人を生んだ。さらに、他の娘を履中天皇の后にたてるなど、朝廷との深い関係が葛城襲津彦の権力を高め、歴史にあらわれた最初の権臣とされている。雄略天皇のとき、眉輪王の反乱に関係して失脚した。
祭神・荒木田襲津彦命の神社
稗田《ひえだ》神社（大田区蒲田）

131 衣通媛命（ソトオリヒメノミコト、または衣通姫）

第十九代の允恭天皇の皇女である軽大郎女（カルノオオイラツメ）の別名といわれる。允恭天皇の皇后忍坂大中姫（オシサカノオオナカツノヒメ）の妹の弟姫（オトヒメ）とされることもある。美しさが衣を通して照り輝いていたことが、この名の由来である。

允恭天皇の寵愛をうけた彼女は、近江坂田から迎えられて入内し、藤原宮（奈良県橿原市）に住んだが、皇后の嫉妬を憚って、河内国茅渟宮《ちぬのみや》（大阪府佐野市）に身を隠した。天皇は狩猟にかこつけては、衣通媛命のもとに通い続けたという。

もう一つの伝説として、同母兄である軽太子（カルノヒツギノミコ）と情を通じ、それが原因で、天皇が亡くなったあと、軽太子は臣下たちに背かれて失脚、伊予（愛媛県）に流刑となった。衣通媛命も、あとを追って伊予に赴き、再会を果たして心中したという。和歌に長じていたとされる。紀伊（和歌山県）で信仰されている玉津島姫と同神とみられ、和歌三神の一柱とされて、和歌の浦の玉津島神社に祭られている。

祭神・衣通媛命の神社

小岩神社（江戸川区東小岩）

132　安閑天皇

第二十七代天皇。広国押建金日（ヒロクニオシタケカナヒ）の王と呼ばれた。継体天皇の長子。継体天皇没後に即位、在位期間は五三一－五三六年とされる。大和の勾《まがり》の金箸（橿原市曲川町）を都に天下を治めた。第二十四代仁賢天皇の娘である春日山田皇女を皇后として迎えた。父親の継体天皇は、手白髪命をはじめ黒比売、関比売、倭比売、波延比売などをつぎつぎに皇后に迎え、もうけた子は合わせて十九王（男王七人、女王十二人）であった。

『日本書紀』にはこんなエピソードが書かれている。安閑天皇は上総（千葉県）夷隅の真珠を求めたいと、膳臣《かしわでのおみ》大麻呂に命じ、夷隅の国造のところへ使いを遣わした。ところが、国造の稚子直（ワクゴノアタイ）らはいつまで待っても京に出て来ない。怒った大麻呂は稚子直らを縛って、わけを問いただした。国造らは恐れかしこまっていたが、そのうち、誰もいなくなったすきに、自分で縄を解いて宮中に逃げ込み、皇后の寝殿にまぎれこんだ。驚いた皇后は卒倒してしまった。その後、乱入の罪にも問われ、国造らは償いとして夷隅の農地を屯倉《みやけ》（御宅の意。朝廷の直轄領）として献上した。「自分は四人の妻を召しいれているが、いまに至るまで嗣子がいない」と嘆く同天皇は、大伴大連金村から「屯倉を設け、自らの名を後世に残しては」と知恵を授かって屯倉をつくったのをはじめ、そのほか、いろいろな名目をつけては全国各地に屯倉を新設したことで知られている。

武蔵国造の乱が起こったのは、安閑天皇の時代であった。五三六年没。同天皇の同母弟で、継体天皇の第二子・武小広国押盾命（タケオヒロクニオシタテノスメラミコト）が宣化天皇として即位した。

祭神・広国押建金日命の神社

諏訪神社（町田市相原町）・御嶽神社（青梅市新町）・小河内神社（西多摩郡奥多摩町河内）・大嶽神社（西多摩郡桧原村）

133 土師真中知命（ハジノマツチノミコト、またはハジノアタイナカトモノミコト）・桧前浜成命（ヒノクマノハマナリノミコト）・桧前竹成命（ヒノクマノタケナリノミコト）

推古天皇三十六年三月十八日の朝まだき、浅草の漁師・桧前浜成、竹成兄弟が宮戸川（いまの隅田川）で漁をしていたところ、一体の観音像が網にかかった。観音像を拾った兄弟が地元の郷司の土師真中知に相談したところ、「これこそ聖観世音菩薩である」と教えられた。ちょうど出家の準備をしていた土師氏は、出家後自宅を寺に改造し、観音像を安置して礼拝供養を続けたという。浅草寺の起こりである。

土師氏や浜成、竹成兄弟が亡くなってのちのある日、土師氏の子が観世音菩薩の「三人を神として祭る社を建てよ」というお告げを聞いた。そこで、土師氏の子は三社権現社を創建したと伝えられている。浅草神社の起こりである。
浅草寺の話に戻るが、大化元年（六四五）、勝海上人が本尊の観音像を秘伝として、寺を創始したと伝えられている。天安元年（八五七）には延暦寺の慈覚大師によって参拝者が拝むための観音像がつくられたといわれている。勝海上人が開基、慈覚大師が中興開山とされている。
祭神・土師真中知命・桧前浜成命・桧前竹成命の神社
浅草神社（台東区浅草）

古代国家成立へ

134 **藤原鎌足**（ふじわらのかまたり）
大中臣御食子（オオナカトミミケコ）の長子として推古天皇二十二年（六一四）に生まれる。はじめ中臣鎌子と称した。中臣氏は天児屋根命（アメノコヤネノミコト）の子孫と称し、代々祭祀をつかさどってきたといわれる。蘇我氏の強盛にたいして不満をいだき、軽皇子（孝徳天皇）および中大兄皇子（天智天皇）と結び、蘇我蝦夷《そがえみし》・入鹿《いるか》父子に対抗する勢力を組織して滅ぼすと、大化改新を断行、天皇を中心とした古代の中央集権的国家を樹立した。その意味で大化改新の最大の功臣といわれる。改新後、内臣《うちつおみ》となり、政治は万事、鎌足への諮問によって行われ天皇をたすけたが、表舞台には出ようとしなかった。死の直前には大織冠《たいしょくかん》・内大臣という最高の官位を授けられ、あらたに藤原の姓を賜った。天智天皇八年（六六九）没。大和の多武峰《とうのみね》（奈良盆地東南端にある山）に葬られた。藤原氏の始祖として、ゆるがぬいしずえを築いた人物である。

祭神・藤原鎌足の神社

多武峯内藤神社（新宿区内藤町）・伊勢社（西多摩郡桧原村）

135 藤原廣嗣（ふじわらのひろつぐ）

式家（藤原四家の一つ）の宇合《うまかい》（不比等の三男）の長男。文武の才はあったが人と和せず、大養徳守《やまとのかみ》から大宰少弐に転任した。唐から天平七年（七三五）に帰国した玄坊や吉備真備《きびのまきび》が聖武天皇の寵愛を受けて権勢をふるったので、これを退けんことを上奏したがいれられず、天平十二年九月、太宰府から、玄坊や吉備真備弾劾の反乱を起こした。天皇は平城京から伊勢、美濃へ難を避けたが、反乱勢は敗れた。藤原廣嗣は同年十月二十三日に捕らえられ、十一月一日に斬殺された。死後、廣嗣の霊がたたるという説が流布された。

なお、藤原廣嗣の名前の文字は、歴史書などでは「廣嗣」と書かれているが、神社では「廣継」としている。

祭神・藤原廣継の神社

氷川神社（板橋区赤塚）

136　**小野篁**（おのたかむら）

延暦二十一年（八〇二）生まれ。平安時代の官人、漢学者、歌人。参議小野岑守《みねもり》の子。二十一歳で文章生《もんじょうしょう》となり、三十二歳で東宮学士に進み、勅命によって清原夏野らと『令義解』を編んだ。文才は並ぶものなく、詩才にも長じ、弘仁時代（嵯峨朝）に空海と並んで漢文学の双璧と称された。作品は『経国集』『和漢朗詠集』『扶桑集』などに見える。承和元年（八三四）、遣唐副使に任ぜられたが、大使・藤原常嗣の専横を憤り、直情径行の性格から病と称して乗船しなかったうえ、『西道謡』をつくって常嗣をののしったため、隠岐へ流された。承和七年に許されて朝廷に召還され、累進して、参議・左大弁・従三位になる。直言を好み、世にいれられず、野宰相といわれた。仁寿二年（八五二）十二月没。五十一歳。

祭神・小野篁命の神社

小野照崎神社（台東区下谷）

137　**菅原道真**（すがわらのみちざね、または菅丞相〈かんのじょうしょう〉、北野大神）

菅丞相は菅原道真の異称。丞相は古代中国で君主を補佐した最高位の官吏を指した階級名である。日本には飛鳥時代末期、中国の律令制度とともに伝えられた。三権を統括する最高国家機関として太政官が置かれ、その左大臣、右大臣は唐名でそれぞれ左丞相、右丞相と呼ばれた。
菅原道真は曾祖父以来朝廷に仕えた儒学者の家に、是善《これよし》の子として承和十二年（八四五）に生まれ、先祖以来の学績を背景に、平安時代の政治家・学者として活躍した。文章《もんじょう》博士となり、平安初期の政争・阿衡《あこう》事件のさい、藤原基経に諫言の手紙を出したことから、藤原氏の権勢を抑えようとしていた宇多天皇に信任されて、寛平三年（八九一）に蔵人頭《くろうどのとう》となる。醍醐天皇が即位して二年後の昌泰二年（八九九）、年下の左大臣藤原時平よりも重用され、右大臣にまで昇進した。右大臣になるに及んで、藤原氏のねたみを受け、昌泰四年に突然、大宰権帥《だざいのごんのそつ》として九州に左遷された（藤原氏の策略といわれている）。延喜三年（九〇三）、太宰府で没した。五十九歳。摂関政治時代、対立する摂関家と朝廷のなかで、朝廷の立場に立ったための犠牲であった。
若年から学才をもってきこえ、詩文に長じて、著書に『菅家文章』『菅家後草』などがある。能書家としても名高く、弘法大師・小野道風とともに「筆道の三聖」と称された。後世の同情は大きく、京都・北野の天満宮に学問の神・天満天神として祭られた。
祭神・菅原道真公の神社
〔二十三区〕
北野神社（板橋区徳丸）・天祖神社（葛飾区堀切）・西向天神社（新宿区新宿）・成子天神社（新宿区西新宿）・田端神社（杉並区荻窪）・馬橋稲荷神社（杉並区阿佐谷南）・菅原神社（世田谷区松原）・五條天神社（台東区上野公園）・蔵前神社（台東区蔵前）・小野照崎神社（台東区下谷）・平河天満宮（千代田区平河町）・

菅原神社（豊島区北大塚）・北野神社（中野区新井）・北野神社（練馬区東大泉）・土志田八幡宮（練馬区土志田）・北野神社（文京区春日）・根津神社（文京区根津）・櫻木神社（文京区本郷）・湯島神社（文京区湯島）・氷川神社（目黒区大橋）

〔多摩〕

布多天神社（調布市調布ケ丘）・小金井神社（小金井市中町）・谷保天満宮（国立市谷保）・北野天満宮（八王子市北野町）・穴澤天神社（稲城市矢野口字）・町田天満宮（町田市原町田）・神明社（福生市福生）

祭神・菅丞相の神社

居木《いるぎ》神社（品川区大崎）

祭神・天満大神、北野大神の神社

亀戸天神社（江東区亀戸）・天祖神社（世田谷区経堂）・松島神社（中央区人形町）・小平神明宮（小平市小川）

138　菅原道武

道真の第三子。菅原道真が左遷された折、道武も武蔵国分倍庄栗原郷（いまの国立市谷保）に配流された。道真薨去の報に、思慕の情やみがたく、道武は延喜三年（九〇三）、父道真の像を刻み、栗原郷に廟を創建して祭った。谷保天満宮の起こりである。道武が延喜二十一年に亡くなると、道武も相殿に合祀された。亀戸天神社、湯島天満宮とともに関東三大天神と呼ばれている。

祭神・菅原道武の神社

谷保天満宮（国立市谷保）

139

貞辰親王命（さだときしんのうのみこと）

平安時代の天安二年（八五八）に即位した、清和源氏で知られる第五十六代清和天皇の第七皇子。母は女御・藤原佳珠子《かずこ》。貞観十六年（八七四）生まれ。貞観十七年には親王、院宮《いんのみや》に。延長七年（九二九）四月二十一日、東国遊行の途中、いまの墨田区向島あたりで亡くなった。五十六歳。円仁《えんにん》（慈覚大師）の高弟・良本阿闍梨《りょうげんあじゃり》がその神霊を合祀し、王子権現と称した。貞辰親王の兄弟のうち貞固・貞保・貞元・貞純・貞数・貞真の六皇子が、清和天皇から「源氏」の姓を賜ったが、貞純親王の子孫だけ武門として繁栄した。経基は鎮守府将軍に、その子孫である頼朝は征夷大将軍に任ぜられた。

祭神・貞辰親王命の神社
牛嶋神社（墨田区向島）

140

平将門

鎮守府将軍・平良持（良将とも）の子。生まれた年は不詳。平氏の始祖・平高望《たかもち》の孫。平安中期の武将。平安期、皇族の身分から離れて源平二氏いずれかを名乗ったものの、藤原氏の勢力が強い朝廷内での地位を確保することができなかった旧朝廷人は、国司など役人として地方に移った。上総介《かずさのすけ》として赴任した平高望を始祖として、平氏の子孫は東国の上総《かずさ》・下総《しもうさ》・常陸《ひたち》・武蔵《むさし》・下野《しもつけ》・陸奥《むつ》などに土着して、威を振るう一大勢力となっていた。将門は、摂政・藤原忠平に仕え、検非違使（京中の治安維持のための取り締まり役人、いまの警察・検察・裁判官を兼ねた強大な役職）となることを求めたがかなわず、憤怒して関東へ赴いた。

将門の伯父、叔父たちはすでに関東一帯に根を張って地方武士化しており、将門は下総国西北部の数郡を勢力範囲として、承平五年（九三五）ころから一族および近隣の豪族と激しい抗争を展開していた。天慶二年（九三九）、常陸国府を襲撃略奪して、朝廷に対する反乱を公然と起こし、関東八州と伊豆を平定、下総の猿島《さしま》（茨城県猿島郡）に宮殿を造営して、「新皇」と自称した。しかし、翌年二月に同じ関東武士の藤原秀郷《ひでさと》、平貞盛と戦って敗死した。

源平二氏を名乗った旧朝廷人は、名主層と結びついた武士となり、中小地主に成長しつつあった農民を基礎に勢力を張ることとなった。将門の反乱は失敗したものの、その背景には、中央から任命された国司による搾取に対する土着民の不満、とくに名主層の抵抗があった。

祭神・平将門の神社

鎧神社（新宿区北新宿）・築土《つくど》神社（千代田区九段北）・神田神社（千代田区外神田）

141　**源満仲**（多田満仲）

延喜十二年（九一二）、源経基の長子として生まれる。平安時代中期の武将。常陸介（国司補佐官）、武蔵・摂津・越前・伊勢・陸奥の国司（朝廷から派遣の地方官）を歴任、のち鎮守府将軍になった。安和二年（九六九）には、源満仲の密告を利用して、藤原一族が左大臣源高明を皇太子廃立の陰謀を企てたとして追放し、藤原政権を確立した事件である安和の変があった。
摂津多田荘に本拠を構え、多田氏を称し、家子郎党を養い、強固な武士団を形成し、清和源氏の基礎を固めた。永延元年（九八七）、出家して、満慶多田院を創立、長徳三年（九九七）に没した。大江山の盗賊・酒顛童子を退治したという伝説の源頼光は、満仲の子である。
祭神・源満仲（多田満仲）の神社
多田神社（中野区南台）

142　源義家

源頼義の長子として長暦三年（一〇三九）に生まれる。清和源氏の嫡流で、幼名は源太。元服して八幡太郎と称し、武勇をもって聞こえた。前九年の役（一〇五一～六二年）では父に従って奮戦、奥羽地方の土豪・安倍貞任を鳥海、厨川柵に討ち、功により出羽守に任ぜられた。永保三年（一〇八三）に陸奥守兼鎮守府将軍となる。前九年の役で頼義・義家父子を助け、鎮守府将軍に任命された奥羽の土豪清原武則の死後に起こった清原一族内の争い、いわゆる後三年の役（一〇八三～八七年）では、清原真衡に加担し、清原家衡を討って、鎮定にあたった。朝廷はこれを清原一族内の争いとしか認めず、功績を賞しなかったため、義家は私財を投じて部下の功を賞したので、関東での信用が高まった。また、両戦役で義家の武名は天下に知れわたった。凱旋後、義家に荘園を寄進するものが多く、彼の勢力の強大になるのを恐れた朝廷は、寛治六年（一〇九二）に諸国に命令して、義家への荘園寄進を禁止するほどであった。義家はその後、朝廷の警衛につとめ、摂関家その他の権門に出入りして気を遣い、承徳二年（一〇九八）には、武人で最初の昇殿を許され、その武名によって武家の棟梁としての源氏の地位を確立した。その後仏門に入り、嘉承元年（一一〇六）に没した。その死後は、源氏の勢いは振るわず、代わって伊勢平氏が進出した。

祭神・八幡太郎源義家の神社

平塚神社（北区上中里）

143

源義綱（みなもとのよしつな）

陸奥国の安倍一族を滅亡させた功績で知られる源頼義の次男として河内国壺井（いまの羽曳野市壺井）の河内源氏の香炉峰の館に生まれた。生まれた年ははっきりしていない。京都の賀茂神社で元服したことから加茂二郎と名乗った。

前九年の役で父に従い、安倍貞任を討ち、その功によって左衛門少尉、ついで陸奥、伊勢、甲斐、信濃守などを歴任。

地方の豪族らが農民の指導者となって、陸奥国にみられるような中央権力に反乱する豪族がしばしばみられるようになっていた。荘園体制内部では名主《みょうしゅ》層が成長し、その指導者である武士を棟梁にして、いく層にも重なる主従関係がつくられ、律令的な古代奴隷制が解体しつつ、農民は奴隷から農奴へ変わっていく時代であった。

義綱は兄の義家とは不仲だったが、寛治五年（一〇九一）五月、河内国にある郎党たちの所領争いに合戦寸前になるほど関わり、義家との仲はさらに深刻になった。

嘉承元年（一一〇六）七月一日に没した義家は、後継者に四男の義忠を指名していた。義家没後、義忠の権勢が高まるのに不満を持っていた源義光（頼義の三男）は、自らが河内源氏の棟梁になることを望み、甥の義忠と義綱を滅ぼすことを謀った。

天仁二年（一一〇九）二月、義光は郎党の藤原李方に義綱の子・義明の刀を奪わせ、その刀を自身の長男義業の妻の兄である鹿島三郎（平成幹）に与え、義忠を襲わせた。同月三日夜、義忠は三郎との斬り合いで重傷を負い、五日後に死去した。二十七歳であった（源義忠暗殺事件）。

三郎は保護を求め、義光の兄弟である園城寺の僧侶・快誉のもとへ逃げたが、快誉によって殺害された。

現場に残された刀から義忠暗殺の嫌疑は義明とその父である義綱にかけられたため、義忠の弟である為義は義綱一族を甲賀山に攻め、義綱の子らは自決し、義綱も捕らえられ、佐渡へ流された。天承二年（一一三二）、為義の追討をうけ自害した。しかし、その後になって義光の犯行であったことがわかった（源義綱冤罪事件）。

義忠と義綱を失い、暗殺事件の黒幕であることが発覚した義光は常陸へ逃亡し、源氏は衰退した。

祭神・加茂二郎源義綱命の神社

平塚神社（北区上中里）

144　源義光（みなもとのよしみつ）

前九年の役で功をあげた源頼義の三男として寛徳二年（一〇四五）に生まれる。大津・園城寺（三井寺）の新羅大明神の社殿で元服したことから新羅《しんら》三郎と称した。奥羽地方では平安の中ごろには強大な土豪が勢力を伸ばし、国司の命に従わなくなっていた。朝廷はこれを武力でおさえようと、前九年の役（一〇五一～六二年）、後三年の役（一〇八三～八七年）が戦われた戦乱期であった。左兵衛尉《さひょうえのじょう》に任じられ、京都にあった新羅三郎義光は、後三年の役の戦火のなかにある兄の義家が苦戦していることを知り、陸奥国に馳せ参じ、義家とともに清原武衡・家衡を討ち破って京都に帰った。

平安後期の武将・義光は後三年の役の武勲をかわれ、刑部丞《ぎょうぶのじょう》、左衛門尉《さえもんのじょう》、常陸介、甲斐守などを歴任。常陸介に任じられたころ、佐竹郷を領したことから佐竹氏の家祖とされた。大治二年（一一二七）没。土豪征伐によって清和源氏が東国武士との主従関係を深くし、武家の棟梁としての地位を確立した。

祭神・新羅三郎源義光命の神社

平塚神社（北区上中里）

145　崇徳天皇

第七十五代天皇。鳥羽天皇の第一皇子として元永二年（一一一九）に生まれる。名は顕仁。母は待賢門院璋子。保安四年（一一二三）に鳥羽天皇の譲位により即位。大治五年（一一三〇）、関白藤原忠通の長女聖子と結婚。

院政開始後の父鳥羽上皇は、美福門院藤原得子を寵愛し、崇徳天皇は永治元年（一一四一）、美福門院の子近衛天皇への譲位をしいられた。不本意ながら在位十八年ほどで退位、新院とよばれた。

近衛天皇は三歳であったから、政務はすべて、鳥羽上皇（本院）によって執行された。近衛天皇が久寿二年（一一五五）、十七歳で亡くなると、崇徳院は、みずからの子・重仁を即位させようとし、後継天皇を決める朝廷内の会議でも最有力候補だったが、美福門院にさまたげられて実現せず、鳥羽上皇の第四皇子、崇徳院の弟にあたる雅仁親王（後白河天皇）が第七十六代天皇に即位するに及んで、不満に耐えない状況におかれた。

保元元年（一一五六）、父の没後に院政をにぎり、左大臣藤原頼長とはかって、いわゆる保元の乱を起こした。しかし、敗れて讃岐（香川県）に流され、長寛二年（一一六四）に同地で没した。四十六歳だった。白峰山（坂出市松山）に葬られた。不満のうちに没したことと相まって、のちにいろいろな伝説を生んだ。

〔注〕崇徳院といえば怨霊伝説で知られているが、言い伝えによると、怨念が怨霊に変わるきっかけとなったのは写経問題であった。崇徳院は讃岐の山奥で保元の乱の犠牲者を供養し念仏を唱えつつ経文写しに打ち込んでいた。寺への奉納を頼んで、書きためた写経を送ったところ、後白河天皇は突き返した。呪いが込められているかもしれぬと勘ぐったからだ。

怒った崇徳院は舌を噛み切り、吹き出た血で「日本国の大魔縁となり、皇を取って民を皇となさん」と書き綴った誓文を海に沈めたとされ、鬼のような形相で息をひきとった。

崇徳院が亡くなるや、後白河院に近い人々が次々に死去した。都では大火が相次ぎ、暴風雨など自然災害が頻発し、疫病も蔓延するなど世の安泰が崩れ、養和元年（一一八一）の平清盛の死、そして南北朝の動乱さえ崇徳院の怨霊だといわれるようになった。

その恐怖は江戸時代に引き継がれ、『雨月物語』や『椿説弓張月』などにも描かれて伝えられた。さらに明治天皇は即位式を挙げた慶応四年（一八六八）八月、勅使を讃岐に派遣し、怨霊の静まることを祈願して崇徳天皇の霊を京都へ帰還させた。そして白峯神社（京都市上京区）が創建された。また、昭和天皇は崇徳天皇八百年祭に当たる一九六四年（昭和三九）、香川県坂出市の崇徳天皇陵に勅使を遣わし式年祭が執行されたのである。

祭神・崇徳天皇の神社

荏原金刀比羅神社（品川区荏原）・金刀比羅宮（港区虎ノ門）・住吉神社琴平神社合社（宮尾神社、八王子市恩方町）

146　建礼門院（けんれいもんいん）

平徳子《たいらのとくし》（または、とくこ、のりこ）の院号。平清盛の女《むすめ》として久寿二年（一一五五）に生まれる。母は平時信の女時子。徳子は後白河法皇の猶子（養子）として承安元年（一一七一）に宮中に入った。

高倉天皇の皇后になり、のちの安徳天皇を生む。源氏（木曽義仲）の挙兵のため、平家一門が都落ちするにあたり安徳天皇とともに西国に逃れ、元暦二年（一一八五）、壇ノ浦（山口）で天皇とともに入水、平氏一門は滅亡した。入水した平氏のなかで、徳子だけは源氏に救われ、都へ帰った。のちに出家し、真如覚と号し、洛北・大原寂光院にこもり、安徳天皇と一門の菩提を弔い、建保元年（一二一三）、生を終えた。壇ノ浦の戦いで源頼朝の勝利は確定し、建久三年（一一九二）に征夷大将軍に任じられた。

祭神・建礼門院の神社

水天宮（中央区日本橋蠣殻町）

147 安徳天皇

高倉天皇の第一皇子として治承二年（一一七八）の生まれ。母は建礼門院平徳子（平清盛の娘）。名は言仁《ときひと》。在位期間は治承四年～寿永四年（一一八〇～八五）。第八十一代天皇。

公家化した平氏は、朝廷内から「成り上がり者」として反感をかい、武士層からは「地方武士の利益を無視している」として支持を失い、門閥内では、一門の繁栄をはかるのに急で独裁政治に傾き、朝廷、武士、民衆から孤立していた。こうした情勢のなかで源氏が蜂起し、頼朝の軍は富士川を渡って京に迫り、寿永二年（一一八三）に木曽義仲の軍隊が北陸から京都に侵入したため、安徳天皇は平宗盛につれられて、西海へ逃れ、大宰府に入った。のち、讃岐（香川）の屋島に移ったが、源氏の追撃にあって西走し、寿永四年（一一八五）、長門（山口）の壇ノ浦の戦いの結果、二位尼《にいのあま》（清盛の妻）にいだかれて入水、時に八歳であった。頼朝の勝利は確定し、建久三年（一一九二）、征夷大将軍に就任する。政争のために君主が海底の藻屑と消えるという、史上でも類例をみない悲惨事となった。陵は下関市阿弥陀寺町にある。

水天宮は天御中主神（アメノミナカヌシノカミ）、安徳天皇、高倉平中宮（建礼門院平徳子）、二位尼を祭神とする。全国にある水天宮の総本宮は福岡県久留米市にある水天宮である。

祭神・安徳天皇の神社

水天宮（中央区日本橋蠣殻町）

祭神・水天宮の神社

芝元神明宮（港区三田）

148 二位尼（にいのあま、二位ノ尼）

平清盛の妻の時子のことで、兵部権大輔《ひょうぶごんのたゆう》・平時信の女《むすめ》として大治元年（一一二六）に生まれる。後白河天皇の后・滋子《しげこ》の姉。治承五年に清盛が平氏の行く末を案じながら、六十四歳で熱病に罹り死んだ後、尼になったが、二位に叙され二位尼と呼ばれるようになった。寿永四年（一一八五）、壇ノ浦の戦いで安徳天皇を抱いて入水した。重盛、知盛の母である。

祭神・二位ノ尼の神社

水天宮（中央区日本橋蠣殻町）

149　**藤原藤房**

鎌倉時代から南北朝時代の公家。永仁四年（一二九六）、宣房の子として生まれる。藤原北家の支流万里小路《までのこうじ》氏の出身。後醍醐天皇側近として仕え、鎌倉幕府を倒幕へ導いた元弘の乱（元弘元～三年〈一三三一～一三三三〉）の倒幕計画に参加し、楠木正成を訪ね味方に引き込んだ人物。鎌倉軍からの猛攻撃のなか、天皇を奉じて笠置山に逃れ、行在所を設けた。その行在所が陥るや、弟・季房と後醍醐天皇を守って脱出するが、捕らえられ、下総国に流された。

建武の新政後、中納言として復帰、政権に参加するが、天皇の側近重用政治をいましめるも、聞き入れられなかったため、新政権に失望して建武二年（一三三五）に出家して、京都郊外の岩倉に隠遁、そのまま行方不明になった。康暦二／天授六年（一三八〇）ころに没したとみられている。

藤房は建武政府に復帰したさい、恩賞方筆頭に就任したが、倒幕の戦いに参加した将兵に対する政府の行賞の不公平さ、また、政治的危機のさいに皇居造営費を全国から徴収するなどの新政に失望、後醍醐天皇の怒りをかいながらも、非を直言した勇気が後世、高く評価されている。

祭神・藤原藤房の神社

御穂鹿島神社（港区芝）

150　**新田義興**（にったよしおき）

清和源氏の一族である新田氏は、源義家の子・義国が下野国（栃木県）足利荘に下り、その子・義重が上野国（群馬県）新田郡に土着して、新田太郎と称したのに始まる。義重から義貞までの八代の間に山名氏、里見氏など十数氏の分家を起こし、勢力を伸ばした。鎌倉幕府を倒したのは新田義貞の一党であり、義興は義貞の子。元弘元年（一三三一）の生まれ。南北朝時代の南朝方の武将として左兵衛佐《さひょうのすけ》（左兵衛府〈令制により皇城の護衛などを司る役所〉の次官）をつとめ、関東で北朝方としばしば戦ったが、尊氏らの反撃によって鎌倉を追われた。尊氏の死後、鎌倉奪還の兵を起こしたが、六郷川（多摩川の下流）矢口の渡しで伏兵に遇い、殺された。正平十三年（一三五八）のことである。

祭神・新田義興の神社
新田神社（大田区矢口）

151　徳川家康

天文十一年（一五四二）、三河国（愛知県）岡崎城で松平広忠の長子として生まれた。松平氏は東西を今川、織田の二大勢力にはさまれ、家康は十九歳まで今川義元の人質として過ごした。永禄三年（一五六〇）の桶狭間の戦いで義元が敗死したあとは、織田信長と結んで三河国を平定した。ついで、遠江（静岡県）に勢力を伸ばし、東海地方に威を振るうに至った。

元亀元年（一五七〇）に信長とともに朝倉義景を、天正三年（一五七五）に武田勝頼を撃破するなど戦勝を重ね、天正十年には信長とともに武田氏を滅ぼして、駿河を領有するにいたった。信長が本能寺の変で死んだ後は、豊臣秀吉の天下となった。

天正十二年に秀吉が信長の子信雄を除こうとするに及び、信雄から助けを求められた家康は、小牧・長久手の戦いで秀吉の兵を破った。天正十八年の小田原征伐後、戦功により関八州二百五十万石に封ぜられ、江戸城に入った。

秀吉の死後、石田三成は豊臣氏のために家康を除こうと、会津の上杉景勝や西方の毛利輝元ら諸大名を引き入れて、反徳川軍を結成しようと努めたが、三成をよく思っていなかった浅野幸長、福島正則、池田輝政、加藤清正など、秀吉の遺臣の中にも家康側についた者は少なくなかった。

慶長五年（一六〇〇）、家康が上杉景勝征伐のために東下した隙をついて三成は兵を挙げたが、小早川秀秋の寝返り、内部不統一などから関ケ原の決戦は三成側の敗北に終わった。慶長八年、家康は征夷大将軍に任ぜられ、江戸に幕府を開いた。慶長十年に将軍職を秀忠に譲り、駿府に引退するも大御所として実権を握った。

徳川幕府の基礎は定まったが、家康は将来の災いを絶つため、諸大名の統制に意をそそぎ、豊臣氏の財力弱化を目的に大工事を豊臣秀頼にすすめるなど、反徳川諸勢力の結集点としての秀頼に圧迫を加えた。そのため対立は激化、片桐且元の調停も効を奏さず、慶長十九年十一月、大坂冬の陣となった。家康は二十万の軍をもって大坂城を包囲し、十二月にいったん講和を結んだ。しかし翌年四月、家康は再征を命令、夏の陣の五月八日に大坂城は落ち、淀君・秀頼母子は自害して豊臣氏は滅亡、天下の政権は徳川に帰した。戦国時代の戦乱はここに終わった。

家康は元和二年（一六一六）に太政大臣に任ぜられ、同年四月に没した。東照大権現の勅号を受け、日光山に葬られた。

織田信長、豊臣秀吉によって遂行された封建制への変革、天下統一事業を受け継いだ家康は、その継承と発展を任とした。家康が最も意を注いだのは、武家諸法度の制定、参勤交替など大名の統制、封建的身分制度の確立、中央集権体制に基づく産業の振興であった。

祭神・徳川家康の神社

葛西神社（葛飾区東金町）・東照宮（台東区上野公園）・浅草神社（台東区浅草）・住吉神社（中央区佃）・平河天満宮（千代田区平河町）・東照宮（港区芝公園）

祭神・東照宮公の神社

鳥越神社（台東区鳥越）・十三社神社（新島村本村）

祭神・源家康朝臣

大嶽神社（西多摩郡桧原村）

152　徳川吉宗

徳川幕府第八代将軍（在位享保元年〜延享二年〈一七一六〜四五〉）。御三家の一つ紀伊和歌山城主徳川光貞の第三子として貞享元年（一六八四）に生まれる。一六九七年に別家して、越前国鯖江に新地三万石を賜ったが、兄の早世によって紀伊藩主に迎えられた。将軍家継早世のあと、将軍職を継いだ。ときに享保元年（一七一六）、三十三歳のことである。

幕府の財政再建のため、いわゆる享保の改革を断行した。改革の主眼は、幕府の年貢徴収体制を崩壊させつつあった農業的商品経済の発展を抑え、年貢収集の基盤である米遣いの経済を中心とした自然経済を守り、「権現さま（家康）お定め通り」をスローガンに家康以来の租法を維持することであった。年貢率を引き上げ、新田開発をすすめ、甘藷の試作を奨励するなどして、年貢増徴をはかる一方、上米《あげまい》の制、足高《たしだか》の制を定めて、俸禄・禄高を引き締め、財政収支を好転させた。商品生産を進展させるような文治主義や元禄以来の奢侈的な風潮を排し、勤倹尚武を重んじたのも吉宗で、幕府中興の英主といわれ、世に徳川家中興の祖と称される。

しかし、享保の改革は一時的成果を得たにとどまり、享保十七年から翌年にかけての享保飢饉、米価暴騰、江戸の打ち壊しをはじめ、各地に百姓強訴・一揆が頻発した。その強力な再建計画とは反対に、かえって幕政批判と尊王論に油を注ぎ、幕府政治の矛盾をさらけだす結果となった。

吉宗は延享二年（一七四五）、将軍の職を子の家重に譲ったが、隠居後も政治をとった。寛延四年（一七五一）没。享年六十八。

祭神・徳川吉宗の神社

東照宮（上野権現様、台東区上野公園）

153 **田宮於岩命**（タミヤオイワノミコト）

文政八年（一八二五）二月、江戸・中村座で初演され、割れるような大入りをとった鶴屋南北の名作『東海道四谷怪談』でおなじみになった「於岩」だったが、於岩稲荷に伝わる話では、脚色された「於岩」と違って、実直な女性だったという。幕府の御家人・田宮又左衛門の娘に生まれ、伊右衛門を婿にとって結婚、貧しいながらも、仲のよい夫婦だった。家計の足しにと、商家に奉公に出ていたお岩は、信心深く、田宮家の屋敷神を日頃からお祈りし、そのかいあってか、次第に家運に恵まれるようになり、ゆとりができてきた。

四谷左門町の田宮家の屋敷神の神徳は、同じような暮らしぶりをしている近くの人々に伝わり、お岩は寛永十三年（一六三六）に亡くなったが、屋敷神のお参りを求める人は、増えるばかりだったという。

そこで、田宮家では、屋敷神の隣に稲荷祠を創建し、参拝客に屋敷を開放すると、「左門町稲荷」「四谷稲荷」「於岩明神」と呼ばれて、江戸全体に知られるようになった。

「於岩稲荷田宮神社」と改称して間もない明治十二年（一八七九）、左門町の火事で社殿が焼失した。新富座などからの要望もあって、越前堀（いまの新川）にあった田宮家の敷地内へ遷座した。『東海道四谷怪談』に出演する役者は、左門町稲荷に参拝するのが長い間の慣例になっていたから、芝居小屋に近いところへの移転が望まれていた。

歌舞伎関係者や花柳界から信仰を集めていた越前堀の於岩稲荷田宮神社は、東京空襲で罹災し、いまの社殿は戦後の再建である。四谷の旧社地には、飛び地境内社として於岩稲荷田宮神社が昭和二十七年（一九五二）に再興された。

祭神・田宮於岩命の神社
於岩稲荷田宮神社（中央区新川）

154 **尊空親王**（そんくうしんのう）

伏見宮邦頼親王の御子として寛文三年（一六六三）十二月、関東に下向、深川五本松で隠棲する。親王死去のあと、村民がその徳を敬慕して、邸跡に小祠を建てて、村の鎮守としてあがめ奉ったという。
尊空親王についての詳細な伝承がないため仕方のない面もあるが、伏見宮邦頼親王が享保十八年（一七三三）の生まれである以上、その子の尊空親王が「寛文三年、関東・深川五本松（いまの小名木橋近く）へ下向された」では時代が合わない。ちなみに、『親王家総覧』では、つぎのようになっている。伏見宮邦輔親王の子で、第百六代の正親町《おおぎまち》天皇の猶子《ゆうし》（親子関係を結んだ兄弟・親類、または他人の子）となった守理《しゅり》法親王の子に尊空がおり、下総・千葉の来迎寺に隠居したとある。

祭神・尊空親王の神社
志演《しのぶ》神社（江東区北砂）

155 **平田篤胤**（ひらたあつたね）

幕末の国学者・歌人。秋田藩士の子として安永五年（一七七六）に生まれた。二十歳のときに家を出て、江戸で苦学を続けたあと、備中（岡山）松山藩士・平田藤兵衛の養子となったが、まもなく仕人《つかえびと》をやめて浪人した。そのころ、本居宣長の著書を読んで国学に志を向け、本居春庭の門下に入り、宣長没後の門人を名乗って復古神道をつくりあげた。大角、気吹舎《いぶきのや》、真菅之舎《ますげのや》などと号し、神道・儒学・仏教の三教に通じ、博学と奇才をもって人を驚かせた。江戸に塾を開いて、総数五百人を超える弟子を教え、江戸時代最大の学派の一つであった。

復古神道とは、宣長の古道を発展させ、一種の倫理的な宗教思想として体系化したもので、その情熱的な学風の国学は、幕末期に勢力を伸ばした豪農、豪商層に広がり、復古思想の源流となった。また、多くの尊王攘夷の志士を生み、明治初期の教学政策に大きな影響を与えた。ただし、綿密な考証には長ぜず、古典の記載を主観的に取捨選択して『古史成文』『古史伝』を著すなど、宣長の国学から離れ、幕府の儒家・林家から世を欺く学問といわれた。その著『天朝無窮暦』によって、天保十二年（一八四二）、六十六歳のとき、江戸を追われ、秋田に帰された。

二年後の天保十四年、秋田で没した。著書に『古道大意』『入学問答』『霊能真柱《たまのみはしら》』『歌道大意』などがある。

祭神・神霊真柱平田篤胤大人命（カムタマノミハシラヒラタアツタネウシノミコト）の神社

平田神社（渋谷区代々木）

156　井上正鐵霊神（いのうえまさかねれいじん）

神道禊教《みそぎきょう》を開祖した幕末の宗教者。井上正鐵は寛政二年（一七九〇）、江戸の生まれ。医術・観相術を学び、浅草橋で開業、神祇伯《じんぎはく》（神祇官吏の長官）白川家に入門、神職の免許を得て、天保十一年（一八四〇）、梅田神明宮の神主になった。賀茂真淵の弟子であった父の志を受け継ぎ、神主をしながら、白川神道の流れをくむ禊教を唱導した。水をそそぎかぶって、身のけがれを洗い清める禊と、神霊が宿る幣《ぬさ》で罪をはらう祓《はらえ》の禊祓《みそぎはらえ》の教義を拡充することを本旨とした。幕末に流行した新しい宗教の一つで、江戸の武士や農民の間にひろがり、多くの信者を集めた。人気が高まるにつれ、幕府からの監視がきびしく、「禊教は世をまどわす異学異説」とされ、天保十三年五十二歳のときに三宅島に流罪となり、嘉永二年（一八四九）、同島で没した。正鐵の門人らは、その後も幕府の弾圧を受けながら活動を続けた。

祭神・井上正鐵霊神の神社
梅田神明宮（足立区梅田）

157 吉田松陰

長州藩の尊王攘夷論者。長門（山口）萩藩士・杉百合之助の次男として文政十三年（一八三〇）に生まれる。通称・寅次郎。名は矩方《のりかた》。松陰は号。五歳にして叔父の山鹿流兵学師範・吉田大助の養子となった。嘉永三年（一八五〇）、長崎に遊学して外国の事情を知る。翌年、江戸に留学して佐久間象山に学んだ。ペリー艦隊の来航に当たり、海外渡航を企て同艦隊に頼んだが拒否され、自首して二年間牢に入った。獄中、囚人に『論語』や『孟子』を講じたりした。ついで、実家に幽囚されてからは、松下村塾で子弟を教育し、高杉晋作、久坂玄瑞、山県有朋、木戸孝允、伊藤博文ら維新の志士を育成した。つねに時勢を憂い、幕府が勅許を得ずに日米通商条約を締結したことに憤慨、安政の大獄のさい志士の救出をはかり、弾圧に当たった閣老・間部詮勝《まなべあきかつ》要撃を計画、公武合体を計ろうとして失敗するなどして、再び入獄。安政六年（一八五九）、江戸・伝馬町の牢で刑死した。三十歳だった。

松陰の尊王論は倒幕にまで進んだものではなく、大義名分論であり、代表的著作として『講孟余話』（安政二年）などがある。

祭神・吉田寅次郎・藤原矩方命の神社

松陰神社（世田谷区若林）

158　徳川慶喜

江戸幕府最後の十五代将軍。水戸藩主徳川斉昭《なりあき》の第七子として天保八年（一八三七）に生まれた。一橋家を継ぐ。安政四年（一八五七）に一橋派から将軍家定の継嗣に推されたが、大老井伊直弼が紀州藩主徳川慶福《よしとみ》（のちの第十四代将軍家茂）と定めたため、敗れた。

一八五八年、日米通商条約に勅許を待たずに調印すると、一橋派と尊王攘夷派の志士は登城して、直弼を責めたてた。この衝突から、直弼が公家・諸侯・志士の多数を処罰する、いわゆる安政の大獄が起き、慶喜は隠居謹慎を命じられた。

桜田門外の変で直弼が暗殺されると許され、尊攘運動が起こるとともに改革派として政局に登場し、将軍家茂の後見職となり、政事総裁職の松平慶永と協力して、幕政改革に当たった。文久三年（一八六三）に上京、長州藩を中心とする尊王攘夷運動と薩摩藩・土佐藩を中心とする公武合体論の対立を利用して幕府権力の維持をはかった。

長州征伐の指揮をとったが、慶応二年（一八六六）に家茂が没すると、長州藩と休戦して将軍職を継いだ。フランス公使ロッシュの助言で幕政改革をすすめ、幕府の強化をはかった。尊攘運動が、やがて倒幕にすすむと、公議政体論を実現して幕府権力を実質的に残そうと努めたが、将軍は慶応三年十月十四日、大政奉還上表を朝廷に提出した。同日、長州藩に討幕の密勅が下ると、土佐藩主・山内豊信の勧告で将軍職を辞した。

ところが、幕府領の返納を命じられたため、大坂城に移ったあと、討って出た（鳥羽伏見の戦い）。幕府軍は敗れ、慶喜は江戸に帰り再起を策したが、情勢不利のために恭順。江戸城を明け渡し、上野寛永寺で謹慎した。明治二年（一八六九）、罪を許され静岡へ移住。一九〇二年、公爵となった。大正二年（一九一三）没。

祭神・徳川慶喜の神社

東照宮（上野権現様、台東区上野公園）

159 明治天皇・昭憲皇太后

明治天皇は、孝明天皇の第二皇子として嘉永五年（一八五二）に生まれる。母は公卿中山忠能の子の慶子。名は睦仁《むつひと》。孝明天皇のあとをうけて、慶応三年（一八六七）、満十四歳で第百二十二代の皇位を継いだ。

世界市場形成の最後の環としての日本は、先進資本主義諸国の圧力をうけつつ、開国と、封建社会から資本主義社会への変革をすすめる激動のなかにあった。慶応三年の大政奉還、翌年の戊辰戦争をへて、江戸幕府の廃止、明治二年（一八六九）の版籍奉還、明治四年に廃藩置県が行われ、幕藩体制に代わる中央集権的統一国家＝絶対主義・天皇制国家が樹立され、天皇親政の名のもと、明治新政府の頂点にたった。半面、明治政権の実体は、薩長土肥、なかんずく薩長下級士族出身の官僚の手に握られた藩閥政権であり、封建期からの不平分子による暴動、民主政治を求める自由民権運動や百姓一揆の激流のなかで、天皇の地位はきわめて不安定であった。憲法発布以後も、政権たらい回しの藩閥政治家と、民意を代表して立つ政党とのあいだの政争など、諸矛盾のなかで君主の専制性を強めていった。このためにも、「祭政一致」という古代天皇制の政治理念が復活された。

帝国憲法は、君主の単独の意思によって制定された欽定憲法であり、外見的立憲主義であって、これによって規定される天皇の地位は、近代的立憲君主のそれではなかった。「近代」日本の半封建的な、軍事的な発展を貫く背骨を形づくり、その後は日清から日露へと戦争の歴史を広げていった。

一面では、近代国家形成・発展の時代を象徴すると同時に、他面では絶対主義から帝国主義へ展開する時代を象徴する、「明るさ」と「暗さ」とをもった天皇であった。明治四十五年（一九一二）没。

明治天皇の皇后・昭憲皇太后は一条忠香《ただよし》の娘として嘉永二年（一八四九）に生まれ、慶応三年

（一八六七）に、女御となり、翌年、皇后となった。名は美子《はるこ》。和漢の文才のほまれ高く、女子教育・社会事業の振興に深い関心をもった。『昭憲皇太后御歌集』がある。大正三年（一九一四）没。

祭神・明治天皇、昭憲皇太后の神社

明治神宮（渋谷区代々木神園町）

160　東郷平八郎命

明治・大正・昭和の海軍軍人。弘化四年（一八四八）、鹿児島県に生まれた。慶応二年（一八六六）に藩の海軍に入り海兵隊に属したが、維新内乱のさいには春日艦に乗って、北越、宮古湾、函館の海戦に参加した。明治四年（一八七一）、イギリスに留学して実務を修め、明治十一年に帰国後、天城艦長、大和艦長を歴任、呉鎮守府司令長官中牟田中将の下に参謀長として勤務した。明治二十七年、日清戦争が起こるや、浪速艦長として従軍、豊島《ほうとう》沖・黄海海戦に参加し、清国軍艦済遠、広乙の二隻と交戦した。また、清国兵をのせた英汽船・高陞号《こうしょうごう》を独断で撃沈、内外の注目を浴び、戦果をあげて、常備艦隊司令長官に進んだ。また、台湾征伐にも従軍した。明治三十二年、佐世保鎮守府司令長官に任じられ、明治三十三年の北清事変には常備艦隊司令長官として戦功をたて、明治三十七、八年の日露戦争中は連合艦隊司令長官として、日本海海戦でいわゆる敵前旋回戦法を駆使して攻勢に出た。明治三十八年五月二十七日、ロシア・バルチック艦隊を日本海に迎え撃って、有名な「皇国の興廃、この一戦にあり」のZ旗をかかげ撃滅したことは、彼の名を一躍高めた。戦後、軍令部長に補せられ、伯爵位を授けられた。大正二年（一九一三）、元帥の称号をうけた。昭和九年（一九三四）没。
祭神・東郷平八郎の神社
東郷神社（渋谷区神宮前）

161　乃木希典命・静子命

嘉永二年（一八四九）、長州藩士乃木十郎希次の子として長州（山口県萩）に生まれる。維新のさいに尊王倒幕の士として、高杉晋作率いる報国隊に加わった。また、戊辰戦争に参戦、萩の乱を鎮定した。西南戦争には第十四連隊隊長心得（少佐）として出征、熊本に進軍するなど活躍したが、戦傷を負った。明治十九年（一八八六）、川上操六とドイツに留学し、兵役制度を研究した。近衛歩兵第二旅団長、歩兵第五旅団長などを歴任、日清戦争が勃発すると、歩兵第一旅団長、第二師団（仙台）師団長（中将）として従軍、明治二十九年に台湾総督、第十一師団（善通寺）師団長に任ぜられた。

明治三十七年、大将に進み、日露戦争には第三軍司令官として参戦、旅順総攻撃では長男・勝典中尉、次男・保典少尉を戦死させ、苦戦の末に攻略した。敵将ステッセルとの会見は有名。奉天会戦においても功をたて、戦後は伯爵、軍事参議官に補せられ、のち、学習院院長になったが、大正元年（一九一二）九月十三日、明治天皇葬儀の日に、天皇のあとを追って妻の静子とともに殉死した。六十四歳。
祭神・乃木希典命・乃木静子命の神社
乃木神社（港区赤坂）

第三章　神社と祭神

本章＋デルの全神社を区と郡、島ごとに分け、各神社が所在する町名とそれぞれの神社が祭る祭神を示した一覧表である。

①本表は東京都神社庁編纂発行の『東京都神社名鑑　上下』（一九八六年）をもとに作成した。東京都神社庁のホームページ「都内神社のご紹介」、および直接取材したデータも参考にした。

②摂社・末社（主祭神を祭る本殿とは別に境内、境外に祭られている小規模の社）の祭神は省略し、本殿の祭神を掲示することにした。

③祭神の表記、配列は『名鑑』に準じた。

④表中の「合祀」「配祀」などの区別はつぎの通り。

合祀《ごうし》＝一社に二柱以上の神を合わせ祭っていること。

配祀《はいし》＝同じ社のなかに主神にそえてほかの神を祭っていること。

相殿《あいどの》＝同じ社殿に二柱以上の神を祭っていること。

併神《へいしん》＝合祀と同義。

⑤同じ町に同名の神社が複数ある場合は、神社所在の町名だけでなく、番地を加筆して特定した。

神社名	町名	祭神
【足立区】		
稲荷神社	足立	50宇迦之御魂神、42須佐之男命
稲荷神社	千住河原町	50食稲魂命
稲荷神社	柳原	50宇迦之御魂神
稲荷神社	梅田	50宇迦之御魂命
稲荷神社	綾瀬	50宇迦之御魂命
梅田神明宮	梅田	38天照皇大神、（相殿）156井上正鉄霊神
大鷲神社	花畑	117日本武尊
千住神社	千住宮元町	42須佐之男命、50宇迦之御魂命
千住本氷川神社	千住	42素盞嗚尊
氷川神社	江北	42素盞雄尊、11伊邪那美命、7淤母陀琉命
氷川神社	千住仲町	42素盞嗚尊
氷川神社	西保木間	42須佐之男命、66大己貴命
鷲神社	島根	117日本武尊、124誉田別命、5国常立命
【荒川区】		
石濱神社	南千住	38天照大御神、（配祀）22豊受姫大神

素盞雄神社	南千住	42須佐之男命、74事代主命（飛鳥大神）
諏方神社	西日暮里	82建御名方命
八幡神社	西尾久	124応神天皇
胡録神社	南千住	7面足尊、8惶根尊

【板橋区】

稲荷神社	若木	41保食神
稲荷神社	宮本町	22豊受姫命
北野神社	徳丸	137菅原道真公
熊野神社	熊野町	11伊佐那美命、30事解之男命、28速玉之男命
熊野神社	志村	10伊邪那岐命、11伊邪那美命、30事解男命
熊野神社	前野町	10伊佐那岐命、11伊佐那美命
子易神社	板橋	101木花咲耶姫命
天祖神社	西台	38大孁貴尊、大日孁貴尊
天祖神社	南常盤台	38天照大御神、（配祀）22豊受姫命、65大山咋命
氷川神社	赤塚	42素盞嗚尊、（相殿）135藤原廣継
氷川神社	双葉町	42素盞嗚尊、（相殿）50食稲魂命
氷川神社	氷川町	42素盞男尊、61稲田姫命
氷川神社	東新町	42須佐之男命

【江戸川区】

稲荷神社　北葛西四—二四—一六　22豊受姫神

小岩神社　東小岩　38天照大御神、33表筒男命、33中筒男命、33底筒男命、58天児屋根命、124誉田別命、131衣通媛命

香取神社（間々井神社）　中央　84経津主命、（相殿）72武甕槌命、58天児屋根命、117日本武命

香取神社　東葛西　84経津主命

諏訪神社　平井　82建御名方神、（配祀）38天照皇大神、84経津主神、124誉田別神、66大国主神、72武甕槌神

浅間神社　上篠崎　101木花開耶媛尊

天祖神社　東葛西　38天照皇大御神

【大田区】

穴守稲荷神社　羽田　22豊受姫命

磐井神社　大森北　66大己貴命、124応神天皇、119仲哀天皇、121神功皇后、46姫大神

大森神社　大森北　18久々能智命

御嶽《おんたけ》神社　北嶺町　5国常立命、24国狭槌命、6豊雲野命

蒲田八幡神社　蒲田　124誉田別命

貴船神社	大森東	26高龗神
熊野神社	山王	10伊佐那岐命
子安八幡神社	仲池上	124品陀和気命
子安八幡神社	北糀谷	124応神天皇
浅間神社	大森西	101木花咲耶姫命
千束八幡神社	南千束	124品陀和気之命
多摩川浅間神社	田園調布	101木花咲屋姫命、35菊理姫命、10伊弉諾尊、11伊弉冉命
徳持神社	池上	124誉田之大神、（配祀）50宇迦御魂命
新田神社	矢口	150贈従三位左兵衛源朝臣新田義興公
羽田神社	本羽田	42素盞嗚尊、61稲田姫命
薭田《ひえだ》神社	蒲田	124誉田別命、38天照大神、123武内宿禰命、130荒木田襲津彦命、113春日大神
馬込八幡神社	南馬込	124品陀和気命
雪ケ谷八幡神社	東雪谷	124応神天皇
六郷神社	東六郷	124誉田別命
【葛飾区】		
於玉稲荷神社	新小岩	50倉稲魂命
葛西神社	東金町	84経津主命、151徳川家康、117日本武尊

香取神社	亀有	84経津主命、（相殿）72武甕槌命、94岐命
熊野神社	立石	10伊邪那岐命、28速玉男大神、30事解雄大神
白髭神社	東四つ木	100猿田彦命、66大己貴命、82建御名方命
天祖神社	堀切	38天照皇大御神、（相殿）124誉田別命、137菅原道真公
天祖神社	東新小岩	38大日孁尊、（相殿）58天児屋根命、124誉田別命
半田稲荷神社	東金町	50食稲魂命
日枝神社	新宿	65大山咋命
氷川神社	堀切	42須佐之男命
天祖神社	高砂	38天照坐皇大御神、72武甕槌命、84経津主命

【北区】

王子神社	王子本町	10伊邪那岐尊、11伊邪那美尊、38天照大御神、28速玉之男命、30事解之男命
王子稲荷神社	岸町	50宇迦之御魂神、41宇気母智之神、23和久産巣日神
紀州神社	豊島	91大屋津姫命、89五十猛命、90抓津姫命
田端八幡神社	田端	124品陀別命、100猿田彦命
七社神社	西ケ原	10伊邪那岐命、11伊邪那美命、58天児屋根命、60伊斯許理度売命、44市杵島比売命、119仲哀天皇、124応神天皇

白山神社	船堀	11伊邪那美命
八幡神社	滝野川	124品陀和気命
八幡神社	赤羽台	119帯中津日子命、124品陀和気命、121息長帯比売命
平塚神社	上中里	142八幡太郎源義家命、143加茂次郎源義綱命、144新羅三郎源義光命

【江東区】

愛宕神社	大島二―一五―四	12軻遇突智神
宇迦八幡宮	千田	50宇迦之御魂命、124応神天皇
大島稲荷神社	大島	50宇迦之御魂神、（合併神社）50倉稲魂命、12阿遇突智命
香取神社	亀戸	84経津主命、（相殿）72武甕槌神、66大己貴神
亀戸天神社	亀戸	137菅原道真、（相殿）71天菩日命
猿江神社	猿江	38天照大御神、50宇迦之御魂命
志演《しのぶ》神社	北砂	50宇迦御魂命、42須佐之男命、11伊邪那美命、56天乃手力男命、154尊空親王
洲崎神社	木場	44市杵島比賣命
浅間神社	亀戸	101木之佐久夜毘売命
天祖神社	亀戸	38天照皇大御神
富岡八幡宮	富岡	124応神天皇、（配祀）121神功皇后、38天照皇大神、129大雀命、

58天児屋根命、123武内宿弥命、117日本武尊、15竈大神、
16常磐社の神、
富賀岡八幡宮　南砂　124誉田別天皇、（相殿）50倉稲之魂命
東大島神社　大島　38天照皇大御神、53牛島大神、51稲荷大神
深川神明宮　森下　38天照大御神
正木稲荷神社　常盤　50宇迦之御魂命

【品川区】

居木《いるぎ》神社　大崎　117日本武尊、（配祀）26高おかみの神、66大国主命、
50倉稲魂命、58天児家根命（合祀）56手力雄命、
126淀姫命、137管丞相、65大山咋命、50倉稲魂命
荏原神社　北品川　26高龗神（合祀）22豊受姫命、38天照皇大神、
42須佐之男尊、56手力雄尊、117日本武尊、74事代主命（二柱）
荏原金刀比羅神社　荏原　85大物主神、145崇徳天皇
鹿嶋神社　大井　72武甕槌神
貴船神社　西品川　26高龗大神、42素盞嗚尊
雉子神社　東五反田　117日本武尊、（配祀）56天手力雄命、103大山祇命
品川神社　北品川　57天比理乃咩命、42素盞嗚尊、50宇賀之売命
上神明天祖神社　二葉　38天照大神、124応神天皇、58天児屋根命

下神明天祖神社	二葉	38天照大神、124応神天皇、58天児屋根命
天祖・諏訪神社	南大井	38天照大御神、22豊受大神、82建御名方刀美命
旗岡八幡神社	旗の台	124誉田別尊、46比売大神、121神功皇后
八幡神社	戸越	124誉田別尊
八幡神社	小山	124誉田別尊
八幡神社	荏原	124誉田別尊
八幡神社	東大井	124誉田別尊、121気長足姫尊、10伊弉諾尊、11伊弉冉尊
氷川神社	西五反田	42素盞嗚尊、（合祀）124誉田別尊、82建御名方命、7於母陀流神、8阿夜訶志古泥神

【渋谷区】

穏田神社	神宮前	7淤母陀流神、8阿夜訶志古泥神、42櫛御食野神
北谷稲荷神社	神南	50宇迦之御靈大神、66大己貴大神、55大宮比売大神、121神功皇后、115大田大神
熊野神社	神宮前	89五十猛命、91大屋津姫命、90抓津姫命、11伊弉冉命
金王八幡宮	渋谷	124応神天皇
東郷神社	神宮前	160東郷平八郎命
豊栄稲荷神社	渋谷	52田中稲荷大神、52豊沢稲荷大神

八幡神社	千駄ケ谷	124応神天皇、121神功皇后
氷川神社	東	42素盞嗚尊、61稲田姫命、66大己貴尊、38天照皇大神
氷川神社	本町	42素盞嗚尊、61奇稲田姫尊
平田神社	代々木	155平田篤胤大人命
明治神宮	代々木神園町	159明治天皇・昭憲皇太后
代々木八幡宮	代々木	124応神天皇

【新宿区】

赤城神社	赤城元町	25岩筒雄命
穴八幡宮	西早稲田	124応神天皇、119仲哀天皇、121神功皇后
稲荷鬼王神社	歌舞伎町	50宇賀能御魂命、37鬼王権現（39月夜見命、85大物主命、56天手力男命）
神楽坂若宮八幡神社	若宮町	129仁徳天皇、124応神天皇
皆中稲荷神社	百人町	50宇迦御魂大神
熊野神社	西新宿	42櫛御気野大神、11伊邪奈美大神
御霊神社	西落合	119仲哀天皇、121神功皇后、124応神天皇、123武内宿祢
御霊神社	中井	119仲哀天皇、124応神天皇、121神功皇后、129仁徳天皇、72武甕槌命
須賀神社	須賀町	42建速須佐能男命、50宇迦能御魂神、

（相殿）117日本武命、86天日鷲大神、66大国主命

諏訪神社　高田馬場　66大国主命、74事代主命、82武御名方命

月見岡八幡神社　上落合　124応神天皇、121神功皇后、129仁徳天皇

成子天神社　西新宿　137菅原道真公

西向天神社　新宿　137菅原大神、51稲荷大神、47厳嶋大神、13秋葉大神

八幡神社　筑土八幡町　124応神天皇、121神功皇后、119仲哀天皇

花園神社　新宿　50食稲魂神、117日本武尊、41受持神

氷川神社　下落合　42素盞嗚尊、61稲田姫命、66大己貴命

水稲荷神社　西早稲田　50食稲魂大神、55大宮女大神、100佐田彦大神

鎧神社　北新宿　117日本武尊、66大己貴命、69少彦名命、140平将門公

多武峯《とうのみね》内藤神社　内藤町　134藤原鎌足公、
（相殿）58天児屋根命、84経津主命、72武甕槌命、46姫大神

【杉並区】

井草八幡宮　善福寺　125八幡大神

稲荷神社　永福　50宇迦之御魂命

大宮八幡宮　大宮　124応神天皇、119仲哀天皇、121神功皇后

熊野神社　和泉　1天御中主命、10伊邪那岐命、11伊邪那美命

熊野神社　天沼　11伊邪那美命

神明宮	阿佐谷北	38天照大御神
田端神社	荻窪	137菅原道真公、38天照皇大神、22豊受比売神、66大国主命、103大山祇命
天祖神社	高円寺南	38天照皇大御神
白山神社	上荻	11伊邪那美命
八幡神社	天沼	124応神天皇、（相殿）44市杵島姫命
八幡神社	下高井戸	124応神天皇
八幡神社	上荻	124応神天皇
氷川神社	高円寺南	42素盞嗚命
馬橋稲荷神社	阿佐谷南	50宇迦之魂神、127大麻等能豆神、（相殿）11伊弉冉神、20美都波能売神、137菅原道真朝臣
【墨田区】		
牛嶋神社	向島	42建速須佐之男命、71天之穂日命、139貞辰親王命
香取神社	文花	84経津主大神
五柱稲荷神社	緑	50宇賀之魂命
白鬚神社	東向島	100猿田彦大神、38天照大御神、2高皇産霊神、3神皇産霊神、55大宮能売神、22登由宇気神、82建御名方神
白髭神社	立花	100猿田彦命

隅田稲荷神社	墨田	50宇迦能魂命
隅田川神社	堤通	17速秋津日子神・速秋津比売神
高木神社	押上	2高皇産霊神
飛木稲荷神社	押上	50宇迦之御魂神
初音森神社	千歳	50宇迦之御魂神
三圍神社	向島	50宇迦之御魂命
三輪里《みわり》稲荷神社	八広	50倉稲魂命

【世田谷区】

稲荷神社	新町	50宇迦之御魂神
奥澤神社	奥沢	124誉田別命、50稲食魂命
北澤八幡神社	代沢	124応神天皇、46比売神、121神功皇后、129仁徳天皇
駒繋神社	下馬	66大国主命
松陰神社	若林	157贈正四位吉田寅次郎藤原矩方命
菅原神社	松原	137菅原道真公
世田谷八幡宮	宮坂	124応神天皇、119仲哀天皇、121神功皇后
玉川神社	瀬田	66大己貴命、69少彦名命、117日本武尊
玉川神社	等々力	38天照大御神、10伊弉諾尊、11伊弉冉尊、30事解之男命、66大己貴命、69少彦名命、82武御名方命、117日本武尊

八幡神社　桜上水　124応神天皇、50宇迦之御魂神
東玉川神社　東玉川　65大山咋命
氷川神社　喜多見　42素盞嗚尊
六所神社　赤堤　66大国魂命、
（御併神）11伊弉冊尊、42素盞嗚命、110布留御魂大神、
55大宮売命
宇佐神社　尾山台　124誉田別命
六所神社　給田　66大国魂大神、68六所の宮（小野大神、小河大神、氷川大神、
秩父大神、金佐奈大神、杉山大神）、38天照大神
八幡神社　太子堂　124応神天皇
深澤神社　深沢　103大山都見尊、38天照大神、117日本武尊、50食稲魂命、
125八幡大神
天祖神社　経堂　38天照大御神、51稲荷大神、137北野大神（天満大神）
稲荷神社　池尻　50食稲魂神
稲荷神社　大原　50食稲魂神

【台東区】

浅草神社　浅草　133土師真中知命・桧前浜成命・桧前竹成命、
151徳川家康、66大国主命

熱田神社	今戸	117日本武尊、118橘姫命
銀杏岡八幡神社	浅草橋	124誉田別命、123武内宿祢命
稲荷神社	竜泉	50食稲御魂命、（相殿）42素盞男命
今戸神社	今戸	124応神天皇、10伊弉諾尊、11伊弉冉尊、95福禄寿
小野照崎神社	下谷	136小野篁命、137菅原道真命
蔵前神社	蔵前	124応神天皇、121神功皇后、46姫大神、50食稲魂命、137菅原道真公
五條天神社	上野公園	66大己貴命、69少彦名命、（相殿）137菅原道真公
榊神社	蔵前	9天神第六代坐榊皇大御神、7面足尊、8惶根命
下谷神社	東上野	63大年神、117日本武尊
須賀神社	浅草橋	42素盞嗚尊
諏訪神社	駒形	83建御名方神・八坂刀売神
玉姫稲荷神社	清川	50宇迦之御魂命
東照宮	上野公園	151徳川家康公、152徳川吉宗公、158徳川慶喜公
鳥越神社	鳥越	117日本武尊、（相殿）58天児屋根命、151徳川家康公
三島神社	下谷	103大山祇命
元三島神社	根岸	103大山祇命、10伊佐那岐命
矢先稲荷神社	松が谷	50倉稲魂命
鷲神社	千束	86天日鷲命、117日本武尊

三島神社	寿	103大山祇命、101身島姫命、102和足彦命、102上津姫命、101下津姫命
吉原神社	千束	50倉稲魂命、51稲荷大神
秋葉神社	松が谷	12火産霊神、20水波能売神、14埴山比売神

【中央区】

永久稲荷神社	日本橋箱崎町	50食稲魂命、100猿田彦神
於岩稲荷田宮神社	新川	22豊受比売大神、153田宮於岩命
小網神社	日本橋小網町	50食稲魂命、(相殿)44市杵島姫命
水天宮	日本橋蠣殻町	1天御中主大神、147安徳天皇、146建礼門院、148二位ノ尼
末廣神社	日本橋人形町	50宇賀之美多麻之命
椙森神社	日本橋堀留町	88伍社稲荷大神、(相殿)93恵比寿大神
住吉神社	佃	33底筒之男命、33中筒之男命、33表筒之男命、121神功皇后、151徳川家康
鐵砲洲稲荷神社	湊	23稚産霊命、22豊受比売命、50宇迦之御魂命
波除稲荷神社	築地	50食稲魂命
福徳神社	日本橋室町	50食稲魂命
松島神社	日本橋人形町	10伊邪那岐大神、11伊邪那美大神、41保食神、(相殿)100猿田大神、73手置帆負神・彦狭知神、38日前大神、

		70淡島大神、125八幡大神、137北野大神、85金刀比羅大神、66大己貴神、117日本武尊、86天日鷲神
【千代田区】		
神田神社	外神田	66大己貴命、69少彦名命、140平将門命
築土神社	九段北	97天津彦彦火能邇杵尊、140平将門之霊
東京大神宮	富士見	38天照皇大神、22豊受大神、（相殿）〈造化の三神〉1天之御中主神、2高御産巣日神、3神産巣日神、116倭比売命
日枝神社	永田町	65大山咋神、（相殿）5国常立神、119足仲彦尊、11伊弉冉神
平河天満宮	平河町	137菅原朝臣道真公、（相殿）124誉田別命、151徳川家康公
三崎稲荷神社	三崎町	50宇迦之御魂神、42素盞嗚神、62大市姫神、85大物主神
柳森神社	須田町	50食稲魂命、41保食命
【豊島区】		
稲荷神社	上池袋	41保食神
大國神社	駒込	66大己貴命
大鳥神社	雑司が谷	117日本武命、（相殿）50食稲魂命（稲荷大神）
天祖神社	南大塚	38天照大御神

長崎神社	長崎	42須佐之男命、61櫛名田比売命
氷川神社	池袋本町	42建速須佐之男命、（相殿）2高皇産霊神、38天照大御神、41保食神、101木花咲耶姫命
氷川神社	高田	42素盞嗚尊、61奇稲田姫命、66大己貴命
御嶽神社	池袋	117倭建命、111神日本磐余彦尊、72武甕槌命
染井稲荷神社	駒込	41保食命
菅原神社	北大塚	137菅原道真公、41保食神

【中野区】

北野神社	新井	137菅原道真公、41保食神
多田神社	南台	141多田満仲公
八幡神社	大和町	124誉田別命
八幡神社	白鷺	124応神天皇
氷川神社	弥生町	42素盞嗚命、（相殿）61櫛稲田姫命、38大日孁命、74事代主神、103大山祇神
氷川神社	上高田	42須佐之男尊
氷川神社	江古田	42素盞嗚尊
氷川神社	本町	42素盞嗚尊

氷川神社　沼袋　42須佐之男命

氷川神社　東中野　42須佐之男命、61稲田姫尊、66大己貴尊

【練馬区】

北野神社　東大泉　137菅原道真公

天祖若宮八幡宮　関町北　38大日孁貴尊、44狭依姫命

土支田八幡宮　土支田　124誉田別命、（相殿）137菅原道真公、38天照皇大皇

氷川神社　大泉町　42素盞嗚尊

氷川神社　高野台　42須佐之男命

氷川神社　豊玉南　42素盞嗚尊

氷川神社　氷川台　42須佐之男尊

氷川神社　石神井台　42須佐之男命、（相殿）61稲田姫命、66大己貴命

御嶽《おんたけ》神社　下石神井　5国常立命、66大己貴命、69少名彦命

武蔵野稲荷神社　栄町　50宇迦之御魂神

八雲神社　小竹町　42素盞嗚尊

【文京区】

今宮神社　音羽　38天照大御神、42素盞嗚尊、11伊弉冉尊、124誉田別尊、58天児屋根命、66大国主命、69少毘古那命、

		55大宮比売命、100猿田彦命
稲荷神社	千石	117日本武尊、41保食神
稲荷神社	目白台	22豊受姫命
北野神社	春日	137菅原道真公
小日向神社	小日向	124誉田別皇命、42建速須佐之男命
小石川大神宮	小石川	38天照皇大神
櫻木神社	本郷	137菅原道真公
正八幡神社	関口	124品陀和気尊
天祖神社	本駒込	38天照大御神
根津神社	根津	42須佐之男命、65大山咋命、124誉田別命、（相殿）66大国主命、137菅原道真公
白山神社	白山	35菊理比咩命、10伊弉諾尊、11伊弉冉尊
簸川神社	千石	42素盞嗚尊
吹上稲荷神社	大塚	41保食之大神
三河稲荷神社	本郷	50宇迦之御魂命
湯島神社	湯島	56天之手力雄命、137菅原道真公
富士神社	本駒込	101木花咲耶姫命

【港区】

朝日神社	六本木	50倉稲魂大神
愛宕神社	愛宕	12火産霊命、20罔象女命、103大山祇命、117日本武尊
稲荷神社	三田	50宇迦御魂命
春日神社	三田	58天児屋根命
烏森神社	新橋	50倉稲魂命、55天鈿女命、97邇邇杵尊
金刀比羅神社	虎ノ門	85大物主神、（配祀）145崇徳天皇
幸稲荷神社	芝公園	11伊弉冉尊
櫻田神社	西麻布	22豊宇迦能売神
鹽竈神社	新橋	104鹽槌老翁、72武甕槌命、84経津主命
芝大神宮	芝大門	38天照皇大御神、22豊受大御神
十番稲荷神社	麻布十番	50倉稲魂命、117日本武尊、44市杵島姫命、45湍津姫命、43田心姫命
高輪神社	高輪	50宇迦御魂神、124誉田別命
天祖神社	六本木	38天照大御神、10伊邪那岐命、11伊邪那美命
八幡神社	虎ノ門	121息長帯比売命、124品陀和気命、119帯中日子命
日比谷神社	東新橋	22豊受大神、31祓戸四柱大神（瀬織津比売大神、速開都比売大神、空〈気〉吹主大神、速佐須良比売大神）、98天津神・国津神

氷川神社	白金	42素盞嗚尊、117日本武尊、61櫛稲田姫命
東照宮	芝公園	151徳川家康公
芝元神明宮	三田	38天照皇大神、（相殿）147水天宮、50倉稲魂命
氷川神社	元麻布	42素盞嗚尊、117日本武尊
廣尾稲荷神社	南麻布	50宇迦御魂之命（倉稲魂命）
御田八幡神社	三田	124誉田別皇尊、58天児屋根命、123武内宿弥命
御穂鹿島神社	芝	149藤原藤房卿、72武甕槌命
氷川神社	赤坂	42素盞嗚命、61奇稲田姫命、66大己貴命
久國神社	六本木	50倉稲魂命
乃木神社	赤坂	161乃木希典命、（配祀）乃木静子命
【目黒区】		
稲荷神社	中央町	50蒼稲魂命
大鳥神社	下目黒	117日本武尊、（相殿）5国常立尊、118弟橘姫命
熊野神社	自由が丘	28速玉之男尊、11伊弉冉命、30黄泉津事解之男尊
中目黒八幡神社	中目黒	124誉田別命（応神天皇）
氷川神社	大橋	42素盞嗚尊、38天照大御神、137菅原道真命
氷川神社	八雲	42須盞之男命、66大国主命、61櫛稲田姫
碑文谷八幡宮	碑文谷	124誉田別尊

稲荷神社　上目黒　50蒼稲魂命

【北多摩】

武蔵野八幡宮　武蔵野市吉祥寺東町　124誉田別尊、46比売大神、121大帯比売命

杵築神社　武蔵野市境南町　66大国主命、74事代主命

神明社　三鷹市牟礼　38天照皇大御神、50倉稲魂大神

八幡社　三鷹市大沢　124応神天皇

田無神社　西東京市田無町　66大己貴命、国内諸神（19級長津彦命・級長戸辺命、66大国主命、42須佐之男命、100猿田彦命、34八街比古命・八街比売命、117日本武尊、120大鳶大神、124応神天皇、99八百万の神々）

東伏見稲荷神社　西東京市東伏見　50宇迦御魂大神、100佐田彦大神、55大宮能売大神

伊豆美神社　狛江市中和泉　66大国魂大神

布多天神社　調布市調布ケ丘　69少彦名命、137菅原道真公

国領神社　調布市国領町　3神産巣日神、38天照大御神、42建速須佐之男命

青渭神社　調布市深大寺元町　87青渭大神、21水神

大國魂神社　府中市宮町　66大国魂大神、67御霊大神、68六所の宮（小野大神、小河大神、氷川大神、秩父大神、金佐奈大神、杉山大神）

押立神社　府中市押立町　50稲蒼魂命

八幡神社　府中市南町　125八幡大神

熊野神社	府中市西府	42素盞嗚命
小金井神社	小金井市中町	137菅原道真公
稲穂神社	小金井市本町	65大山咋神
八重垣稲荷神社	小金井市中町	100猿田彦大神、61稲田姫神、50倉稲魂神
熊野神社	国分寺市西恋ケ窪	10伊弉諾尊、11伊弉冉尊、99八百萬神
神明社	国分寺市西町	38天照皇大神
小平神明宮	小平市小川町	38大日孁貴尊（天照大神）、 （相殿）137天満宮（菅原道真公）、 103山王宮（大山祇神）、12愛宕社（軻遇土神）
熊野宮	小平市仲町	10伊邪那岐大神、11伊邪那美大神、 （相殿）28早玉男乃神、30事解雄乃神、100猿田彦神
日枝神社	小平市小川町	65大山咋命
豊鹿島神社	東大和市芋窪	72武御加豆智命
八幡神社	東大和市奈良橋	124誉田別之命、103大山祇命、40日月大神、44市杵島姫命、 12火産日神、82建御名方命
氷川神社	東村山市秋津町	42須佐之男命
八坂神社	東村山市栄町	42素盞嗚命
十二所《じゅうにしょ》神社	武蔵村山市三ツ木	4天神七代、106地神五代
神明社	武蔵村山市中央	38大日孁貴尊

日枝神社	清瀬市中清戸	65大山咋神、66大己貴神
氷川神社	東久留米市南沢	42素盞嗚命、（配祀）66大己貴命、61櫛稲田姫命
谷保天満宮	国立市谷保	137菅原道真公、138菅原道武公
阿豆佐味天神社	立川市砂川町	69少彦名命、58天児屋根命
熊野神社	立川市高松町	42須佐之男命、10伊邪那岐命、11伊邪那美命
諏訪神社	立川市柴崎町	82建御名方命、（配祀）124誉田別命、101木花佐久耶姫命
神明神社	昭島市拝島町	38天照大御神
日吉神社	昭島市拝島町	65大山咋神、54香山戸命、64羽山戸命、（配祀）42素盞乃雄命、66大己貴命
【南多摩】		
今熊神社	八王子市上川町	42建速須佐之男命、（合祀）39月夜見命
産千代稲荷神社	八王子市小門町	50倉稲魂命
諏訪神社	八王子市諏訪町	82建御名方命、83八坂刀売命
諏訪神社	八王子市鑓水	82建御名方命、124誉田別尊、66大国主尊
八幡神社	八王子市元八王子町	124応神天皇
八幡八雲神社	八王子市元横山町	124誉田別尊、42素盞嗚命、（相殿）48八王子神
日枝神社	八王子市弐分方町	66大己貴命

日吉八王子神社	八王子市日吉町	24国狭槌尊
子安神社	八王子市明神町	101木花開耶媛命、（相殿）65大山咋命、38天照大神、42素盞鳴尊、61奇稲田姫命
住吉神社琴平神社合社（宮尾神社）	八王子市上恩方町	33底筒男命、33中筒男命、33上筒男命、85大物主命、121神功皇后、145崇徳天皇
住吉神社	八王子市戸吹町	33上筒男神、33中筒男神、33底筒男神
多賀神社	八王子市元本郷町	10伊弉諾尊、11伊弉冉尊
天満社	八王子市北野町	137菅原道真公
八坂神社	日野市日野本町	42素盞鳴尊、（配祀）42櫛御気野命、50倉稲魂命、65大山咋命
若宮神社	日野市東豊田	129仁徳天皇、100猿田彦命、65大山咋命、124応神天皇
小野神社	多摩市一ノ宮	107天ノ下春命、31瀬織津姫命、50稲倉魂大神
白山神社	多摩市連光寺	10伊邪那岐命、11伊邪那美命
穴澤天神社	稲城市矢野口	69少彦名命、（相殿）137菅原道真公、66大己貴命
青渭神社	稲城市東長沼	87青渭神、100猿田彦命、55天鈿女命
春日神社	町田市大蔵町	58天児屋根命、46比売神、11伊弉冉命、50倉稲魂命、82建御名方命、124応神天皇、42素盞鳴尊、33表筒男命
熊野神社	町田市鶴間	10伊弉諾命、11伊弉冉命
諏訪神社	町田市相原町	82建御名方命、1天之御中主命、132安閑天皇、

66大己貴命、69少彦名命、50宇迦之魂命

町田天満宮　町田市原町田　137菅原道真公、50宇迦乃御魂命、65大山咋命

母智丘《もちお》神社　町田市原町田　22豊受姫大神、63大歳大神

八幡社　町田市矢部町　124応神天皇、（配祀）121神宮皇后

能ケ谷神社　町田市能ケ谷　38天照大御神、65大山咋命、38大日孁尊、33表筒男命、33中筒男命、33底筒男命

【西多摩】

阿伎留神社　あきる野市五日市　85大物主神、（相殿）92味耜高彦根命、49建夷鳥命、58天児屋根命

正一位岩走神社　あきる野市伊奈　122稚日女尊、（相殿）56手力男命、59棚機姫命

大戸里神社　あきる野市乙津　86天日鷲命、71天穂日命

高明神社　あきる野市乙津　1天之御中主尊、10伊弉諾尊、11伊弉冊尊

八幡神社　あきる野市乙津　124誉田別命

稲足神社　あきる野市菅生　7面足尊、8惶根尊

小宮神社　あきる野市草花　10伊邪那岐大神

三島神社　あきる野市戸倉　103大山祇命、66八千戈命、66大己貴命、69少名彦名命、50倉稲魂命

八雲神社　あきる野市野辺　42素盞嗚尊

二宮神社	あきる野市二宮	5国常立尊
秋川神明社	あきる野市牛沼	1天御中主命、5国底立命、38天照大神、2高皇産霊命、69少毘古那命、3神皇産命、100猿田毘古命、66大国主命、41保食姫命
神明社	福生市福生	38天照皇大神、10伊邪那岐命、11伊邪那美命、20彌津波能売神、22豊宇気比売神、65大山吭神、137菅原道真公
熊川神社	福生市熊川	66大国主命
阿蘇神社	羽村市羽加美	114健磐竜命・阿蘇都媛命・速瓶玉命・国竜神・比咩御子神・彦御子神・若比咩神・新彦神・新比咩神・若彦神・弥比咩神・金凝神
玉川神社	羽村市羽中	82建御名方命、103大山祇命
御嶽《みたけ》神社	青梅市新町	117日本武命、132押武金日命、101木花咲耶姫命
春日神社	青梅市野上町	72武甕槌神、84経津主命、58天児屋根神、46姫神
成木神社	青梅市成木	11伊弉冉尊、28速玉之男命、30事解之男命
千ケ瀬神社	青梅市千ケ瀬町	22豊宇気姫命、100猿田彦命、55大宮能売命、66大国主命、11伊邪那美命、42速須佐之男命、12火産霊命、(別殿)38天照大神、22豊受大神
白鬚神社	青梅市小曽木	100猿田彦命、(相殿)50宇賀魂命
八坂神社	青梅市小曽木	42須佐之男命

青渭神社	青梅市沢井	66大国主命
勝沼神社	青梅市勝沼	38天照大神、22豊受大神
住吉神社	青梅市青梅	33底筒之男命、33中筒之男命、33上筒之男命、121神功皇后
鹿島玉川神社	青梅市長渕	72建御雷之男神、66大名牟遅神、32伊豆能売神、105豊玉毘売神
元狭山神社	瑞穂町駒形富士山	109駒形神、61稲田姫命、42素盞鳴命、66大己貴命、105綿津見豊玉姫命、12訶遇槌命、35菊理媛命、10伊弉諾尊、11伊弉冉尊、101木花開耶姫命、50倉稲魂命、38天照大御神、92味鉏高彦根命、103大山祇命、128加古槌命、82建御名方神
狭山神社	瑞穂町箱根ヶ崎	10伊邪那岐尊、11伊邪那美尊、30泉津事解男命、108箱根大神、101木花咲耶姫命、103大山祇命、102巌永姫命
阿豆佐味天神社	瑞穂町殿ケ谷	69少彦名命、42素盞鳴命、66大己貴命
春日神社	日の出町平井	72武甕槌命、66大己貴命、58天児屋根命、84斎主命、（配祀）20水波能売神、29鳴雷神
八幡神社	日の出町平井	124誉田別命
三嶋神社	日の出町大久野	103大山祇大神、（合祀）82建御名方大神
白山神社	日の出町大久野	10伊弉諾之命、35菊理比売命、66大己貴命
幸神神社	日の出町大久野	100猿田毘古大神

熊野神社	奥多摩町小丹波	11伊邪那美乃命、28速玉乃男命、30事解乃男乃命
八雲神社	奥多摩町川井	42須佐嗚男命、96牛頭天王、61奇稲田姫之命
小河内神社	奥多摩町河内	27貴船大神、103大山祇神、38天照皇大神、132広国押武金日命、11伊弉那美命、12火産霊神、28速玉男命、30事解之男命、2高皇産霊神、36熊野三神、112加茂別雷神
天祖神社	奥多摩町日原	1天御中主大神、2高皇産霊大神、3神皇産霊大神、5国之常立命
春日神社	桧原村三四一七番地	58天児屋根命、84經津主神、72武甕槌神
九頭龍神社	桧原村	56天手力男命
大嶽神社	桧原村	66大国主命、69少彦名命、117日本武尊、132広国押武金日天皇、151源家康朝臣
伊勢社	桧原村	38大日孁貴命、66大己貴命、58天児屋根命、101木花開耶姫命、12訶遇突智命、134藤原鎌足

【島嶼】

吉谷《よしや》神社	大島町元町	103大山祇尊
大宮神社	大島町野増字大宮	38天照皇大神、81阿治古命
富賀《とが》神社	三宅村阿古	74事代主神、75伊古奈比咩命、76阿米津和気命
十三社《じゅうさんしゃ》神社	新島村本村	74事代主命と、事代主命を主神とする同族十二神、

(相殿)38天照皇大神、125八幡大神、113春日大神、151東照宮

物忌奈命《ものいみなのみこと》神社　神津島村　78物忌奈命

阿豆佐和気命《あずさわけのみこと》神社　利島村　77阿豆佐和気命、(配祀)77下上命

優婆夷《うばい》宝明神社　八丈島八丈町大賀郷　79優婆夷大神、80宝明神

大神山《おおかみやま》神社　小笠原村父島字東村　38天照大神、
(配祀)124誉田別尊、58天児屋根命、
(合祀)85大物主命、1天之御中主神

むすびにかえて

欧米諸国におけるキリスト教、インド、中国における仏教、儒教と同じように、神話・神道は日本の国柄を知るキーポイントである。歴史がすすむなかで、神への信仰は仏教伝来のきっかけをつくるなど、新しい文化を育む母体にもなった。

原始社会のなかで生産力が伸び、富が生まれるようになると、地域や階層に貧富の差が広がり、そのなかから有力者・族長、やがて、豪族が成長してきた。二世紀ころには単独で、あるいは連合して小国家を成立させている。北九州から西日本、近畿地方は、その小国家形成の発展地帯であった。

なかでも、畿内・奈良の桜井から橿原あたりで勢力をはっていた一豪族が周囲の豪族を征服し、また、同盟を結び、連合して立ち上げた大和国家は、天皇家を中心とした最大の地域国家であり、広大な屯倉《みやけ》（領地）と多くの奴隷を使い、膨大な富をかかえ、四、五世紀ころには支配権を日本全土へ伸ばす勢いであった。

しかし、反天皇家に回った豪族はいうまでもないが、独立独歩の豪族、大和国家の支配下に入った豪族のなかでさえ、天皇家の支配を正当化する信仰になじめず、別の宗教を求める傾向を強めてきた。

『日本書紀』の「欽明紀十三年十月」（近年の調査研究により五三八年＝欽明天皇七年）の条によると、

百済《くだら》の聖明王が侍臣を遣わし、釈迦仏の金銅像一柱と経論若干巻を同天皇に献上する。侍臣は仏を広く礼拝する功徳を述べ、「（前略）遠く天竺（インド）から三韓（新羅、百済、高句麗）にいたるまで、教えに従い、尊敬されています。それ故、百済王の臣明《やつかれめい》は、つつしんで侍臣の怒斯致契《ぬりしちけい》を遣わして、朝《みかど》に伝え、国中に流通させ、わが流れは東につたわらんと仏がのべられたことを果たそうと思うのです」と申した。天竺から三韓まで流布し、さらに東へ伝わろうとしている仏教の教えの普遍性を強調したのである。

聞き終わった天皇は、欣喜雀躍して、使者に詔して「自分は昔からこれまで、まだこのような妙法を聞かなかった（後略）」と、仏教の導入に積極的な姿勢を示していた。仏教が導入されるまでには、その採否をめぐっての抗争が豪族間で続発するなど、紆余曲折があったものの、『日本書紀』の「推古紀の二年春二月一日」（五九四年）の条に「皇太子と大臣（蘇我馬子）に詔して、仏教の興隆を図られた。このとき、多くの臣・連たちは、君や親の恩に報いるため、きそって仏舎を造った。これを寺という」とあるように、仏教を信仰するように仰せられ、寺がつぎつぎに造営された。

推古紀十二年に聖徳太子がつくった『十七条憲法』は仏教の採用を宣言している。第二条は「篤く三宝を敬へ。三宝とは仏・法・僧なり。則ち四生《ししょう》（四度の生死）の終帰《おわりのよりどころ》、万の国の極宗《きわめのむね》なり。何の世、何の人か、是の法を貴びずあらむ。人、尤《はなはだ》悪しきもの鮮《すくな》し。能く教ふるをもて従ふ。其れ三宝に帰《よ》りまつらずば、何を以てか枉《まが》れるを直さむ」と。

神から仏への転換は、聖武天皇の天平十三年（七四一年）三月二十四日の国分僧寺・尼寺建立の詔勅へと具体化される。大化の改新によって律令制国家が成立して以後、支配者の間では仏教を信仰することによって、政界の動揺による不安を克服しようとする思想が広がり、ことに国家の鎮護を説く金光明経《こんこうめいきょう》が尊重され、全国六十八カ国に金光明護国の寺（国分寺）と法華滅罪の寺（国分尼寺）をそれぞれ一対ずつ建立することを命じたのであった。

天平勝宝四年（七五二）に金銅の盧舎那《るしゃな》（光明遍照）大仏が出来上がって、四月にこの大仏の開眼供養が行われた。この大仏を本尊とする東大寺は、律令制国家が全力を傾けて造り上げた大規模な寺で、この大伽藍に聖武天皇・孝謙天皇が百官を率いて開催した「大仏開眼」こそは、神から仏への転換の完成を告げる行事であった。

しかし、天皇が仏教の興隆に力を入れたからといって、従来の血縁的な神道をおろそかにしたわけではない。推古天皇は推古紀十五年二月一日、日本の神々を祭ることを怠ってはならない、との詔勅を出している。「古来、わが皇祖の天皇たちが、世を治めたもうのに、つつしんで厚く神祇《かみ》を敬まわれ、山川の神々を祭り、神々の心を天地に通わせられた。これにより陰陽相和し、神々のみわざも順調に行われた。今、わが世においても、神祇の祭祀を怠ることがあってはならぬ。群臣は心を尽くして、よくを拝するように」と。

律令制国家成立以降、日本の宗教は、こうして神と仏の二本の道として歩むことになった。

とはいっても、神道と仏教が常時、並列していたわけではない。王権単一の時代は神仏の信仰が分離していたが、天皇と幕府との国家権力二重時代になると、神仏の信仰が融合する神仏習合の風習が生まれ、鎌倉、室町、江戸時代へと長く続いた。

具体的には、王権単一の律令制古代国家が斜陽化し始めた八世紀ころから、全国に普及した仏教と神々の信仰との間に融合の動きが現れてきて、独特な信仰の複合体が築かれた。仏教に厚い信仰を寄せていた地方豪族層も朝廷に傾いてきた。神を仏菩薩と関連づける崇神崇仏の思想に基づき、神と仏を同じ境内に祭る神宮寺・寺院鎮守がつくられ、神前で読経するようなことまで行われた。

こうした神仏同体説は本地垂迹説《ほんじすいじゃく》と呼ばれた。神仏同体説は朝廷・幕府（豪族・武士層）が権力的に分離していても、神道の朝廷が仏教優勢の幕府との一体化を狙った政策でもあった。

徳川幕藩体制解体後、統治権は将軍から天皇に移った。明治新政府は王政復古をとなえ、こんどは一転して神仏分離令を発し、神道を祭政一致の基調とする方針を打ち出した。このことから神社と寺院との争いや寺院・仏具・経文などを破壊する廃仏毀釈の嵐が全国にひろがった。

その後、神道は「日本が皇国であって、万世一系の神・天皇が統治する国である」とする皇国史観の支柱となった。戦後は信教の自由の原則から国家から分離された。

神社は神話の神々をはじめ天皇、武将、学者、歌人、将軍、軍人など祭神も多彩で、歴史を銀河のように映している。

目を現代に移してみると、日本はいま激動期にある。大きな曲がり角の時代は国民が歴史家になるといわれる。来し方を踏まえ行く手を予見しようとするからであろう。

神社を訪ね、歴史に思いを巡らす人々も多いのではなかろうか。

補遺

◆浅間大神（アサマノオオカミ）

全国各地の浅間《せんげん》神社の祭神。富士山南麓の富士宮市にある浅間大社が総本宮である。創建は日本武尊とされている。日本武尊が東征のさい、賊徒に野火を放たれたが、富士の神に祈って窮地を脱することができたとして富士の神を祭ったのが起こり。

「アサマ」は古称。噴火する浅間山の連想から古くは「噴火山」を「アサマ」を呼んでいた。富士もアサマであり、富士の神は浅間の神であった。中世以降は「センゲン」と読むようになった。

のち、浅間大神は木花之佐久夜毘売《コノハナノサクヤビメ》と同一視されるようになった。同女神は懐妊のさい、貞節を疑われたため産屋を建て、周囲に火を放ち、燃え盛る炎のなかで皇子を無事出産した。この故事にちなみ、安産や防火の神として信仰を集めている。

（関連項目117）

◆足名椎（または脚摩乳＝アシナヅチ）

脚摩槌命《アシナツチノミコト》とも表記する。

妻は手名椎《テナヅチ》。二神とも出雲国の国つ神・大山津《オオヤマツ》見神《ミノカミ》（大山祇神）の子。出雲の肥《ひ》の河の川上に住んでいた。

八人の娘がいたが、毎年、八俣大蛇《やまたのおろち》がやって来て、娘を食ってしまい、須佐之男命が二神のもとにやって来たときには最後にのこった末娘・櫛名田比売を食いに来る寸前だった。

二神は須佐之男命が大蛇を退治する代わりに娘を妻として差し上げることを承知して、大蛇退治の準備を行った。

須佐之男命が首尾よく大蛇を退治し、櫛名田比売を妻に迎え、出雲国の須賀に宮殿を建てると、足名椎を呼んで、宮の首長に任じ、稲田宮主須賀《イナダノミヤヌシスガ》之八耳神《ノヤツミミノカミ》の名を与えた。（関連項目61、103）

◆**天知迦流美豆比売**（アマチカルミツヒメ）

大年神の妻。大年神の間につぎの十神の子を産んだ。

奥津日子神《オキツヒコノカミ》、奥津比売命《オキツヒメノミコト》、大山咋神《オオヤマクイノカミ》（または鳴鏑神《ナリカブラノカミ》）、庭津日神《ニワツヒノカミ》、阿須波神《アスハノカミ》、波比岐神《キイハノカミ》、香山《カグヤマ》戸臣神《トミノカミ》、羽山戸神《ハヤマトノカミ》、庭高津日神《ニワタカツヒノカミ》、大土神《オオツチノカミ》。

かまどや屋敷、庭、農地など農民生活に関係の深い神々である。（関連項目15、63、64）

◆**大気都比売神**（オオゲツヒメノカミ）

伊邪那岐命、伊邪那美命の子。大年神の子である羽山戸神《ハヤマトノカミ》の妻。

天の世界から下界へ追われた須佐之男命がまず食事を求めた女神。ところが、須佐之男命は、厨房をのぞいてみたところ、不潔だったため「汚いものを食べさせるのか」と怒って、大気都比売神を斬り殺してしまう。

大気都比売神の名が『古事記』に最初に出てくるのは、「島々の生成」で阿波の国の名前として「大宜都比売《オオゲツヒメ》」の表記で表れる。穀物、粟の神・大気都比売神がまつられていたところから、阿波の地名となったともいわれている。（関連項目42、64）

◆**大田命**（オオタノミコト）

猿田彦命の子孫、あるいは猿田彦命の別名とする説もある。倭姫命が天照大御神を祭るのにふさわしい地を求めて諸国を巡っていたいたとき、倭姫命を先導して、伊勢・五十鈴川上流一帯を献上した。この献上された地域の地主神。

大田命の子孫は宇治土公《うじのつちぎみ》（現在の読みはうじとこ）

と称し、伊勢神宮の玉串大内人（神前に榊などを捧げることを司った神職）に任じられた。（関連項目116）

◆大毘古命（オオビコノミコト）

第十代崇神天皇は平定のため将軍を各地に派遣するが、『古事記』によると、高志《こし》（越）の国に下った将軍が大毘古命であった。ほかに「東方の十二道」に大毘古命の子の建沼河別命《タケヌナカワワケノミコト》、丹波国に日子坐王《ヒコイマスノミコ》を遣わした。『日本書記』では大彦命（大毘古命）など四人を北陸や東海、西道などへ差し向け、「四道将軍」と呼ばれている。

大毘古命と軍勢は途中の山城国（京都府南部）で天皇に謀反を企む一派と戦い、平定して進軍した。日本海沿いを北上、越の国から磐梯あたりへ前進、偵察をつづけていると、子の建沼河別命の軍にばったり行き合った。これに由来して会津と名付けられたという。猪苗代湖の西に鎮座する伊佐須美神社（会津美里町）は、社殿によると大毘古命と建沼河別命の父子が伊邪那岐神、伊邪那美神の二神を祭ったとされている。

大毘古命は第八代孝元天皇の長男、第九代開化天皇の実兄にあたる皇族。（関連項目115、116）

◆奥津日子神（オキツヒコノカミ）・奥津比売命（オキツヒメノミコト）

竈《かまど》の神で、二柱で一神としている。

最近の家庭のキッチンは電化され、ガスが使われているので、カマドといっても分からない人が多いと思われるが、昔は台所に神棚をつくったり、お札を貼ったりした。

「奥津」の名はカマドの下の燃え残りを「オキ」または「オキ火」ということから生まれたといわれている。

奥津比売命の別名を大戸比売命《オオヘヒメノカミ》ともいうが、大戸の戸はカマのヘッツイという「へ」からきているようだ。

親の大年神は稲の実りの神、子は竈の神であるから、庶民の食べ物、煮炊きを守る親子神である。（関連項目15）

◆思金神（オモイカネノカミ）

高御産巣日神《タカミムスヒノカミ》の子。「岩戸隠れ」のさいには天照大御神を誘い出す工夫について八百万の神々から相談を持ち掛けられ、また、天照大御神が地上の統治にとりかかろうとした「国譲り」の場面では、天照大御神から使者選びの相談を受けるなど知恵者として登場する。

「岩戸隠れ」では天照大御神をかたどった鏡を作って招き出そうと提案し、大御神相似の鏡が作られた。

天孫降臨のさいには邇邇芸命に随伴して、高千穂の峰に降った。（関連項目55、97）

◆賀茂建角身命（カモタケツヌノミコト）

鴨建角身命とも表記する。山城（京都）地方の大豪族・賀茂県主の始祖といわれる。

神武天皇東征のさい、『古事記』では高木神、『日本書紀』では天照大御神が遣わした八咫烏《やたがらす》が神武天皇の先導役をつとめた。『新撰姓氏録《しんせんしょうじろく》』は八咫烏が賀茂建角身命の変身した霊鳥だといっている。賀茂建角身命は命を受けて日向に天降り、大和へ至り、八咫烏に化身して、天皇の先導役をつとめたあと、大和から山城の賀茂に移ったというのである。賀茂建角身命には玉依比古命《タケタマヨリヒコノミコト》と玉依比売命《タケタマヨリヒメノミコト》の二神の子がいる。玉依比古命はのちに賀茂県主となる。

玉依比売命は賀茂別雷神《カモワケイカヅチノカミ》を生んだ。雷を別《わ》けるほどの強力の神という意味である。葵祭りで名高い上賀茂神社（賀茂別雷神社）には賀茂別雷神が祭られ、下賀茂神社には賀茂建角身命と玉依比売命が祭られている。（関連項目112）

◆気比大神（ケヒノオオカミ）

またの名を伊奢沙和気大神（イザサワケノオオカミ）、去来紗別神（イザサワケノカミ）という。

越前・敦賀（福井県敦賀市）土着の神であるところから「角鹿《つぬが》の笥飯大神《ケヒノオオカミ》」とも呼ばれる。のちに表記が「気比大神」に変化したようだ。

いわれは明らかではないが、航海、漁業の産土神として、古くから同市の気比神宮に祭られ、北陸地方の人々の信仰を集めている。『記紀』に登場するのは、建内宿禰が神功皇后の子（のちの応神天皇）を連れて、禊《みそぎ》をするため越前・敦賀を訪ねたときだが、この敦賀の旅には不明の部分が多い。

伊奢沙和気大神が建内宿禰の夢に現れ、「私と御子の名を交換したい」と告げられ、交換するのだが、『記紀』では交換された結果、お互いの名がどうなったかについての記述はない。

また、禊をするための旅だが、禊をしなければならない理由も分からない。（関連項目123）

◆須勢理毘売（スセリビメ）

須佐之男命の娘で、大国主命の正妻。

大名牟遅神（大国主命）が八十神《やそがみ》に追われ、須佐之男命がいる根《ね》の堅州国《かたすくに》（一説によると出雲国の入り口にある国）にやってくると、須勢理毘売と出会い、ひと目で恋に落ち、夫婦の契りを交わした。娘から大名牟遅神を紹介された父・須佐之男命は娘の婿にふさわしいかどうか、大名牟遅神にヘビやハチ、ムカデの部屋に寝かせるなど幾多の難題を与えていく。

須勢理毘売は機転をきかせ、呪具の比礼（振ると魔力を発揮する細い布）を大名牟遅神に与えるなど、彼女からの支援をうけ危機を乗り越えていく。

大名牟遅神は須佐之男命の生太刀《いくたち》（持つ人を長生きさせる徳があるという太刀）や生弓矢を抱え、大国主命の名をもらって、無事脱出した。

八十神に追われていた原因は、因幡の八上比売《ヤガミヒメ》をめぐる兄弟たちとの三角関係のもつれからだが、大国主命は生太刀と生弓矢で八十神を追い払い、須勢理毘売を妻に迎えるのである。（関連項目66）

◆玉祖命（タマノオヤノミコト）

岩戸隠れのさいに三種の神器の一つ、八尺瓊《やさかにの》勾玉《まがたま》をつくった神。玉造部の祖神。天孫降臨のときには五伴緒神《いつとものおのかみ》の一神として随伴した。

レンズのことを「玉」というところから、眼鏡・カメラ関係の業者に信仰されている。（関連項目55、97）

◆豊鍬入姫命（トヨスキヒメノミコト）

垂仁天皇の妹。天照大御神の初代斎宮《いつきのみや》（伊勢神宮に奉仕する未婚の皇女）。

崇神天皇の御代、疫病が流行し、農民が蜂起するなど国内情勢が混乱したことがあった。天皇はその原因について天照大御神の神霊を土地神である倭大国魂《ヤマトオオクニタマ》を宮中に合祀したことにあると考えた。そこで、天皇は大御神の神霊を宮中から倭の笠縫邑《かさぬいむら》（奈良県桜井市）へ移し祭ったが、大御神の神霊を託したのが斎宮の豊鍬入姫命であった。

その後、豊鍬入姫命は祭祀ができなくなり、垂仁天皇の御代、同天皇の娘・倭姫命《ヤマトヒメノミコト》に託した。（関連項目116）

◆長髄彦（ナガスネヒコ、または登美能那賀須泥毘古＝トミノナガスネヒコ）

東征する神倭伊波礼毘古命《カムヤマトイワレビコノミコト》（のちの神武天皇）が

河内の白肩津《しらかたのつ》に船を泊めたとき、待ち受けて軍を起こし、東征に抵抗した土着の豪族の長。この戦いで神倭伊波礼毘古命の兄の五瀬命は矢に当たって負傷した。

『日本書紀』によると、天磐船《あまのいわふね》に乗って天降ってきた饒速日命《ニギハヤヒノミコト》は長髄彦の妹を娶り、長髄彦は饒速日命を君として仕えていた。

伊波礼毘古命を天つ国の神ではないと思った長髄彦は「なぜ天つ国の神と称して、人の土地を奪おうとするのか」と抗議したのが戦闘の始まりだった。伊波礼毘古命と饒速日命は天つ国の神の証しとなる弓とその入れ物をともの提示した。しかし、長髄彦が戦いを止めないため、饒速日命は長髄彦を殺し、伊波礼毘古命に帰順したという。（関連項目107、111）

◆邇藝速日命（ニギハヤヒノミコト）

『古事記』では邇藝速日命、『日本書紀』では饒速日命と表記している。別名は櫛玉命《クシタマノミコト》という。

『古事記』では神武天皇の東征のさい、大和地方の豪族である那賀須泥毘古《ナガスネヒコ》（長髄彦）が奉じる神として登場する。大和平定後の神武天皇に仕え、天皇に抵抗していた那賀須泥毘古の妹の登美夜毘売《トミヤビメ》を妻としていた。

登美夜毘売との間に宇摩志麻遅命《ウマシマジノミコト》をもうけた。宇摩志麻遅命は物部連の祖といわれている。

『日本書紀』によると、神武東征に先立ち、天照大御神から十種の神宝を授かり、天磐船に乗って、河内国に天降り、その後、大和国へ移ったとされている。

一説によると、邇藝速日命は天忍穂耳命《アメノオシホミミノミコト》の子で、邇邇芸命《ニニギノミコト》の兄である天火明命《アメノホアカリノミコト》と同一神といわれている。弟の邇邇芸命より早世したため、邇邇芸命

が降臨したともいわれている。（関連項目97、111）

◆比売多多良伊須気余理比売（ヒメタタライスケヨリヒメ）

別名を富登多多良伊須岐比売《ホトタタライススキヒメ》という。神武天皇の皇后である。

神武天皇は東征以前の日向ですでに日向国吾田《ひむかのくにあたの》邑《むら》の吾平津媛《アヒラツヒメ》と結婚し、子供もいたが、東征後、娶ったのが大和の娘・比売多多良伊須気余理比売である。

神武天皇と比売多多良伊須気余理比売との間には三人の子がいる。上から日子八井命《ヒコヤイノミコト》、神八井《カムヤイ》耳命《ミミノミコト》、神沼河耳命《カムヌナカワミミノミコト》（のちの綏靖天皇）である。比売多多良伊須気余理比売は大物主神と勢夜陀多《セヤダタ》良比売《ラヒメ》の間に生まれた子である。

勢夜陀多良比売にひと目惚れした大物主神が朱塗りの矢に姿を変え、用を足している彼女の陰部を突く、あのロマンスの子である。ホト（陰部）を突かれて、びっくりして生まれた子ということから「富登多多良伊須岐比売」と名付けられたが、後に「ホト」を嫌って「比売多多良伊須気余理比売」に改名した。（関連項目85、111）

◆水蛭子（ヒルコ）

『古事記』では水蛭子、『日本書紀』では蛭児と表記しているが、「蛭」は記紀共通している。環形動物のヒルに似た手足のない生き物のイメージである。男か女かの議論もある。天照大御神の別名の大日孁貴《オオヒルメムチ》などにみられる「ヒルメ」が多くの女神に使われ、「日女」と書かれることが多いところから、それに対しヒルコ「日子」は男であると推定できるとしている。

未熟児ということではなく、「葦舟に乗せて流された」という点で水蛭子は、たとえば『旧約聖書』

に登場するモーゼを思わせる。モーゼも出生してまもなくパピルス（草の一種）の茎で編んだ篭に入れられてナイル川に流されたといわれ、親元を離れて成長したと伝えられている。

水蛭子は海の向こうから福を持ってくる神によみがえって、西宮市の西宮神社はじめ全国各地の神社で祭られ、「夷《エビス》」「夷三郎」「恵比寿」と呼ばれて信仰をあつめている。（関連項目10、93）

◆布刀玉命（フトダマノミコト）

天の岩戸から天照大御神を招き出すため、天児《アメノコ》屋根命《ヤネノミコト》とともに鏡を差し出すなどして成功する。

古代朝廷の祭祀に奉仕する氏族の一つ、忌部氏《いんべうじ》の祖先神になった。平安時代には名を斎部氏《いんべうじ》に改めたが、中臣氏《なかとみうじ》とともに朝廷の祭祀を司り、祭具づくりから宮殿の造営までを担った。（関連項目55、97）

◆御年神（ミトシノカミ）

大年神《オオトシノカミ》（須佐之男命の子）と香用比売《カヨヒメ》の間に生まれた子。お正月の神様という意味の表記で、新年に高い山から家々に降りてきて、その年の豊年満作を約束し、家内の安泰・繁栄を見守るといわれている。（関連項目54）

◆八上比売（ヤカミヒメ）

大名牟遅神《オオナムチノカミ》（大国主命）の最初の妻。因幡国《いなばのくに》八上郡の豪族の娘で巫女だったとも伝えられている。

大名牟遅神がその多くの兄弟神とこの娘を争った末、結婚したため、大名牟遅神が兄弟神たちに追われる話で知られている。

その後、大名牟遅神の住まい近くまで訪ねて行った八上比売は、須勢理毘売《スセリビメ》と結婚していることを知った。須勢理毘売の嫉妬を恐れた八上比売は、大名牟遅神との間に産まれた子を木のマタに刺し挟んだまま帰ってしまった。

　その子は死んだとみられるが、かわいそうな木俣神の話として伝えられている。子どもの性別は不詳だが、神社の社伝などによると、大名牟遅神の長男とされている。（関連項目66）

◆綿津見神（ワタツミノカミ）

「海幸彦・山幸彦」物語に登場する海の神である。兄の釣り針をなくして困っている火遠理命《ホデリノミコト》（海幸彦）が塩土老翁《シオツチノオジ》の助言に従い、竹籠の小舟に乗って訪ねる先が綿津見神の宮殿である。

　『古事記』では綿津見神、綿津見大神と表記し、『日本書紀』では海神《ワタノカミ》、少童命《ワタツミノミコト》と書いている。日本の神話では伊邪那岐神、伊邪那美神の二神が神々を生む段で生まれた大綿津見神が、最初の海の神である。

　二番目に海の神が登場するのは黄泉国から帰った伊邪那岐神が禊をする段である。底津綿津見神、中津綿津見神、上津綿津見神の三神が生まれ、総称して綿津見神と呼んでいる。このとき、底筒之男命、中筒之男命、表筒之男命の住吉三神も一緒に生まれている。

　三番目の「綿津見神の宮殿」は浦島太郎の童話を連想させる。（関連項目33、105）

足立区

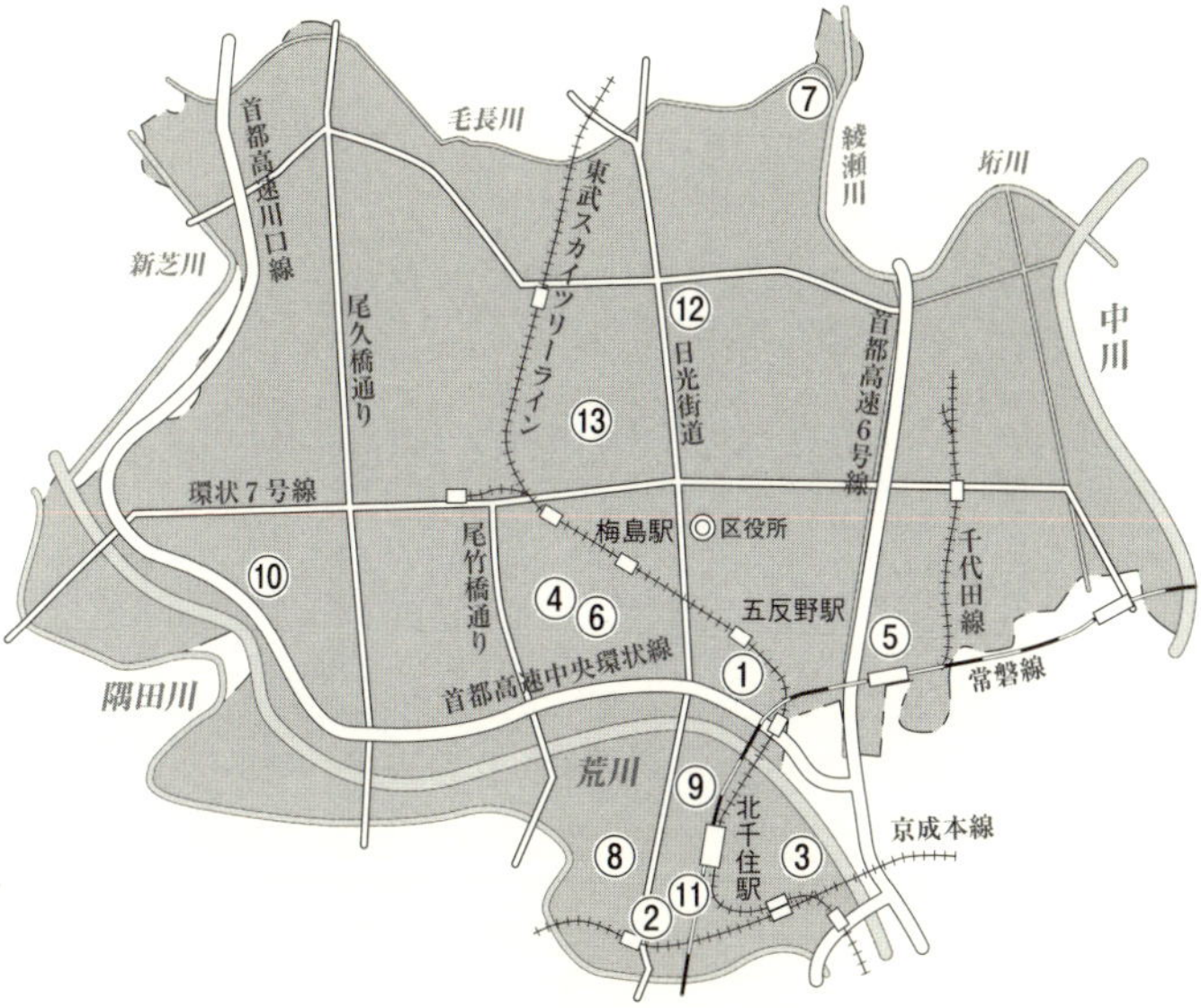

1	稲荷神社	足立 3-28-13（177 頁）
2	稲荷神社	千住河原町 10-13（177 頁）
3	稲荷神社	柳原 2-38-1（177 頁）
4	稲荷神社	梅田 5-9-5（177 頁）
5	稲荷神社	綾瀬 4-9-9（177 頁）
6	梅田神明宮	梅田 6-19-4（177 頁）
7	大鷲神社	花畑 7-16-8（177 頁）
8	千住神社	千住宮元町 24-1（177 頁）
9	千住本氷川神社	千住 3-22（177 頁）
10	氷川神社	江北 2-43-8（177 頁）
11	氷川神社	千住仲町 48-2（177 頁）
12	氷川神社	西保木間 1-11-4（177 頁）
13	鷲神社	島根 4-25-1（177 頁）

荒川区

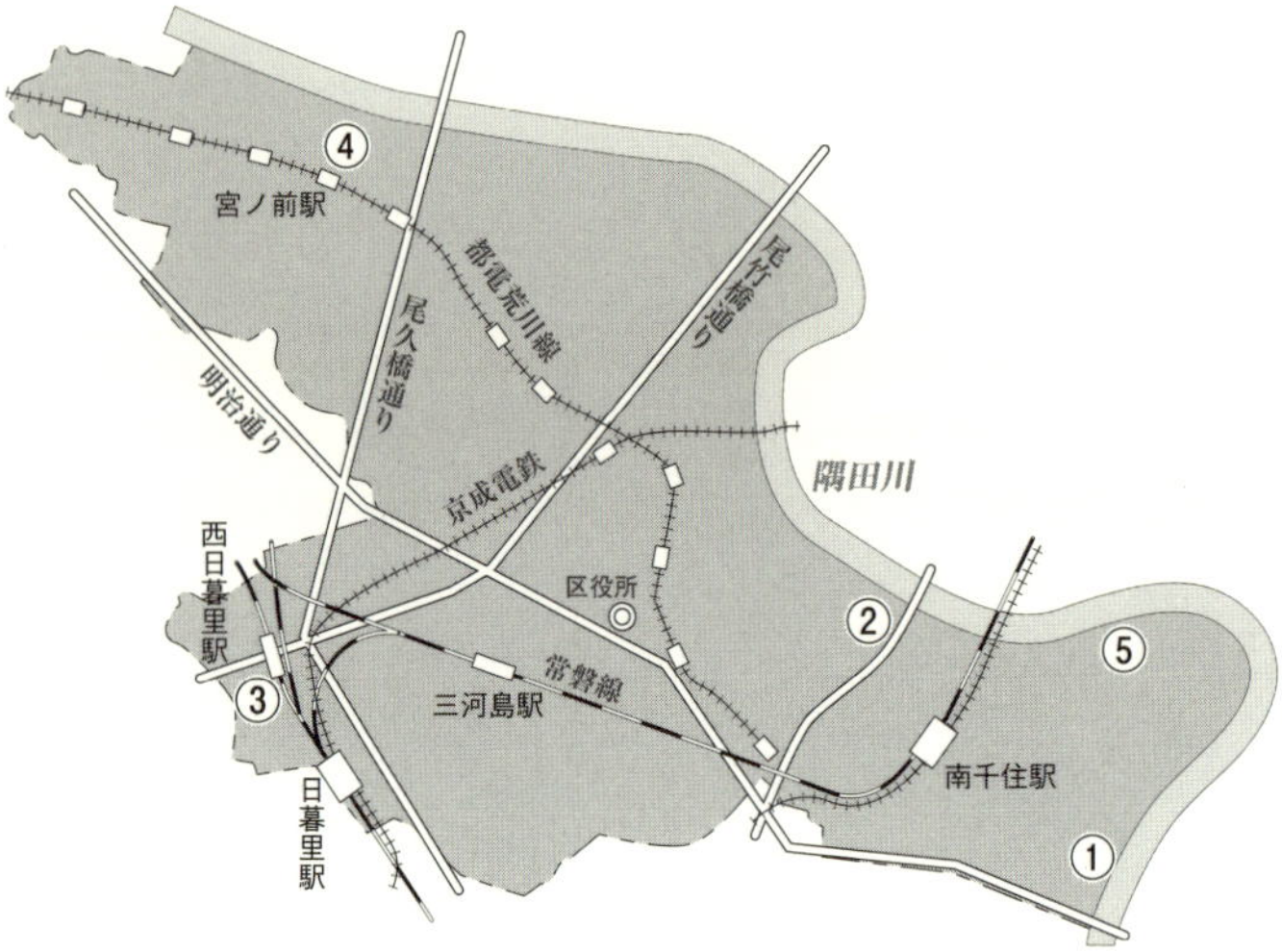

1　石濱神社　　　　南千住 3-38-1（177 頁）
2　素盞雄神社　　　南千住 6-60-1（178 頁）
3　諏方神社　　　　西日暮里 3-4-8（178 頁）
4　八幡神社　　　　西尾久 3-7-3（178 頁）
5　胡録神社　　　　南千住 8-5-6（178 頁）

板橋区

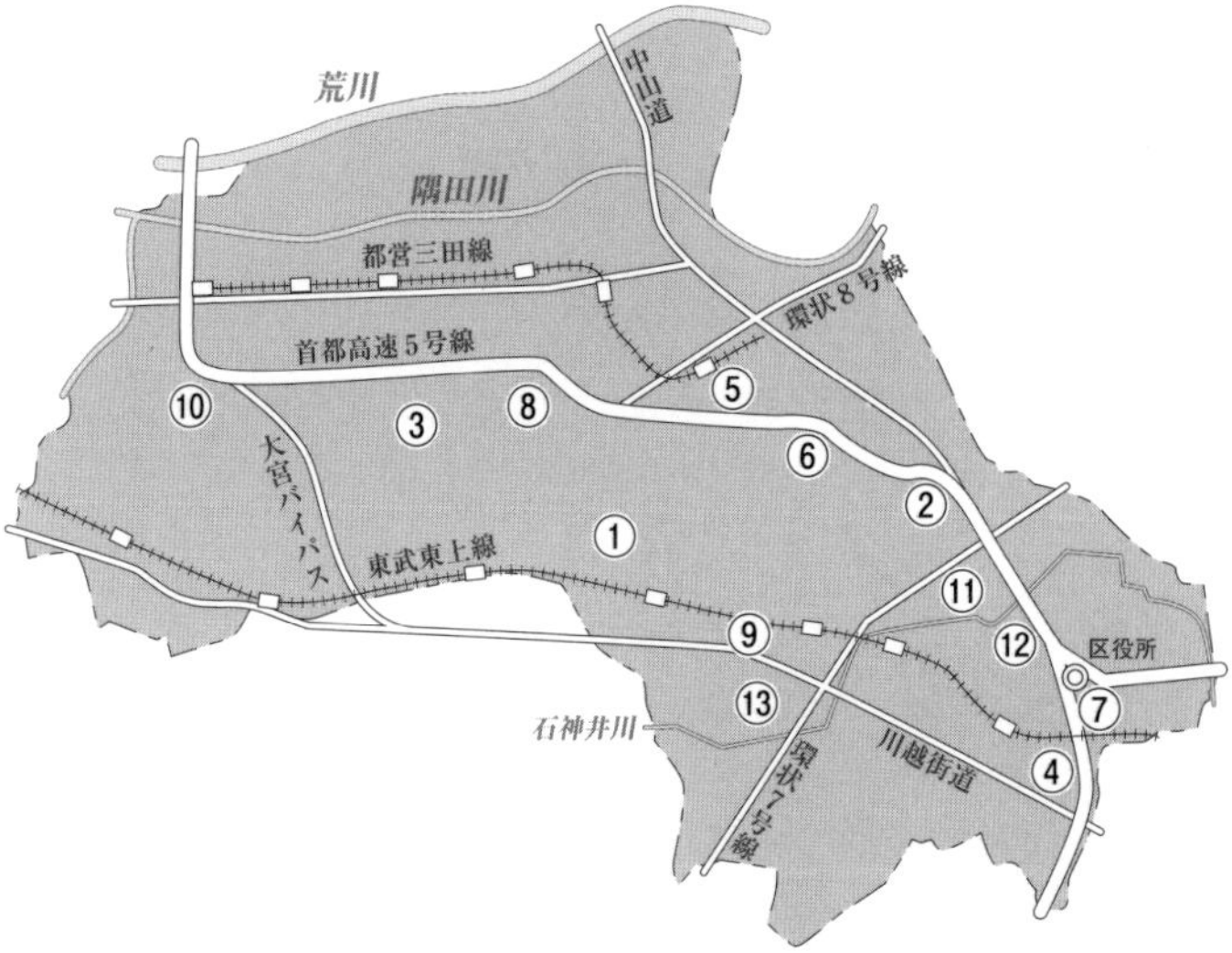

1	稲荷神社	若木 1-13-1（178 頁）
2	稲荷神社	宮本町 54-1（178 頁）
3	北野神社	徳丸 6-34-3（178 頁）
4	熊野神社	熊野町 11-2（178 頁）
5	熊野神社	志村 2-16-2（178 頁）
6	熊野神社	前野町 3-38-3（178 頁）
7	子易神社	板橋 2-19-20（178 頁）
8	天祖神社	西台 2-6-29（178 頁）
9	天祖神社	西台 2-6-29（178 頁）
10	氷川神社	赤塚 4-22-1（178 頁）
11	氷川神社	双葉町 43-1（178 頁）
12	氷川神社	氷川神社 21-8（178 頁）
13	氷川神社	東新町 2-16-1（178 頁）

江戸川区

1　稲荷神社
　北葛西 4-24-16（179 頁）
2　小岩神社
　東小岩 6-15-15（179 頁）
3　香取神社
　中央 4-5-23（179 頁）
4　香取神社
　東葛西 2-34-20（179 頁）

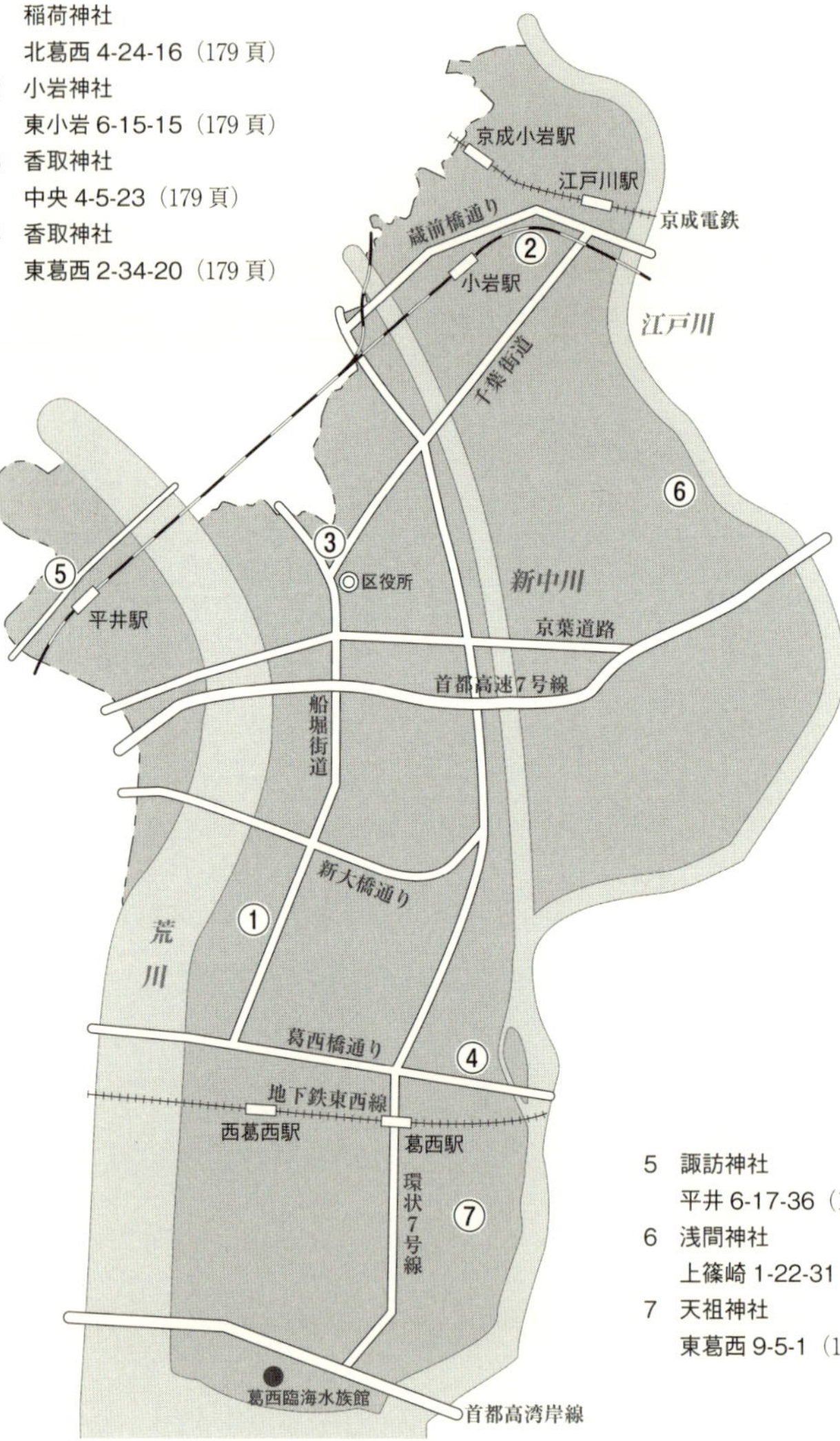

5　諏訪神社
　平井 6-17-36（179 頁）
6　浅間神社
　上篠崎 1-22-31（179 頁）
7　天祖神社
　東葛西 9-5-1（179 頁）

大田区

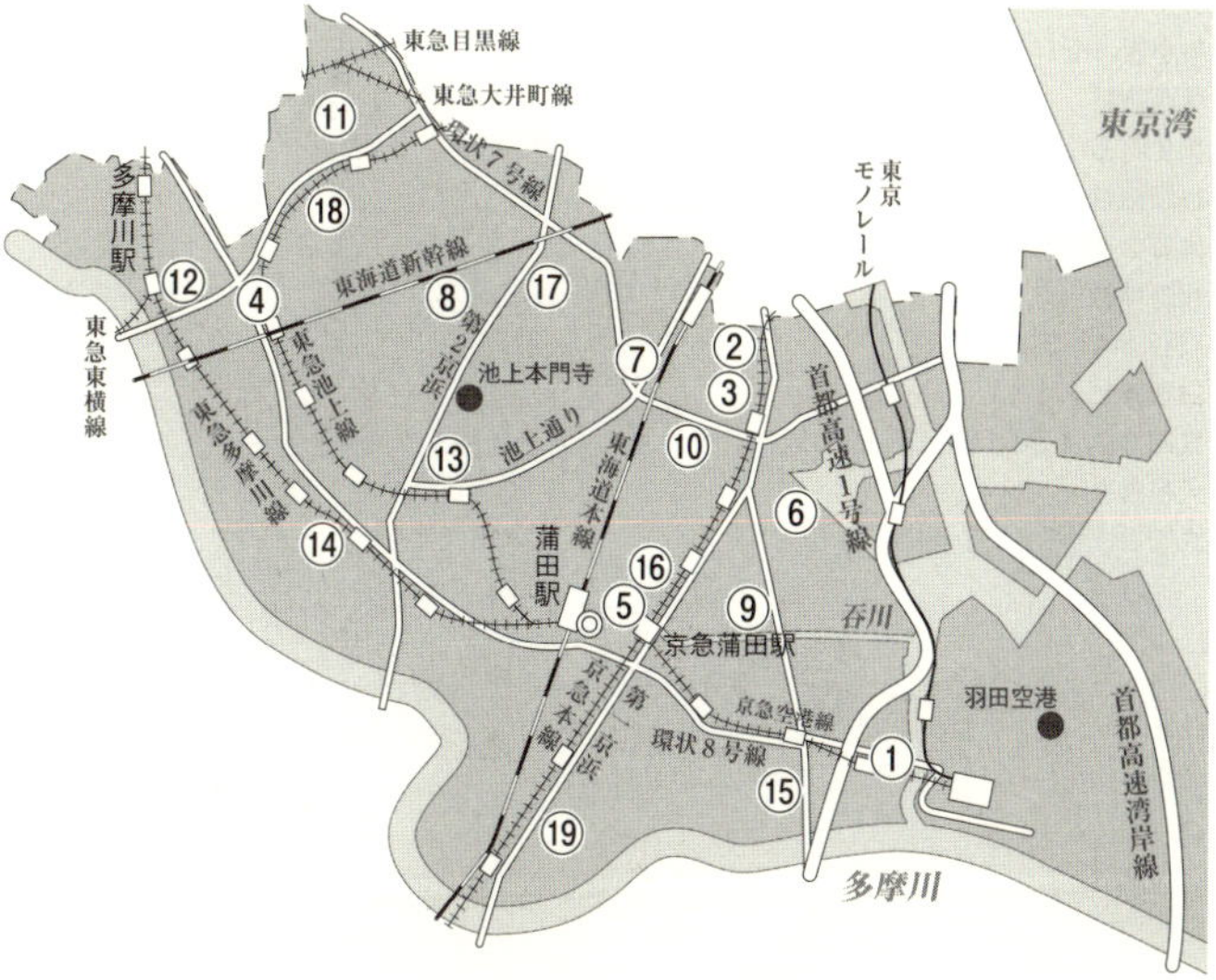

1	穴守稲荷神社	羽田 5-2-7（179 頁）
2	磐井神社	大森北 2-20-8（179 頁）
3	大森神社	大森北 6-32-12（179 頁）
4	御嶽神社	北嶺町 37-20（179 頁）
5	蒲田八幡神社	蒲田 4-18-18（179 頁）
6	貴船神社	大森東 3-9-19（180 頁）
7	熊野神社	山王 3-43-11（180 頁）
8	子安八幡神社	仲池上 1-14-22（180 頁）
9	子安八幡神社	北糀谷 1-22-10（180 頁）
10	浅間神社	大森西 2-2-7（180 頁）
11	千束八幡神社	南千束 2-23-10（180 頁）
12	多摩川浅間神社	田園調布 1-55-12（180 頁）
13	徳持神社	池上 3-38-17（180 頁）
14	新田神社	矢口 1-21-23（180 頁）
15	羽田神社	本羽田 3-9-12（180 頁）
16	薭田神社	蒲田 3-2-19（180 頁）
17	馬込八幡神社	南馬込 5-2-11（180 頁）
18	雪ヶ谷八幡神社	東雪谷 2-25-1（180 頁）
19	六郷神社	東六郷 3-10-18（180 頁）

葛飾区

1　於玉稲荷神社
新小岩 4-21-6（180 頁）
2　葛西神社
東金町 6-10-5（180 頁）
3　香取神社
亀有 3-42-24（181 頁）
4　熊野神社
立石 8-44-31（181 頁）
5　白鬚神社
東四つ木 4-36-18（181 頁）
6　天祖神社
堀切 3-11-2（181 頁）

7　天祖神社
東新小岩 8-6-20（181 頁）
8　半田稲荷神社
東金町 4-28-22（181 頁）
9　日吉神社
新宿 2-1-17（181 頁）
10　氷川神社
堀切 5-38-10（181 頁）
11　天祖神社
高砂 2-13-13（181 頁）

北区

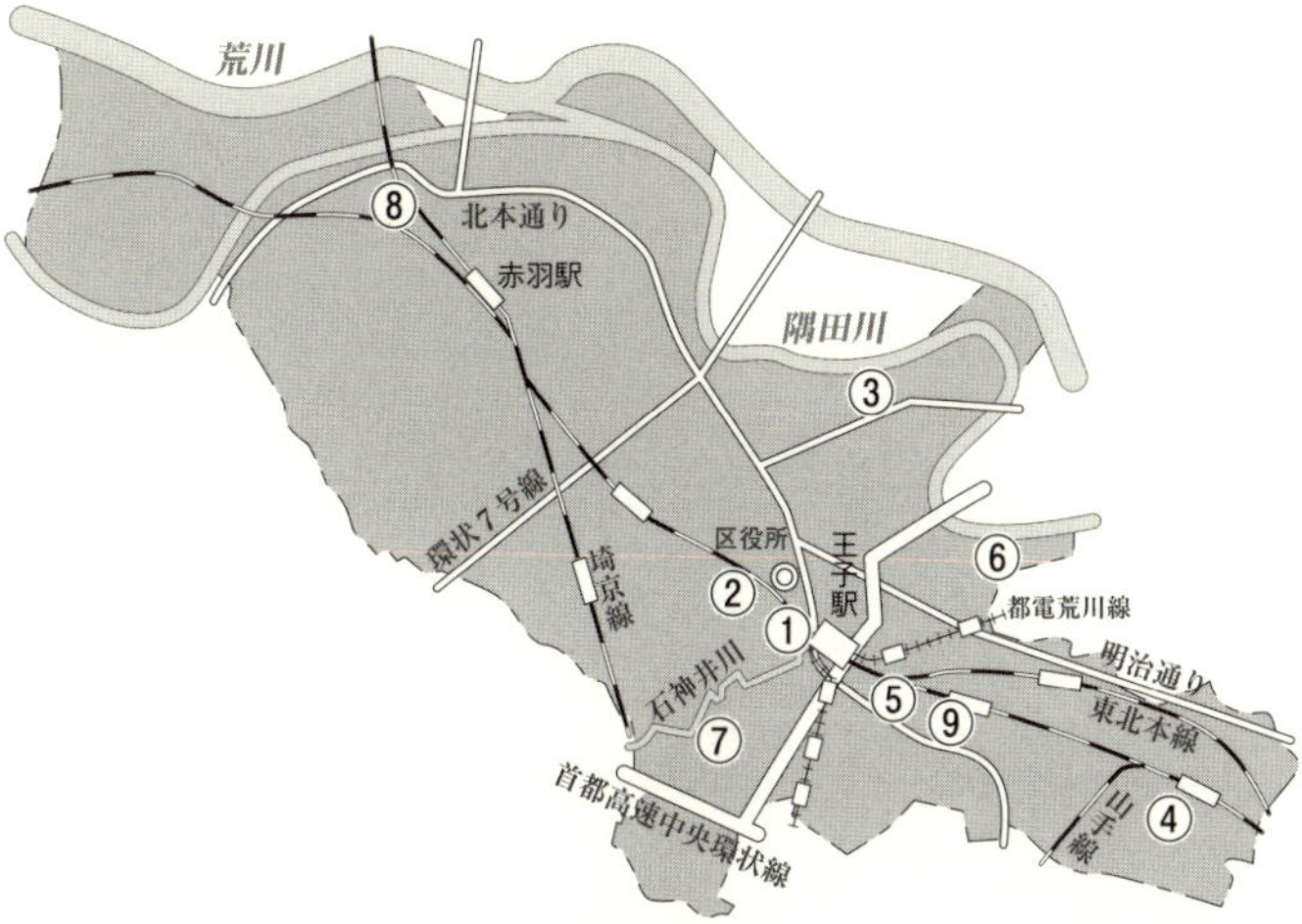

1	王子神社	王子本町 1-1-12（181 頁）
2	王子稲荷神社	岸町 1-12-26（181 頁）
3	紀州神社	豊島 7-15-5（181 頁）
4	田端八幡神社	田端 2-7-2（181 頁）
5	七社神社	西ケ原 2-11-1（181 頁）
6	白山神社	船堀 3-11-3（182 頁）
7	八幡神社	滝野川 5-26-15（182 頁）
8	八幡神社	赤羽台 4-1-6（182 頁）
9	平塚神社	上中里 1-47-1（182 頁）

江東区

1　愛宕神社　大島 2-15-4（182 頁）
2　宇迦八幡宮　千田 12-8（182 頁）
3　大島稲荷神社　大島 5-39-26（182 頁）
4　香取神社　亀戸 3-57-22（182 頁）
5　亀戸天神社　亀戸 3-6-1（182 頁）
6　猿江神社　猿江 2-2-17（182 頁）
7　志演神社　北砂 2-1-37（182 頁）

8　洲崎神社　木場 6-13-13（182 頁）
9　浅間神社　亀戸 9-15-7（182 頁）
10　天祖神社　亀戸 3-38-35（182 頁）
11　富岡八幡宮　富岡 1-20-3（182 頁）
12　富賀岡八幡宮　南砂 7-14-18（183 頁）
13　東大島神社　大島 7-24-1（183 頁）
14　深川神明宮　森下 1-3-17（183 頁）
15　正木稲荷神社　常磐 1-1-2（183 頁）

品川区

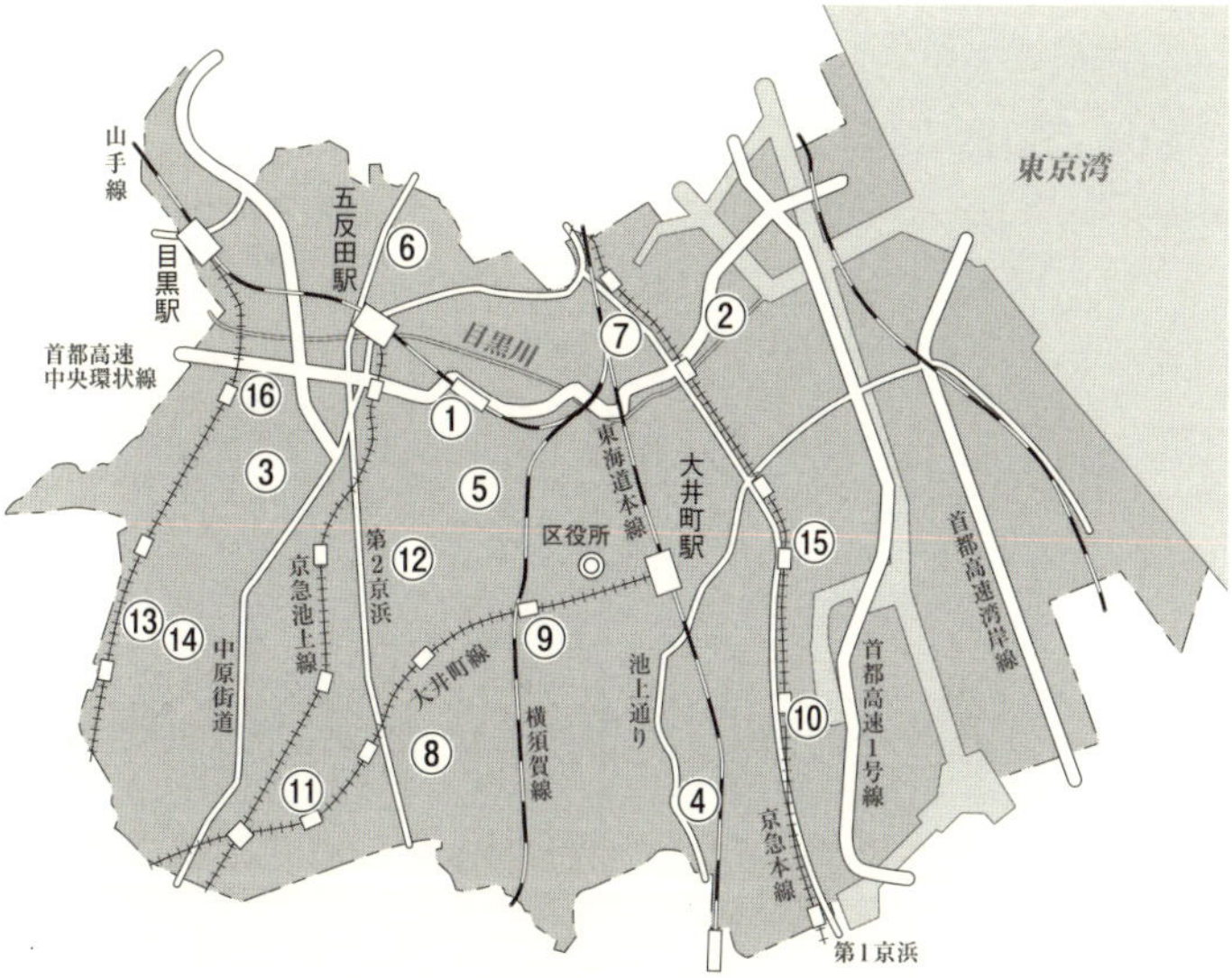

1	居木神社	大崎 3-8-20（183 頁）
2	荏原神社	北品川 2-30-28（183 頁）
3	荏原金比羅神社	荏原 1-16-4（183 頁）
4	鹿嶋神社	大井 6-18-36（183 頁）
5	貴船神社	西品川 3-16-31（183 頁）
6	雉子神社	東五反田 1-2-33（183 頁）
7	品川神社	北品川 3-7-15（183 頁）
8	上明神天祖神社	二葉 4-4-12（183 頁）
9	下明神天祖神社	二葉 1-3-24（184 頁）
10	天祖・諏訪神社	南大井 1-4-1（184 頁）
11	旗岡八幡神社	旗の台 3-6-12（184 頁）
12	八幡神社	戸越 2-6-23（184 頁）
13	八幡神社	小山 5-8-7（184 頁）
14	八幡神社	荏原 7-5-14（184 頁）
15	八幡神社	東大井 1-20-10（184 頁）
16	氷川神社	西五反田 5-6-3（184 頁）

渋谷区

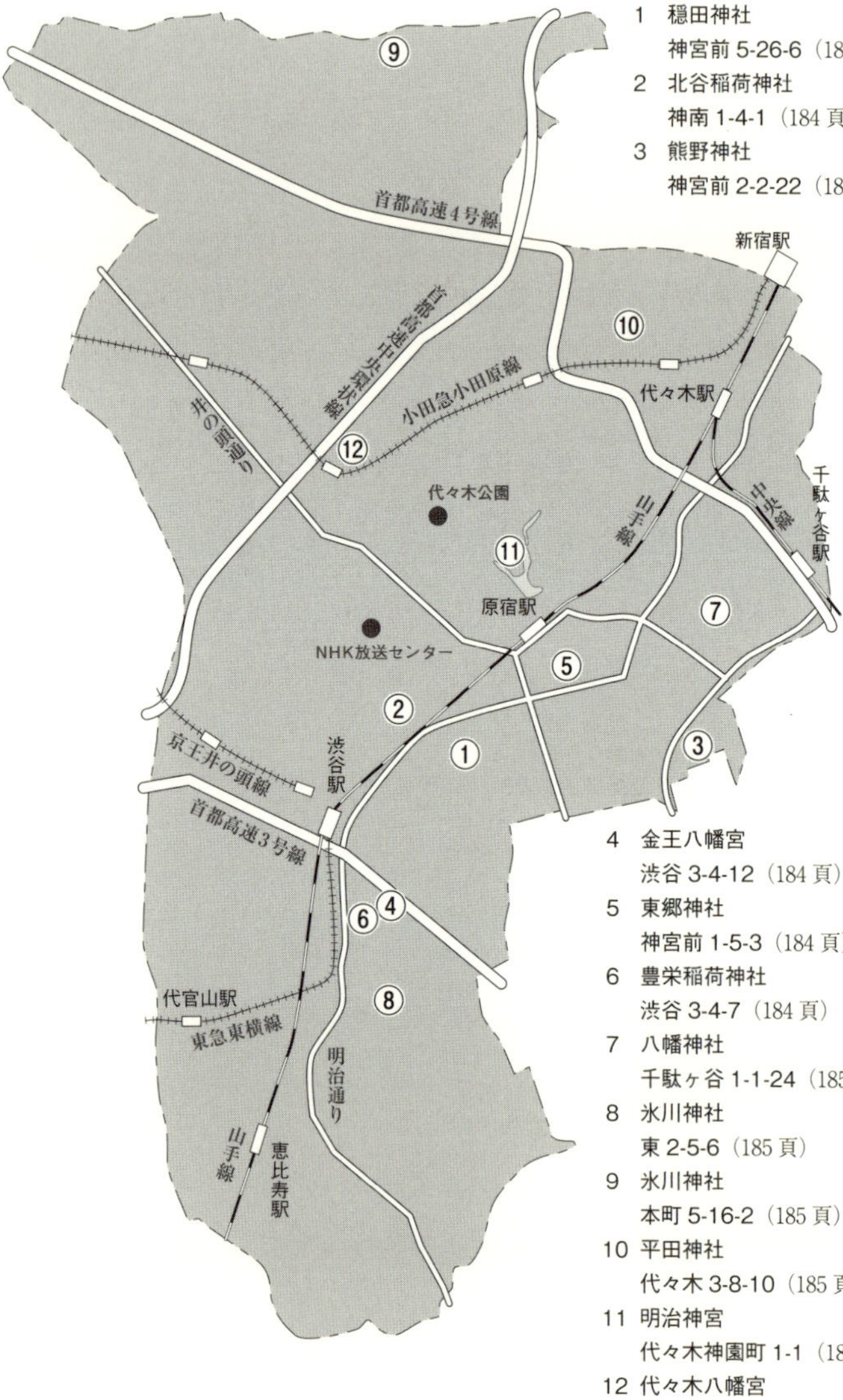

1 稲田神社
神宮前 5-26-6（184 頁）
2 北谷稲荷神社
神南 1-4-1（184 頁）
3 熊野神社
神宮前 2-2-22（184 頁）
4 金王八幡宮
渋谷 3-4-12（184 頁）
5 東郷神社
神宮前 1-5-3（184 頁）
6 豊栄稲荷神社
渋谷 3-4-7（184 頁）
7 八幡神社
千駄ヶ谷 1-1-24（185 頁）
8 氷川神社
東 2-5-6（185 頁）
9 氷川神社
本町 5-16-2（185 頁）
10 平田神社
代々木 3-8-10（185 頁）
11 明治神宮
代々木神園町 1-1（185 頁）
12 代々木八幡宮
代々木 5-1-1（185 頁）

新宿区

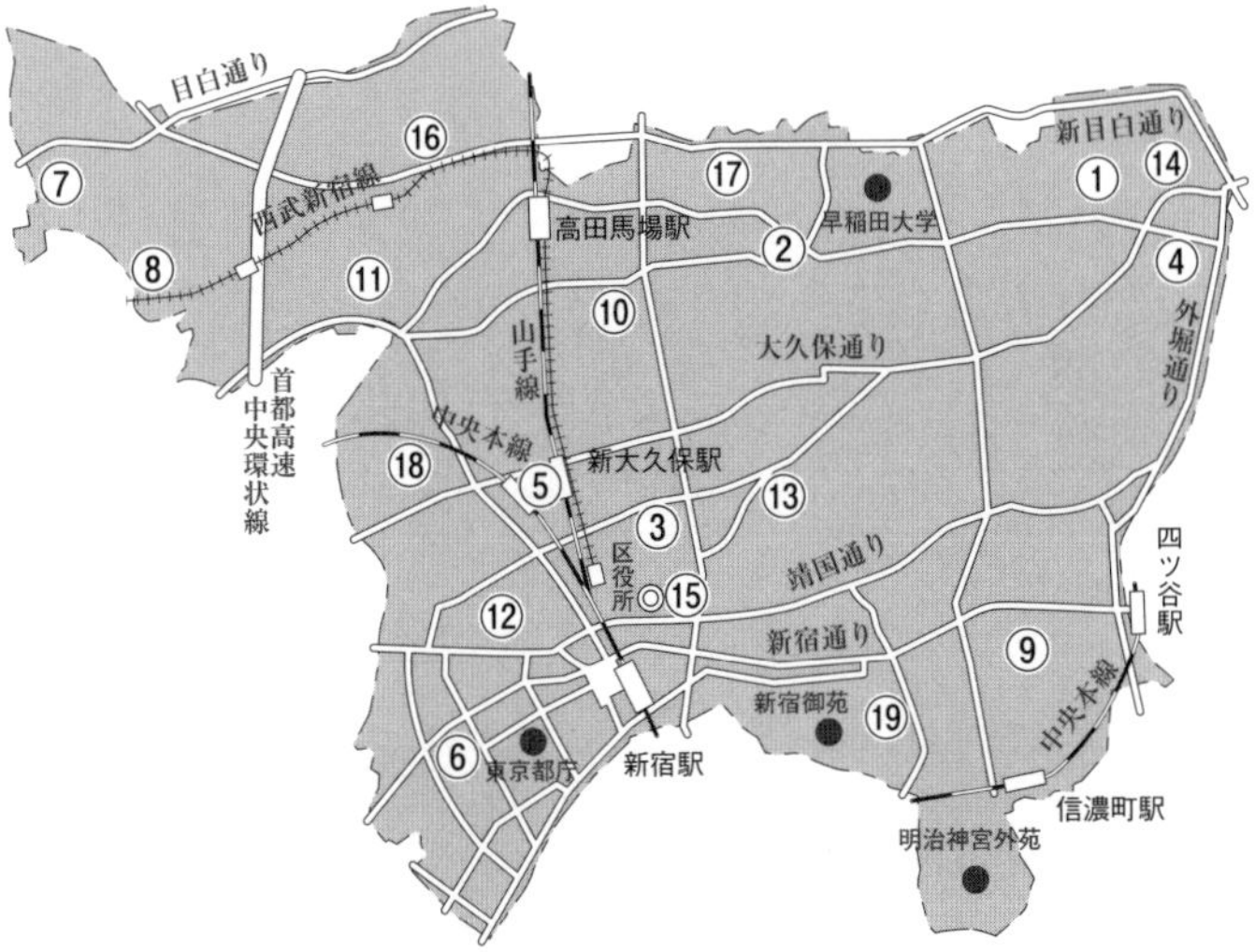

1	赤城神社	赤城元町 1-10（185 頁）
2	穴八幡宮	西早稲田 2-1-11（185 頁）
3	稲荷鬼王神社	歌舞伎町 2-17-5（185 頁）
4	神楽坂若宮八幡神社	若宮町 18（185 頁）
5	皆中稲荷神社	百人町 1-11-16（185 頁）
6	熊野神社	西新宿 2-11-2（185 頁）
7	御霊神社	西落合 2-17-17（185 頁）
8	御霊神社	中井 2-29-16（185 頁）
9	須賀神社	須賀町 5（185 頁）
10	諏訪神社	高田馬場 1-12-6（186 頁）
11	月見岡八幡神社	上落合 1-26-19（186 頁）
12	成子天神社	西新宿 8-14-10（186 頁）
13	西向天神社	新宿 6-21-1（186 頁）
14	八幡神社	筑土八幡町 2-1（186 頁）
15	花園神社	新宿 5-17-3（186 頁）
16	氷川神社	下落合 2-7-12（186 頁）
17	水稲荷神社	西早稲田 3-5-43（186 頁）
18	鎧神社	北新宿 3-16-18（186 頁）
19	多武峯内藤神社	内藤町 1-8（186 頁）

杉並区

1	井草八幡宮	善福寺 1-33-1（186 頁）
2	稲荷神社	永福 1-24-6（186 頁）
3	大宮八幡宮	大宮 2-3-1（186 頁）
4	熊野神社	和泉 3-21-29（186 頁）
5	熊野神社	天沼 2-40-2（186 頁）
6	神明宮	阿佐谷北 1-25-5（187 頁）
7	田端神社	荻窪 1-56-10（187 頁）
8	天祖神社	高円寺南 1-16-19（187 頁）
9	白山神社	上荻 1-21-7（187 頁）
10	八幡神社	天沼 2-18-5（187 頁）
11	八幡神社	下高井戸 4-39-3（187 頁）
12	八幡神社	上荻 4-19-2（187 頁）
13	氷川神社	高円寺南 4-44-19（187 頁）
14	馬橋稲荷神社	阿佐谷南 2-4-4（187 頁）

墨田区

1 牛嶋神社
向島 1-4-6（187 頁）
2 香取神社
文花 2-5-8（187 頁）
3 五柱稲荷神社
緑 4-11-6（187 頁）
4 白鬚神社
東向島 3-5-2（187 頁）
5 白髭神社
立花 6-19-17（187 頁）
6 隅田稲荷神社
墨田 4-38-13（188 頁）
7 隅田川神社
堤通 2-17-1（188 頁）
8 高木神社
押上 2-37-9（188 頁）

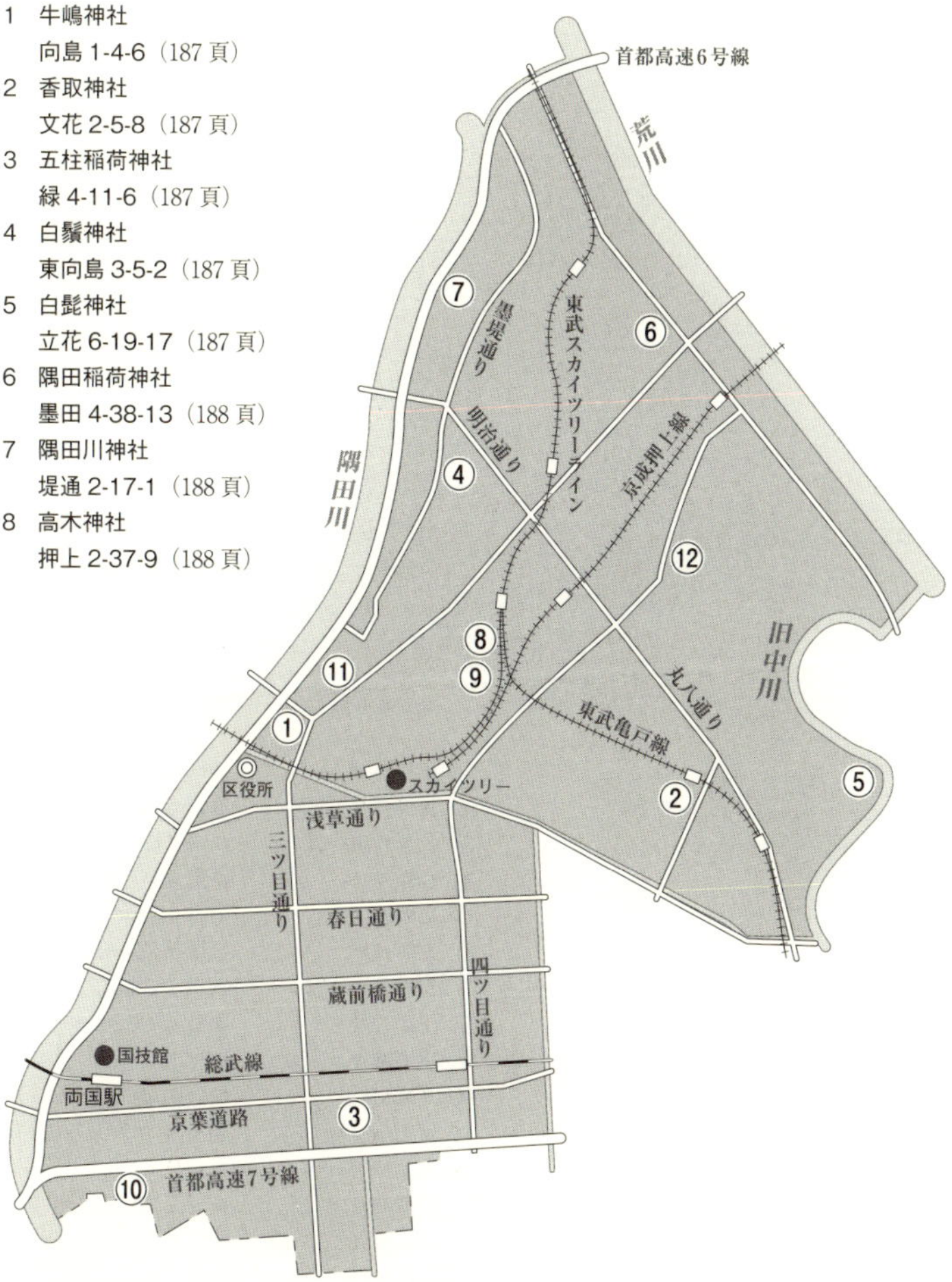

9 飛木稲荷神社 押上 2-39-6（188 頁）
10 初音森神社 千歳 2-4-8（188 頁）
11 三囲神社 向島 2-5-17（188 頁）
12 三輪里稲荷神社 八広 3-6-13（188 頁）

世田谷区

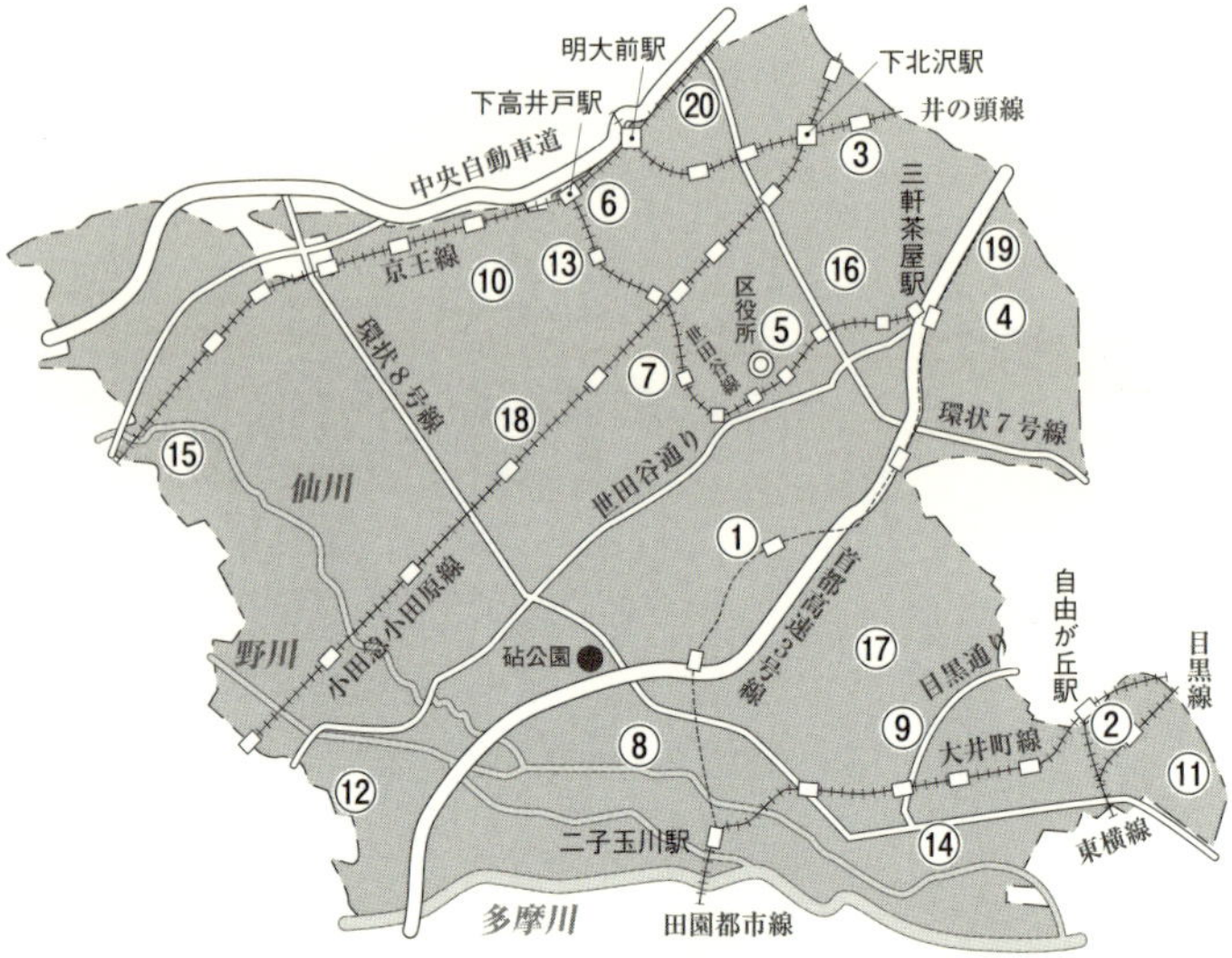

1	稲荷神社	新町 2-17-1（188 頁）
2	奥澤神社	奥沢 5-22-1（188 頁）
3	北澤八幡神社	代沢 3-25-3（188 頁）
4	駒繋神社	下馬 4-27-26（188 頁）
5	松陰神社	若林 4-35-1（188 頁）
6	菅原神社	松原 3-20-16（188 頁）
7	世田谷八幡宮	宮坂 1-23-30（188 頁）
8	玉川神社	瀬田 4-11-31（188 頁）
9	玉川神社	等々力 3-27-7（188 頁）
10	八幡神社	桜上水 3-21-6（189 頁）
11	東玉川神社	東玉川 1-39-9（189 頁）
12	氷川神社	喜多見 4-23-1（189 頁）
13	六所神社	赤堤 2-25-2（189 頁）
14	宇佐神社	尾山台 2-11-3（189 頁）
15	六所神社	給田 1-3-7（189 頁）
16	八幡神社	太子堂 5-23-4（189 頁）
17	深澤神社	深沢 5-11-1（189 頁）
18	天祖神社	経堂 4-33-2（189 頁）
19	稲荷神社	池尻 2-34-15（189 頁）
20	稲荷神社	大原 2-29-21（189 頁）

台東区

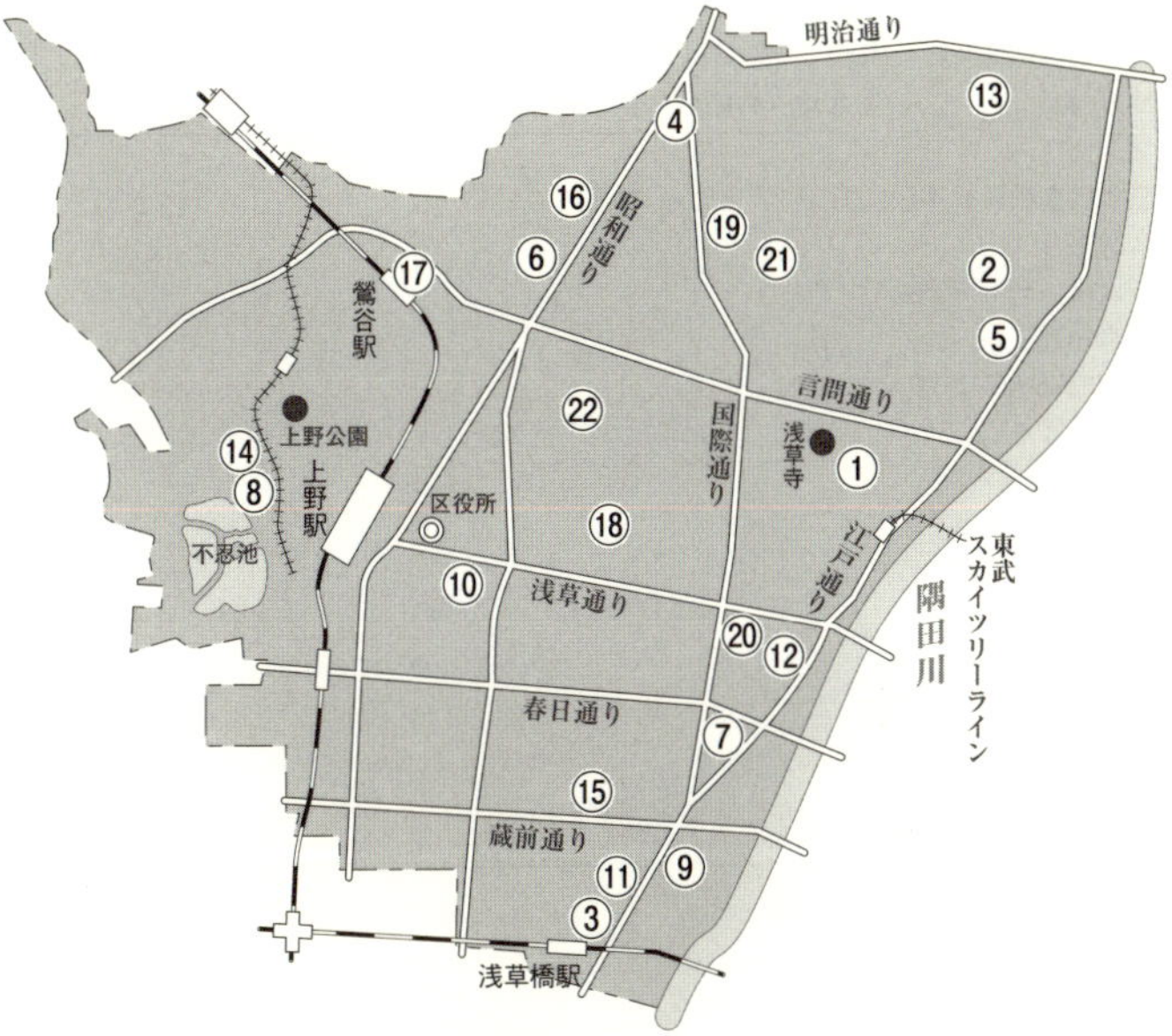

1　浅草神社
浅草 2-3-1（189 頁）

2　熱田神社
今戸 2-13-6（190 頁）

3　銀杏岡八幡神社
浅草橋 1-29-11（190 頁）

4　稲荷神社
竜泉 2-19-3（190 頁）

5　今戸神社
今戸 1-5-22（190 頁）

6　小野照崎神社
下谷 2-13-14（190 頁）

7　蔵前神社
蔵前 3-14-11（190 頁）

8　五條天神社
上野公園 4-17（190 頁）

9　榊神社
蔵前 1-4-3（190 頁）

10　下谷神社
東上野 3-29-8（190 頁）

11　須賀神社
浅草橋 2-29-16（190 頁）

12　諏訪神社
駒形 1-4-15（190 頁）

13　玉姫稲荷神社
清川 2-13-20（190 頁）

14　東照宮
上野公園 9-88（190 頁）

15　鳥越神社
鳥越 2-4-1（190 頁）

16　三嶋神社
下谷 3-7-5（190 頁）

17　元三嶋神社
根岸 1-7-11（190 頁）

18　矢先稲荷神社
松が谷 2-14-1（190 頁）

19　鷲神社
千束 3-18-7（190 頁）

20　三島神社
寿 4-9-1（191 頁）

21　吉原神社
千束 3-20-2（191 頁）

22　秋葉神社
松が谷 3-10-7（191 頁）

中央区

1　永久稲荷神社　　　日本橋箱崎町 4-1（191 頁）
2　於岩稲荷田宮神社　新川 2-25-11（191 頁）
3　小網神社　　　　　日本橋小網町 16-23（191 頁）
4　水天宮
　　日本橋蛎殻町 2-4-1（191 頁）
5　末廣神社
　　日本橋人形町 2-25-20（191 頁）
6　椙森神社
　　日本橋堀留町 1-10-2（191 頁）
7　住吉神社
　　佃 1-1-14（191 頁）
8　鐵砲洲稲荷神社
　　湊 1-6-7（191 頁）

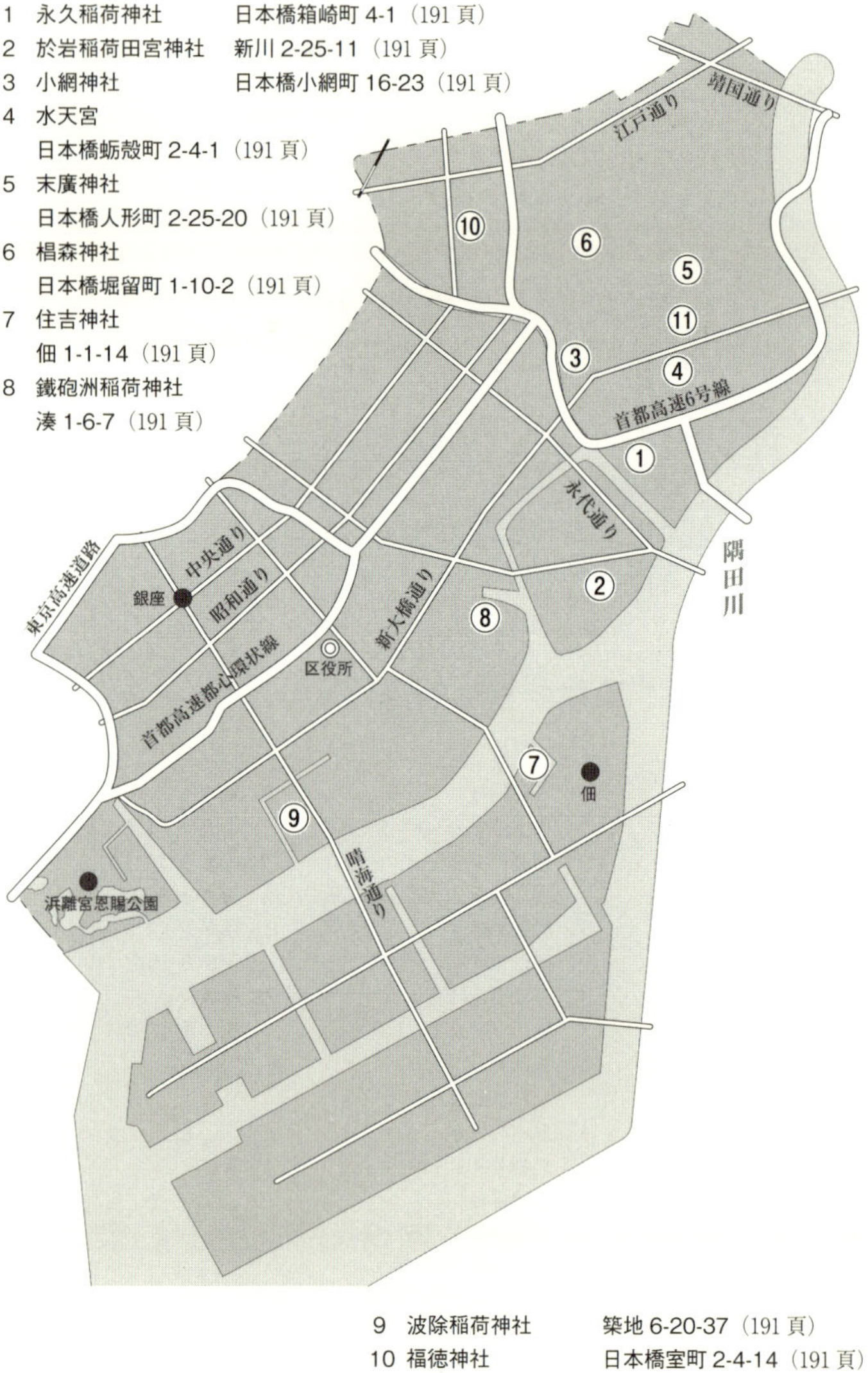

9　波除稲荷神社　　築地 6-20-37（191 頁）
10　福徳神社　　　　日本橋室町 2-4-14（191 頁）
11　松島神社　　　　日本橋人形町 2-15-2（191 頁）

千代田区

1	神田神社	外神田 2-16-2（192 頁）
2	筑土神社	九段北 1-14-21（192 頁）
3	東京大神宮	富士見 2-4-1（192 頁）
4	日枝神社	永田町 2-10-5（192 頁）
5	平河天満宮	平河町 1-7-5（192 頁）
6	三崎稲荷神社	三崎町 2-9-12（192 頁）
7	柳森神社	須田町 2-25-1（192 頁）

豊島区

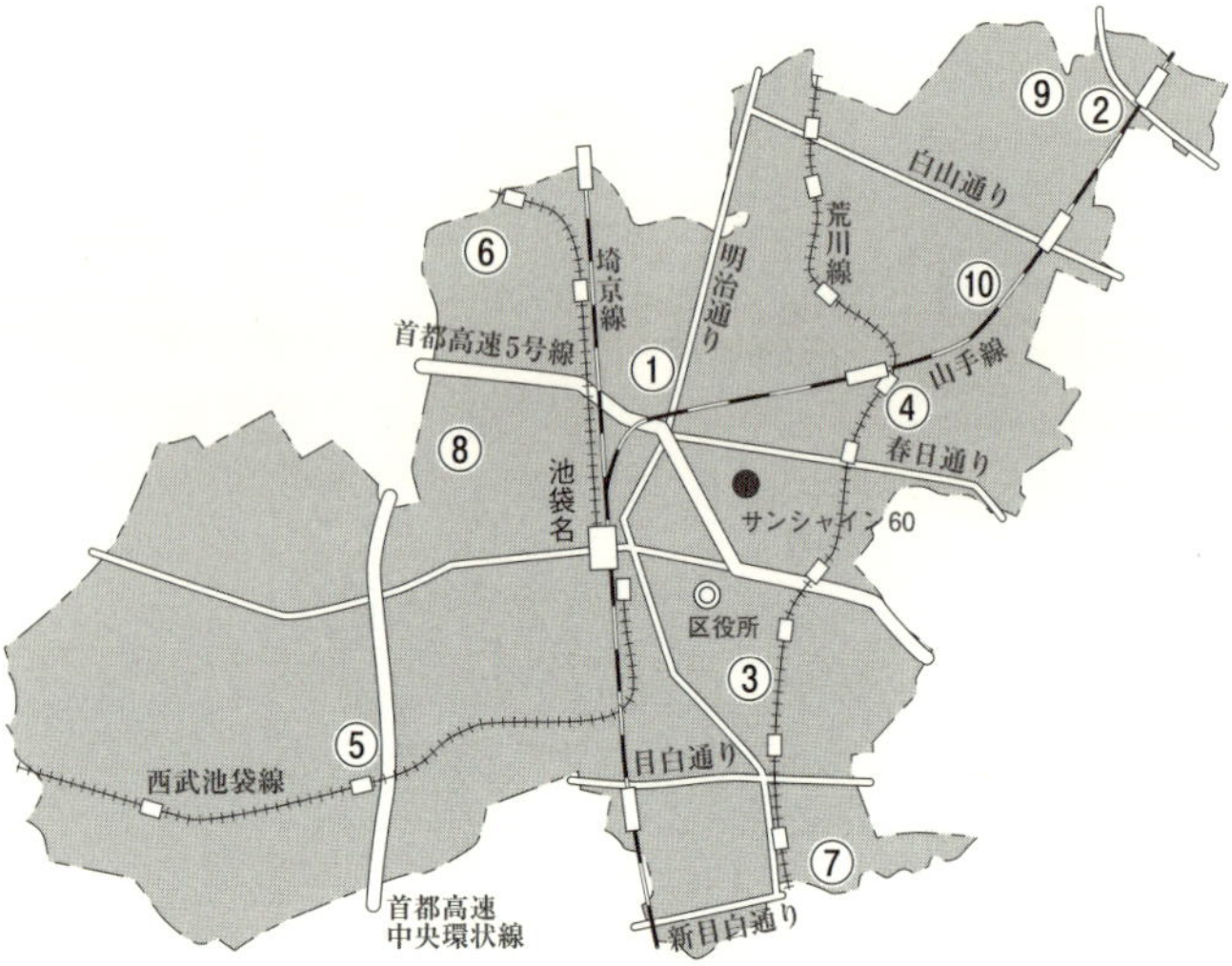

1	稲荷神社	上池袋 2-38-4（192 頁）
2	大國神社	駒込 3-2-11（192 頁）
3	大鳥神社	雑司が谷 3-20-14（192 頁）
4	天祖神社	南大塚 3-49-1（192 頁）
5	長崎神社	長崎 1-9-4（193 頁）
6	氷川神社	池袋本町 3-14-1（193 頁）
7	氷川神社	高田 2-2-18（193 頁）
8	御嶽神社	池袋 3-51-2（193 頁）
9	染井稲荷神社	駒込 6-11-5（193 頁）
10	菅原神社	北大塚 1-7-3（193 頁）

中野区

1 北野神社 新井 4-14-3（193 頁）
2 多田神社 南台 3-43-1（193 頁）
3 八幡神社 大和町 3-30-3（193 頁）
4 八幡神社 白鷺 1-31-10（193 頁）
5 氷川神社 弥生町 4-27-30（193 頁）
6 氷川神社 上高田 4-42-1（193 頁）

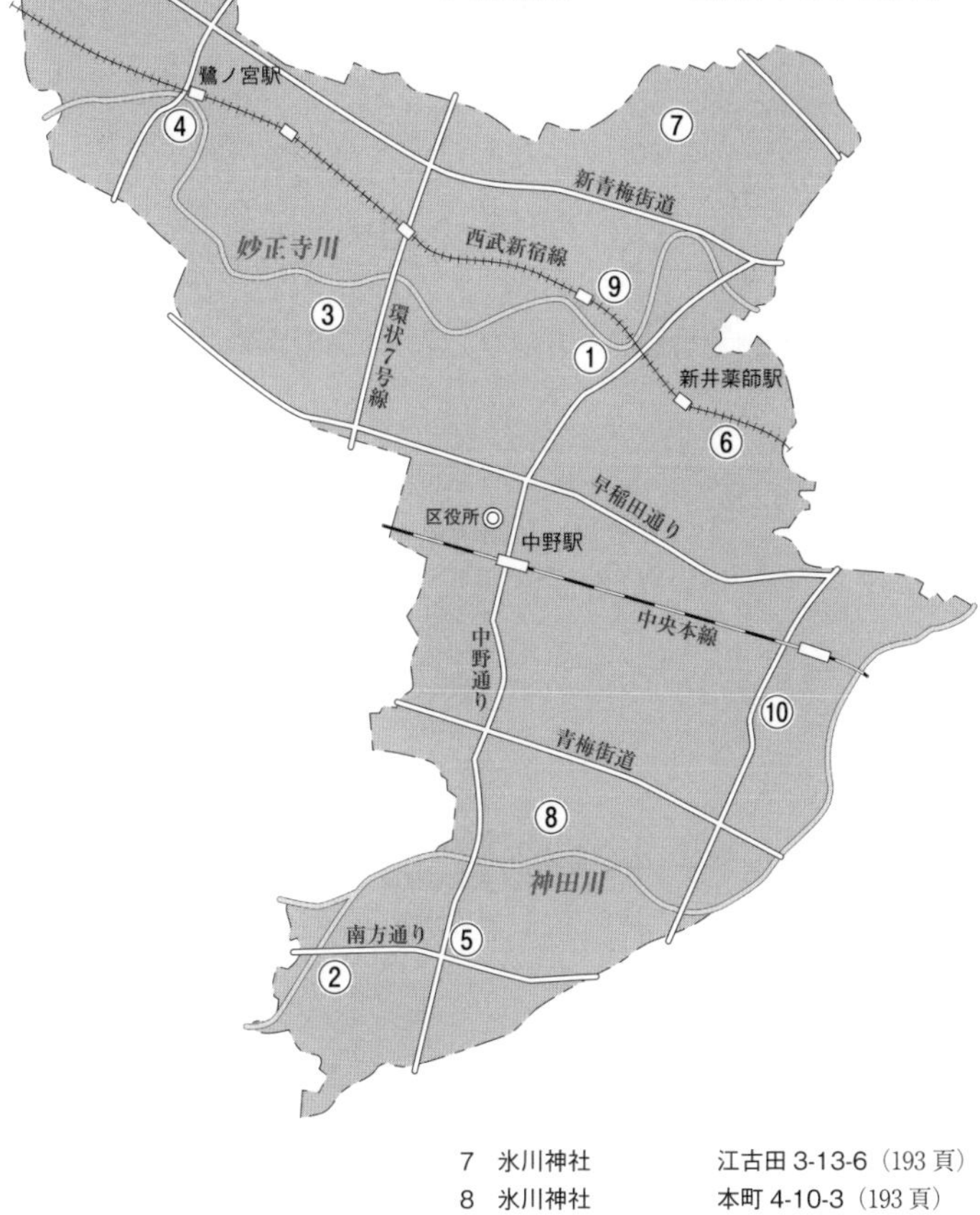

7 氷川神社 江古田 3-13-6（193 頁）
8 氷川神社 本町 4-10-3（193 頁）
9 氷川神社 沼袋 1-31-4（194 頁）
10 氷川神社 東中野 1-11-1（194 頁）

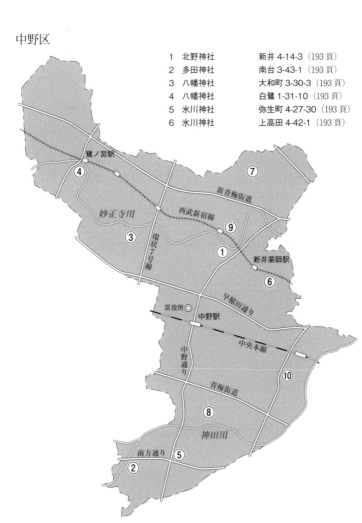

練馬区

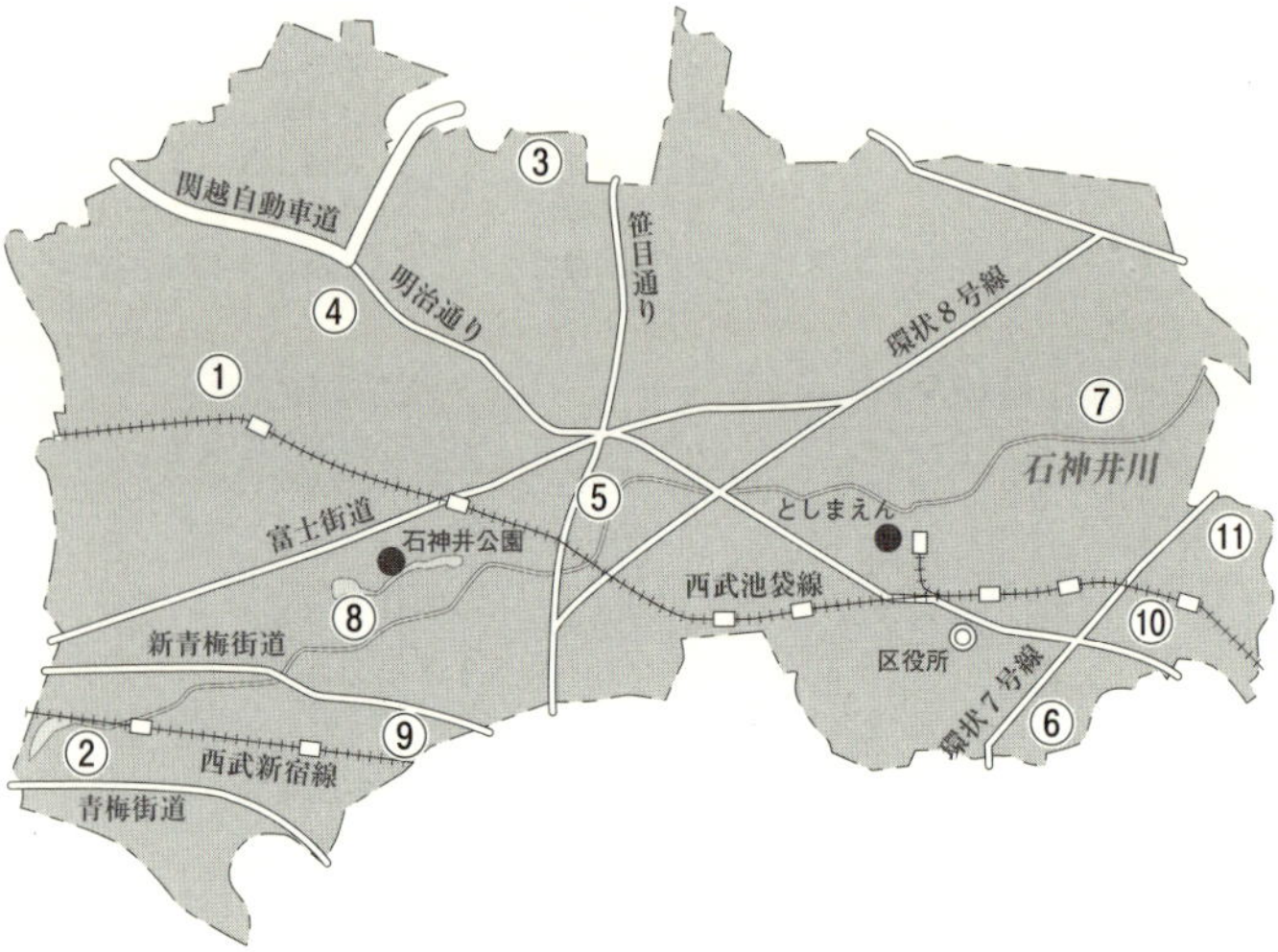

1	北野神社	東大泉 4-25-4（194 頁）
2	天祖若宮八幡宮	関町北 3-34-32（194 頁）
3	土支田八幡宮	土支田 4-28-1（194 頁）
4	氷川神社	大泉町 5-15-5（194 頁）
5	氷川神社	高野台 1-16-7（194 頁）
6	氷川神社	豊玉南 2-15-5（194 頁）
7	氷川神社	氷川台 4-47-3（194 頁）
8	氷川神社	石神井台 1-18-24（194 頁）
9	御嶽神社	下石神井 1-18-24（194 頁）
10	武蔵野稲荷神社	栄町 10-1（194 頁）
11	八雲神社	小竹町 2-42-12（194 頁）

文京区

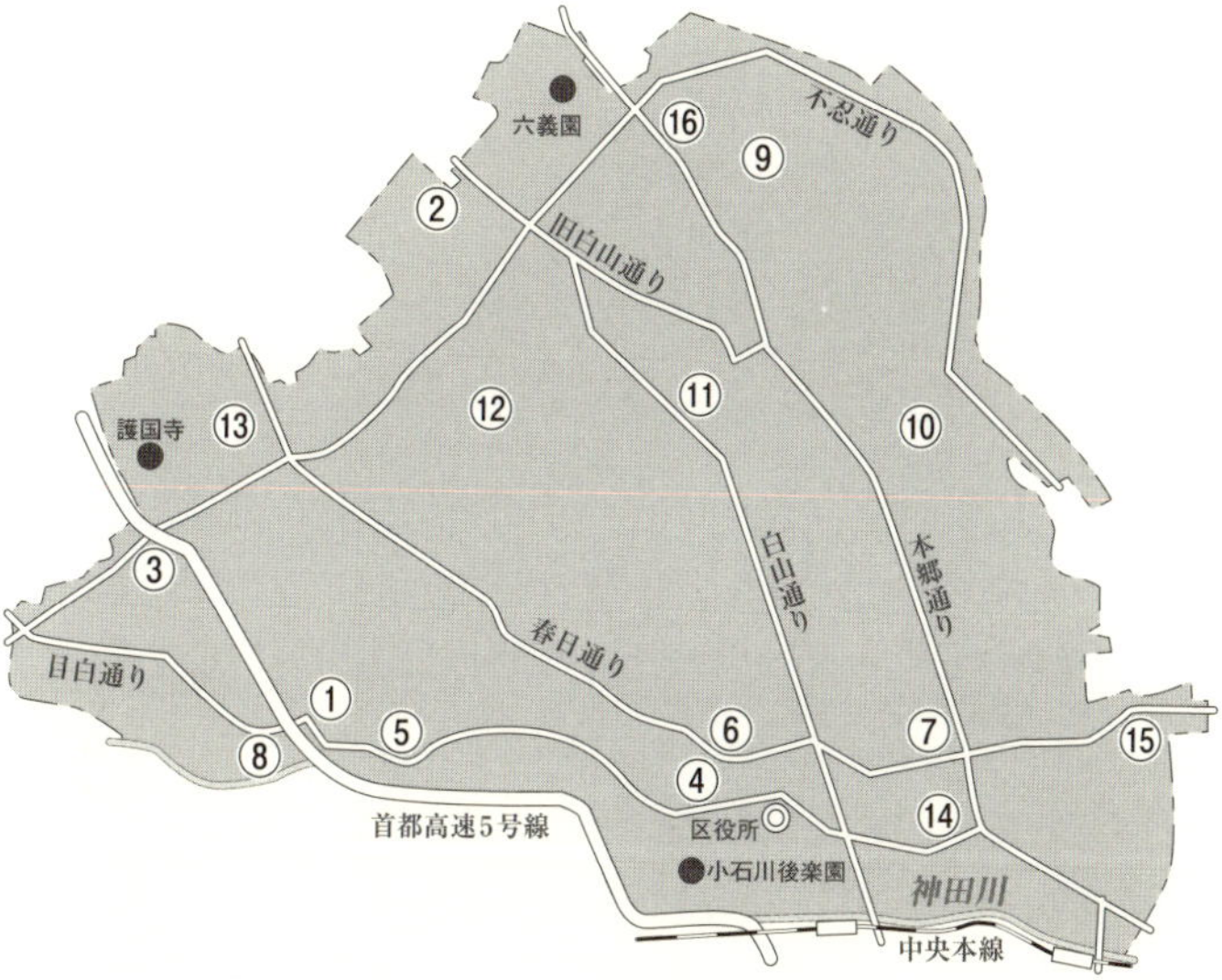

1	今宮神社	音羽 1-4-4（194 頁）
2	稲荷神社	千石 4-25-15（195 頁）
3	稲荷神社	目白台 3-26-1（195 頁）
4	北野神社	春日 1-2-5（195 頁）
5	小日向神社	小日向 2-16-6（195 頁）
6	小石川大神宮	小石川 2-5-7（195 頁）
7	櫻木神社	本郷 4-3-1（195 頁）
8	正八幡神社	関口 2-3-21（195 頁）
9	天祖神社	本駒込 3-40-1（195 頁）
10	根津神社	根津 1-28-9（195 頁）
11	白山神社	白山 5-31-26（195 頁）
12	簸川神社	千石 2-10-10（195 頁）
13	吹上稲荷神社	大塚 5-21-11（195 頁）
14	三河稲荷神社	本郷 2-20-5（195 頁）
15	湯島天満宮	湯島 3-30-1（195 頁）
16	富士神社	本駒込 5-7-20（195 頁）

港区

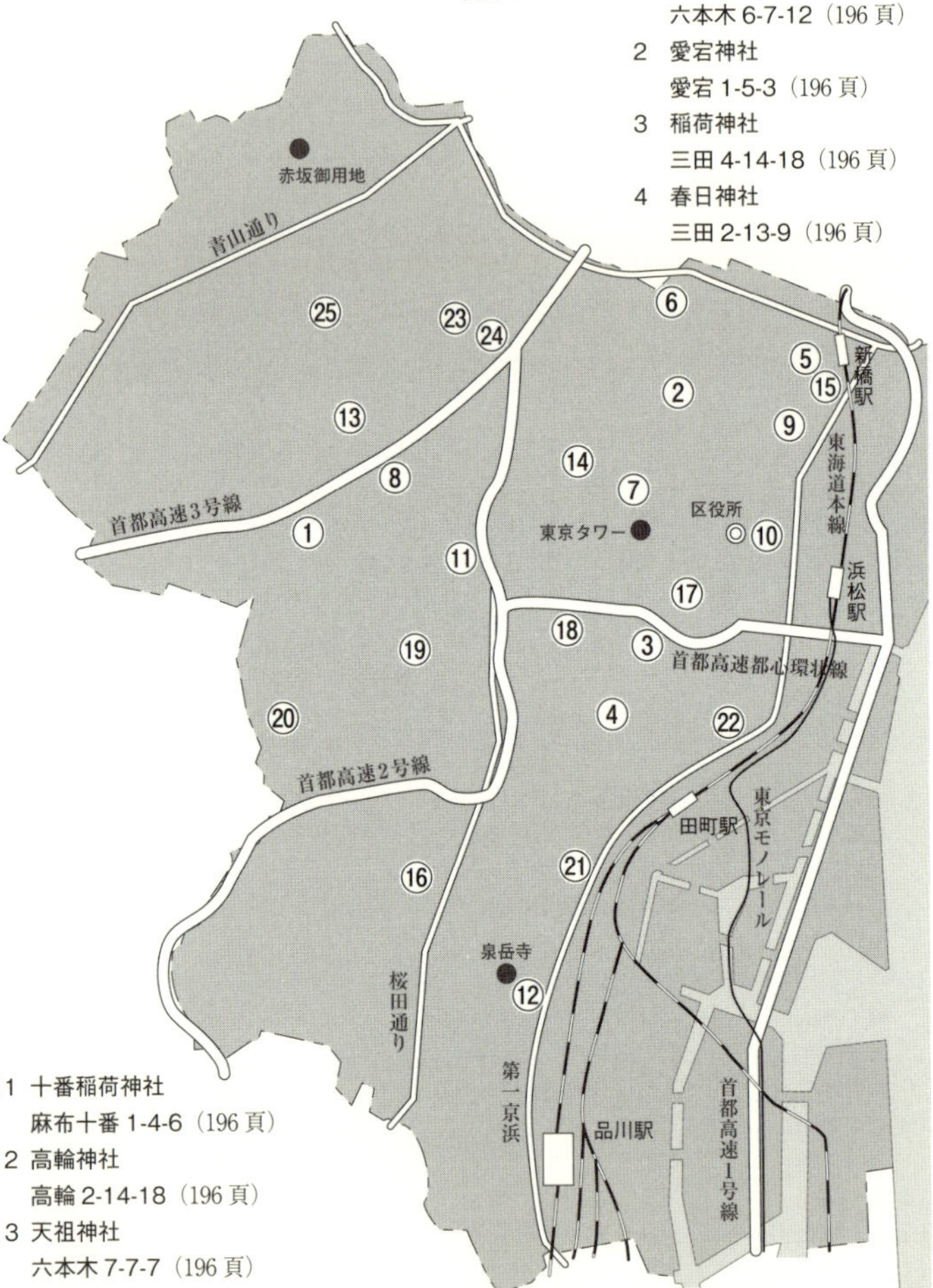

1 朝日神社
六本木 6-7-12（196 頁）

2 愛宕神社
愛宕 1-5-3（196 頁）

3 稲荷神社
三田 4-14-18（196 頁）

4 春日神社
三田 2-13-9（196 頁）

5 烏森神社
新橋 2-15-5（196 頁）

6 金刀比羅神社
虎ノ門 1-2-7（196 頁）

7 幸稲荷神社
芝公園 3-5-27（196 頁）

8 櫻田神社
西麻布 3-2-16（196 頁）

9 鹽竃神社
新橋 5-19-7（196 頁）

10 芝大神宮
芝大門 1-12-7（196 頁）

11 十番稲荷神社
麻布十番 1-4-6（196 頁）

12 高輪神社
高輪 2-14-18（196 頁）

13 天祖神社
六本木 7-7-7（196 頁）

14 八幡神社
虎ノ門 5-10-14（196 頁）

15 日比谷神社
東新橋 2-1-1（196 頁）

16 氷川神社
白金 2-1-7（197 頁）

17 東照宮
芝公園 4-8-10（197 頁）

目黒区

1　稲荷神社
中央町 2-17-15（197 頁）
2　大鳥神社
下目黒 3-1-2（197 頁）
3　熊野神社
自由が丘 1-24-12（197 頁）
4　中目黒八幡神社
中目黒 3-10-5（197 頁）

5　氷川神社
大橋 2-16-21（197 頁）
6　氷川神社
八雲 2-4-16（197 頁）
7　碑文谷八幡宮
碑文谷 3-7-3（197 頁）
8　稲荷神社
上目黒 3-39-14（198 頁）

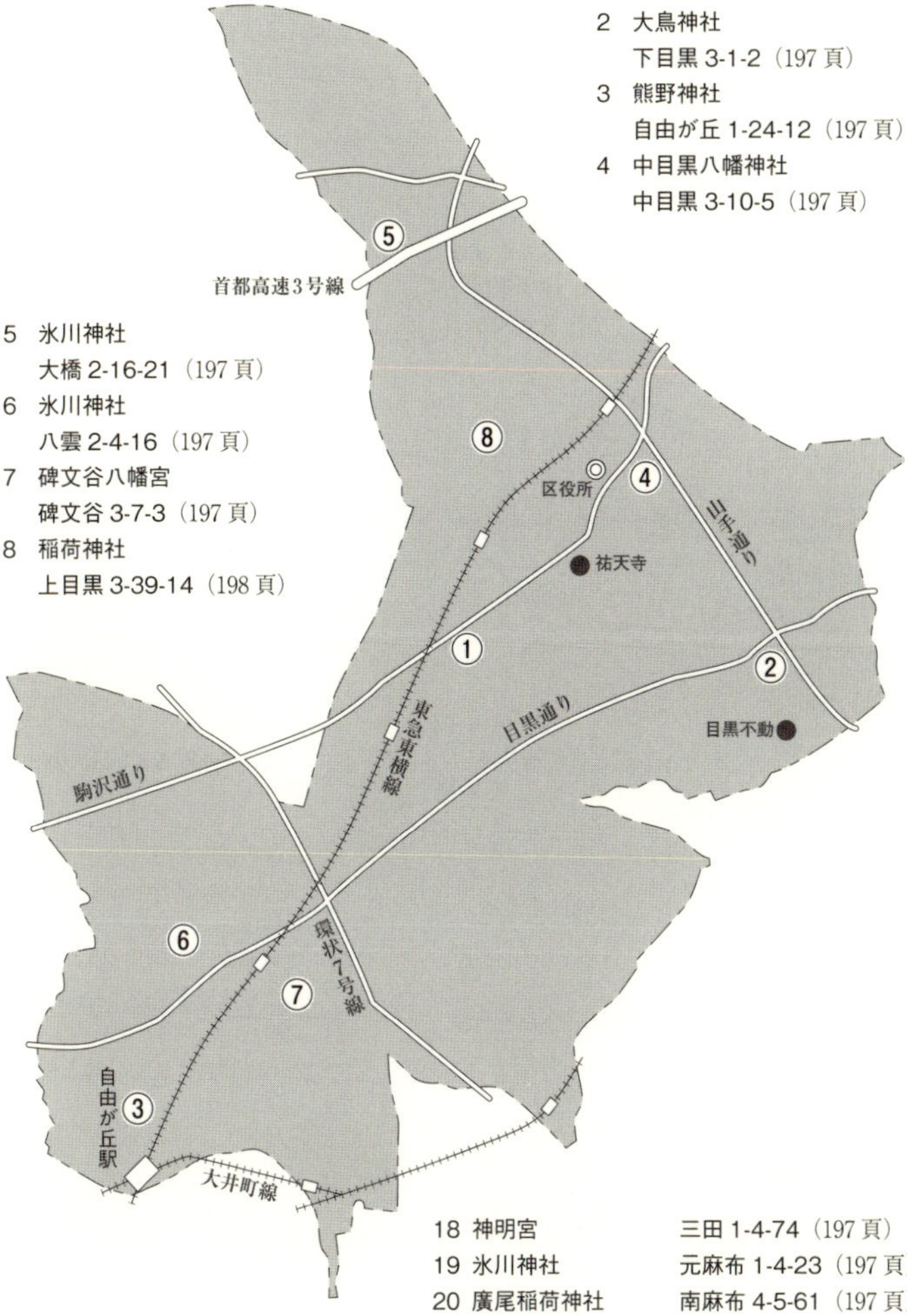

18 神明宮	三田 1-4-74（197 頁）
19 氷川神社	元麻布 1-4-23（197 頁）
20 廣尾稲荷神社	南麻布 4-5-61（197 頁）
21 御田八幡神社	三田 3-7-16（197 頁）
22 御穂神社	芝 4-6-17（197 頁）
23 氷川神社	赤坂 6-10-12（197 頁）
24 久國神社	六本木 2-1-16（197 頁）
25 乃木神社	赤坂 8-11-27（197 頁）

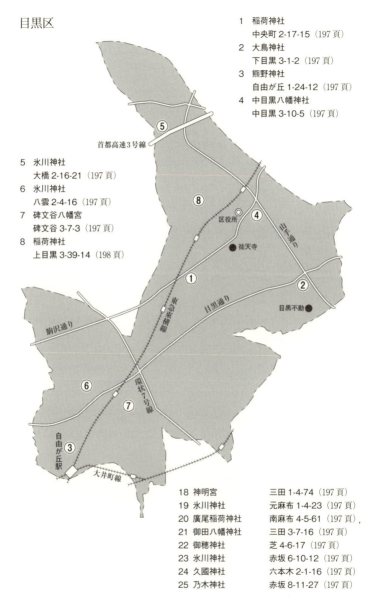

1 武蔵野八幡宮 武蔵野市吉祥寺東町 1-1-23（198 頁）
2 杵築神社 武蔵野市境南町 2-10-11（198 頁）
3 神明社 三鷹市牟礼 2-6-12（198 頁）
4 八幡社 三鷹市大沢 3-7-15（198 頁）
5 田無神社 西東京市田無町 3-7-4（198 頁）
6 東伏見稲荷神社 西東京市東伏見 1-5-38（198 頁）
7 伊豆美神社 狛江市中和泉 3-21-8（198 頁）
8 布多天神社 調布市調布ケ丘 1-8-1（198 頁）
9 国領神社 調布市国領町 1-7-1（198 頁）
10 青渭神社 調布市深大寺元町 5-17-10（198 頁）
11 大國魂神社 府中市宮町 3-1（198 頁）
12 押立神社 府中市押立町 4-31-15（198 頁）
13 八幡神社 府中市南町 4-29（198 頁）
14 熊野神社 府中市西府町 2-9-5（199 頁）
15 小金井神社 小金井市中町 4-7-2（199 頁）
16 稲穂神社 小金井市本町 5-41-36（199 頁）
17 八重垣稲荷神社 小金井市中町 3-14-7（199 頁）
18 熊野神社 国分寺市 西恋が窪 1-27-17（199 頁）
19 神明社 国分寺市西町 2-27-10（199 頁）
20 小平神明宮 小平市小川町 1-2573（199 頁）
21 熊野宮 小平市仲町 361（199 頁）
22 日枝神社 小平市小川町 1-303（199 頁）
23 豊鹿嶋神社 東大和市芋窪 1-2067（199 頁）
24 八幡神社 東大和市奈良橋 1-256（199 頁）

北多摩郡

25 氷川神社
東村山市秋津町 4-13-1（199 頁）

26 八坂神社
東村山市栄町 3-35-1（199 頁）

27 十二所神社
武蔵村山市三ツ木 5-12-6（199 頁）

28 神明社
武蔵村山市中央 2-125-1（199 頁）

29 日枝神社
清瀬市中清戸 2-616（200 頁）

30 氷川神社
東久留米市南沢 3-5-8（200 頁）

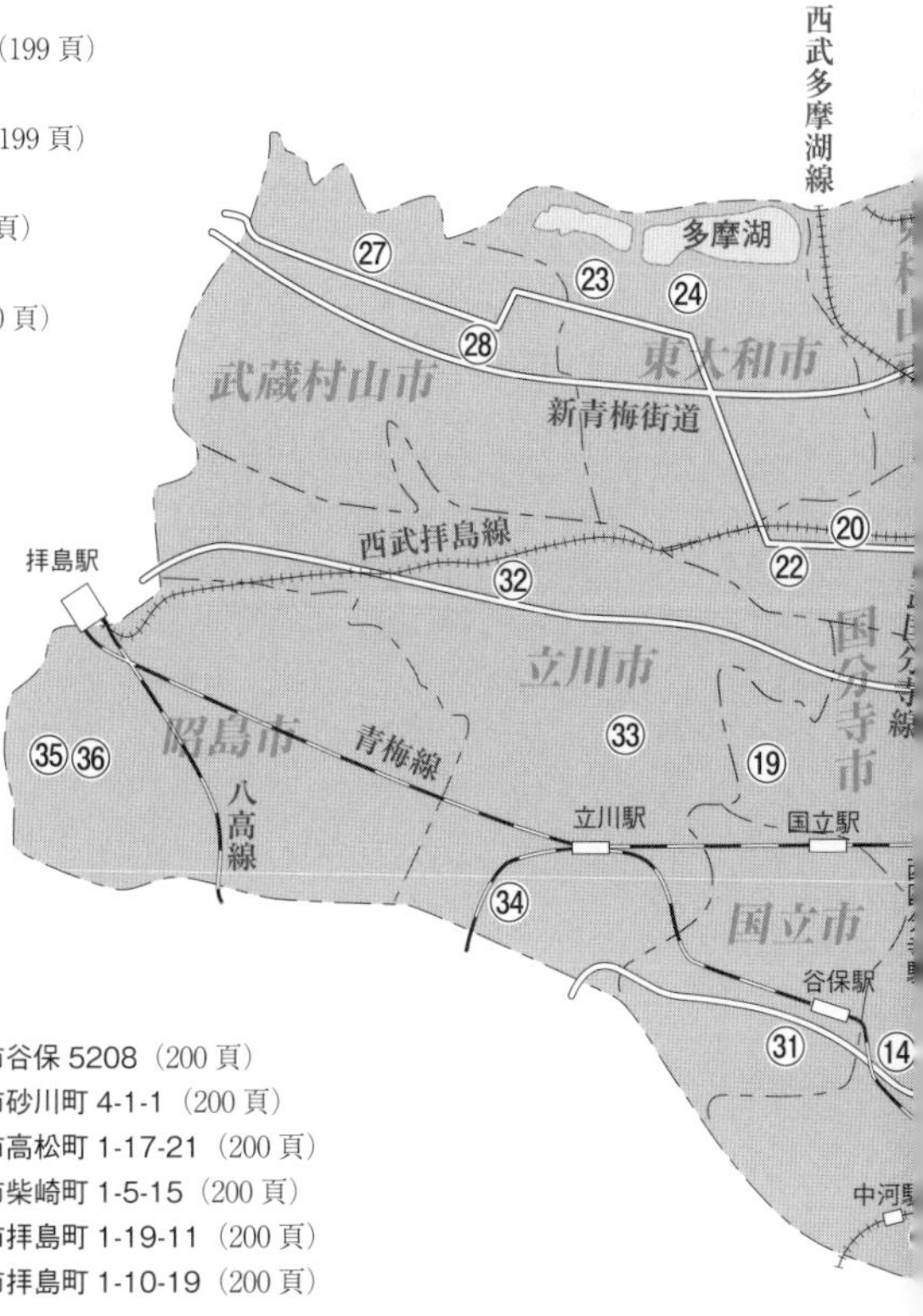

31 谷保天満宮　国立市谷保 5208（200 頁）
32 阿豆佐味天神社　立川市砂川町 4-1-1（200 頁）
33 熊野神社　立川市高松町 1-17-21（200 頁）
34 諏訪神社　立川市柴崎町 1-5-15（200 頁）
35 神明神社　昭島市拝島町 1-19-11（200 頁）
36 日吉神社　昭島市拝島町 1-10-19（200 頁）

1　今熊神社　　　　八王子市上川町 19（200 頁）
2　産千代稲荷神社　八王子市小門町 82（200 頁）
3　諏訪神社　　　　八王子市諏訪町 1（200 頁）
4　諏訪神社　　　　八王子市鑓水 1070（200 頁）
5　八幡神社　　　　八王子市元八王子町 3-2284（200 頁）
6　八幡八雲神社　　八王子市元横山町 2-15-27（200 頁）

南多摩郡

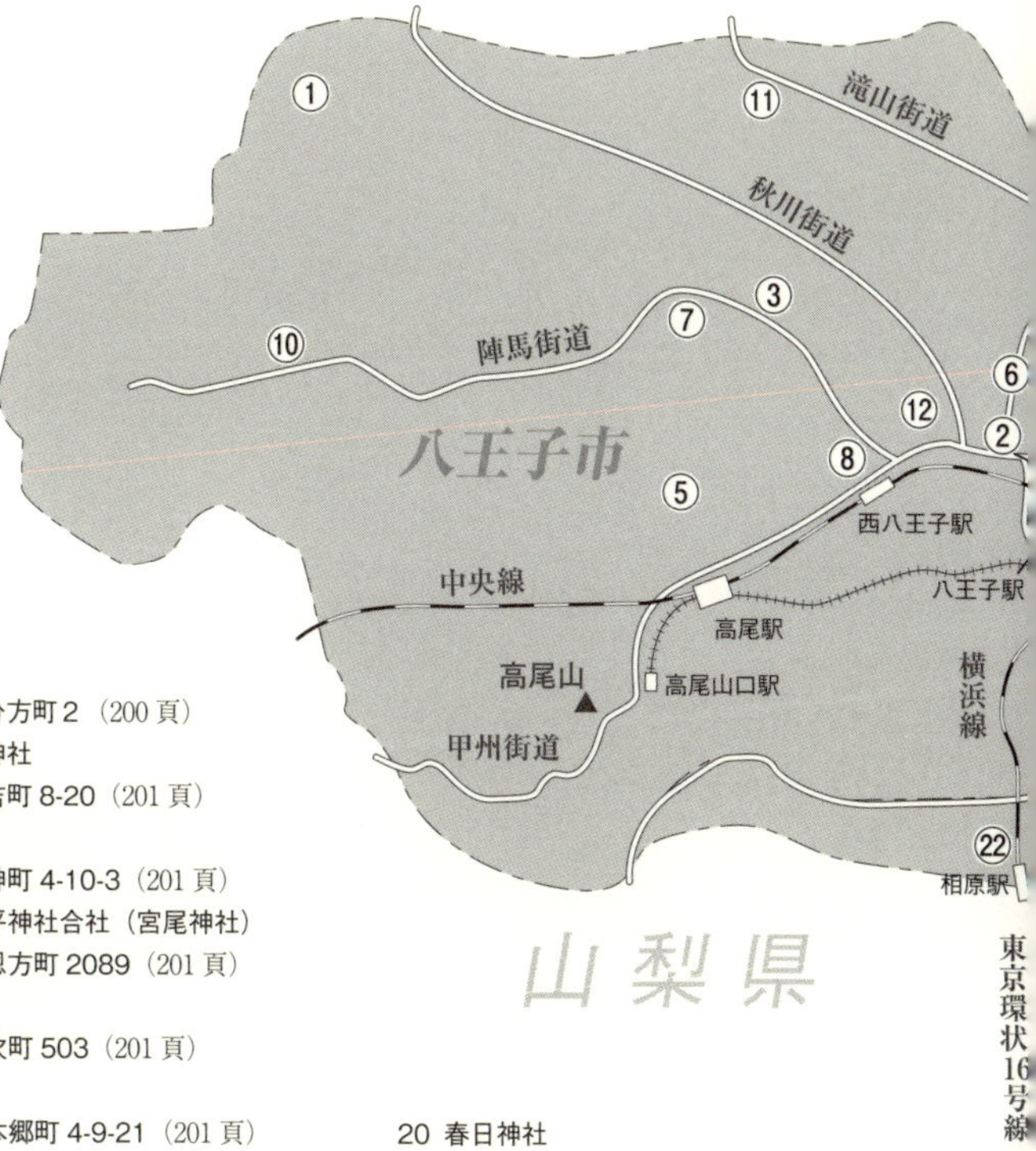

7 日枝神社
八王子市弐分方町 2（200 頁）
8 日吉八王子神社
八王子市日吉町 8-20（201 頁）
9 子安神社
八王子市明神町 4-10-3（201 頁）
10 住吉神社琴平神社合社（宮尾神社）
八王子市上恩方町 2089（201 頁）
11 住吉神社
八王子市戸吹町 503（201 頁）
12 多賀神社
八王子市元本郷町 4-9-21（201 頁）
13 天満社
八王子市北野町 550 -1（201 頁）
14 八坂神社
日野市日野本町 3-14-12（201 頁）
15 若宮神社
日野市東豊田 2-32-5（201 頁）
16 小野神社
多摩市一の宮 1-18-8（201 頁）
17 白山神社
多摩市連光寺 6-6-11（201 頁）
18 穴澤天神社
稲城市矢野口 3292（201 頁）
19 青渭神社
稲城市東長沼 1054（201 頁）
20 春日神社
町田市大蔵町 2822（201 頁）
21 熊野神社
町田市鶴間 580（201 頁）
22 諏訪神社
町田市相原町 1743（201 頁）
23 町田天満宮
町田市原町田 1-21-5（202 頁）
24 母智丘神社
町田市原町田 5-12-11（202 頁）
25 八幡社
町田市矢部町 2666（202 頁）
26 能ケ谷神社
町田市能ケ谷町 839（202 頁）

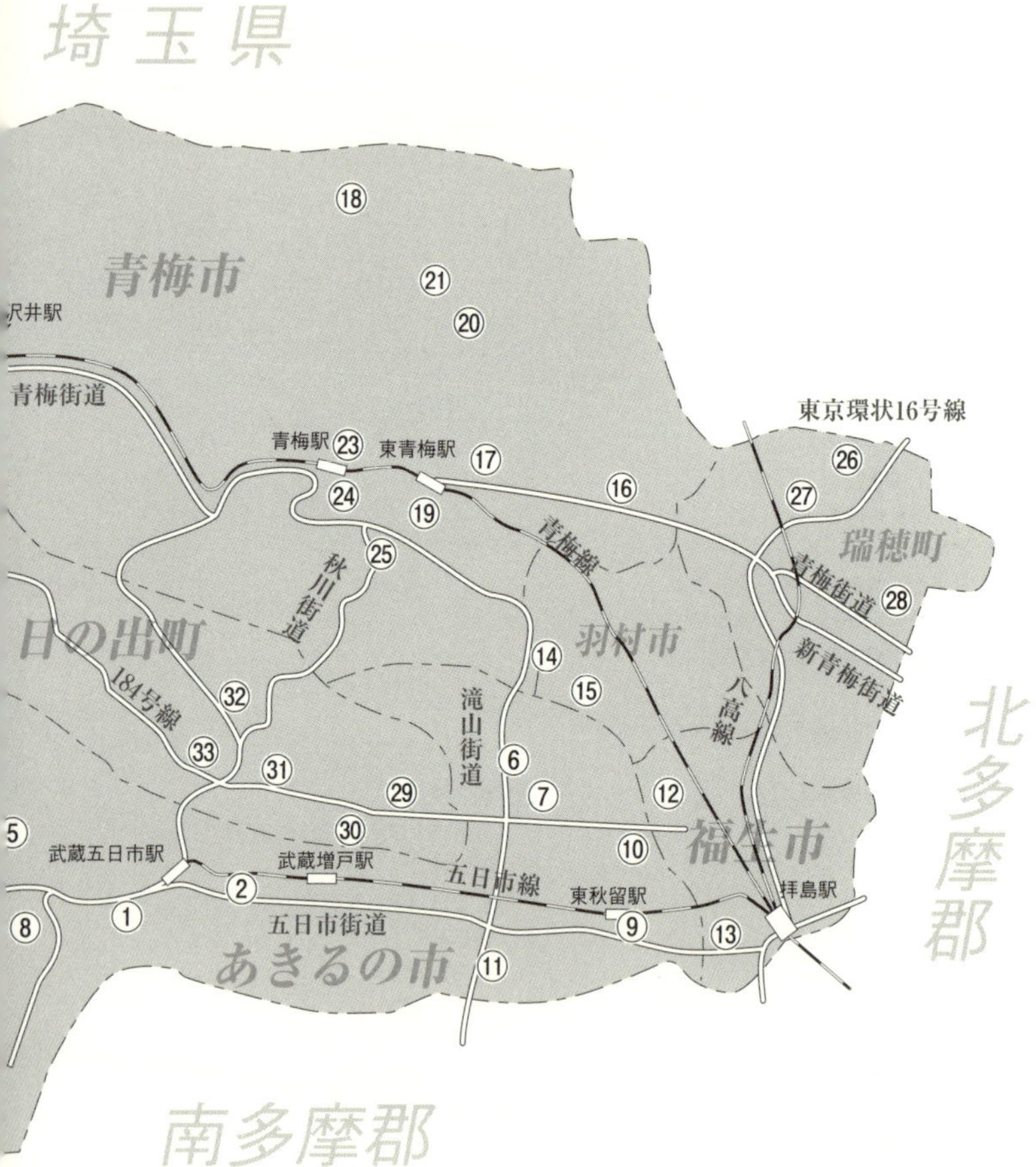

埼玉県
青梅市
沢井駅
青梅街道
青梅駅
東青梅駅
東京環状16号線
瑞穂町
青梅街道
新青梅街道
青梅線
秋川街道
日の出町
184号線
羽村市
八高線
滝山街道
北多摩郡
武蔵五日市駅
武蔵増戸駅
五日市線
福生市
東秋留駅
拝島駅
五日市街道
あきるの市
南多摩郡

西多摩郡

37
奥多摩町
34
35
22
青梅線
奥多摩駅
青梅街道
36
奥多摩湖
40
38
205号線
41
4
3
39
檜原村
檜原街道
山梨県

1	阿伎留神社	あきる野市五日市 1081（202 頁）
2	正一位岩走神社	あきる野市伊奈 1575（202 頁）
3	大戸里神社	あきる野市乙津 294（202 頁）
4	高明神社	あきる野市乙津 2123（202 頁）
5	八幡神社	あきる野市乙津字宇佐竹 323（202 頁）
6	稲足神社	あきる野市菅生字下 871（202 頁）
7	小宮神社	あきる野市草花北小宮 2981（202 頁）
8	三島神社	あきる野市戸倉字城山 414（202 頁）
9	八雲神社	あきる野市野辺 316（202 頁）
10	二宮神社	あきる野市二宮 2252（203 頁）
11	秋川神明社	あきる野市牛沼字東竜ケ崎 88（203 頁）
12	神明社	福生市福生 1081（203 頁）
13	熊川神社	福生市熊川 1660（203 頁）
14	阿蘇神社	羽村市羽加美 4-6-7（203 頁）
15	玉川神社	羽村市羽中 4-1-16（203 頁）
16	御嶽神社	青梅市新町 2-28-26（203 頁）
17	春日神社	青梅市野上町 1-38（203 頁）
18	成木神社	青梅市成木 3-207-1（203 頁）
19	千ケ瀬神社	青梅市千ケ瀬町 2-117（203 頁）
20	白鬚神社	青梅市小曽木 2-888（203 頁）
21	八坂神社	青梅市小曽木 3-1629-2（203 頁）
22	青渭神社	青梅市沢井 3-1060（204 頁）
23	勝沼神社	青梅市勝沼 3-140（204 頁）
24	住吉神社	青梅市青梅 12（204 頁）
25	鹿島玉川神社	青梅市長渕 2-519（204 頁）
26	元狭山神社	瑞穂町駒形富士山 609（204 頁）
27	狭山神社	瑞穂町箱根ヶ崎 1（204 頁）
28	阿豆佐味天神社	瑞穂町殿が谷 1008（204 頁）
29	春日神社	日の出町平井 3690（204 頁）
30	八幡神社	日の出町平井 1811（204 頁）
31	三嶋神社	日の出町大久野 8748（204 頁）
32	白山神社	日の出町大久野 2281（204 頁）
33	幸神神社	日の出町大久野 2129（204 頁）
34	熊野神社	奥多摩町小丹波 473（205 頁）
35	八雲神社	奥多摩町川井 717（205 頁）
36	小河内神社	奥多摩町河内 149（205 頁）
37	天祖神社	奥多摩町日原 1030（205 頁）
38	春日神社	桧原村 3417（205 頁）
39	九頭龍神社	桧原村 7076（205 頁）
40	大嶽神社	桧原村 8189（205 頁）
41	伊勢社	桧原村 3684（205 頁）

（上）大島、（中）三宅島、（下）新島

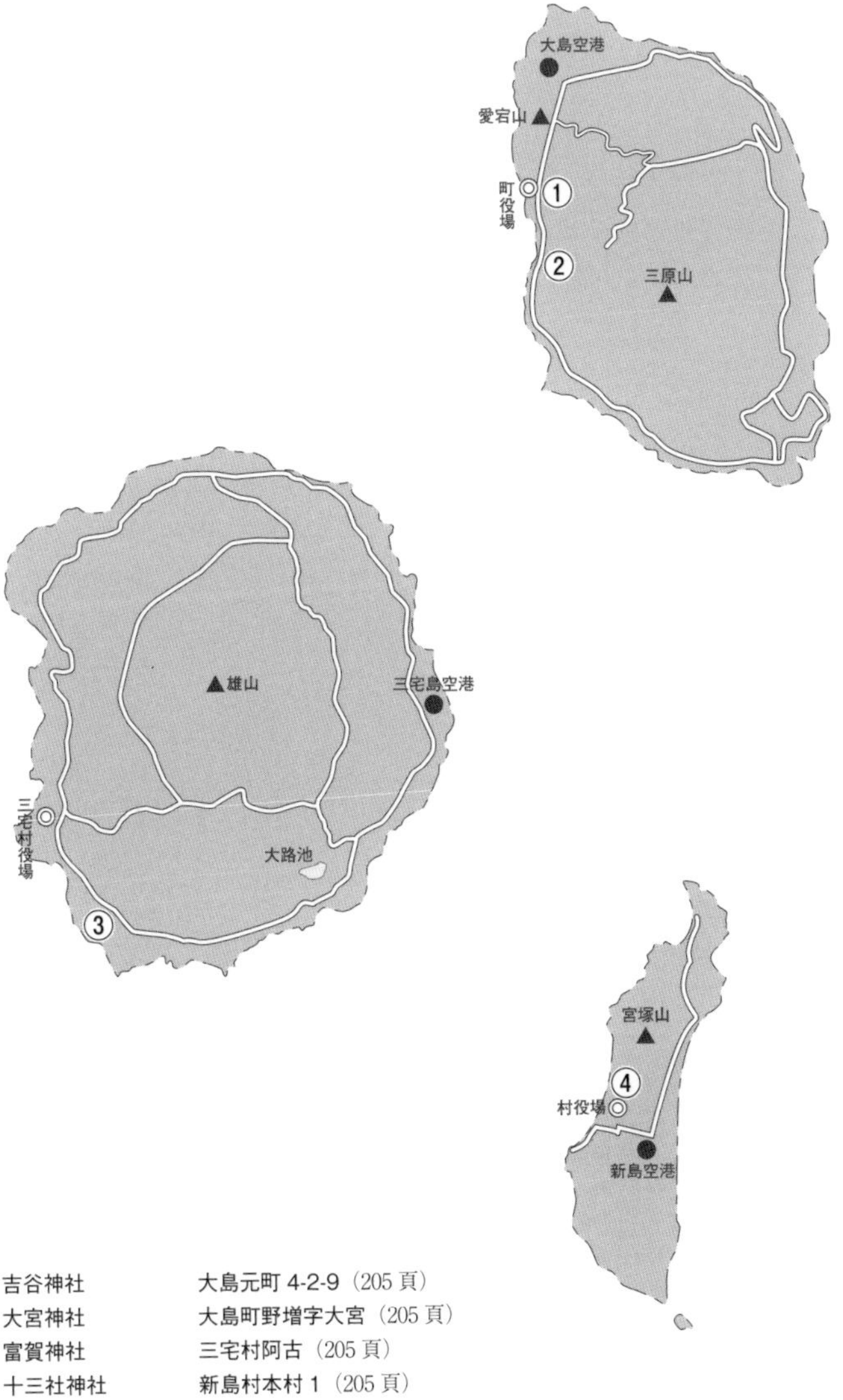

1	吉谷神社	大島元町 4-2-9（205 頁）
2	大宮神社	大島町野増字大宮（205 頁）
3	富賀神社	三宅村阿古（205 頁）
4	十三社神社	新島村本村 1（205 頁）

（上右）神津島、（上左）利島、（下右）八丈島、（下左）父島

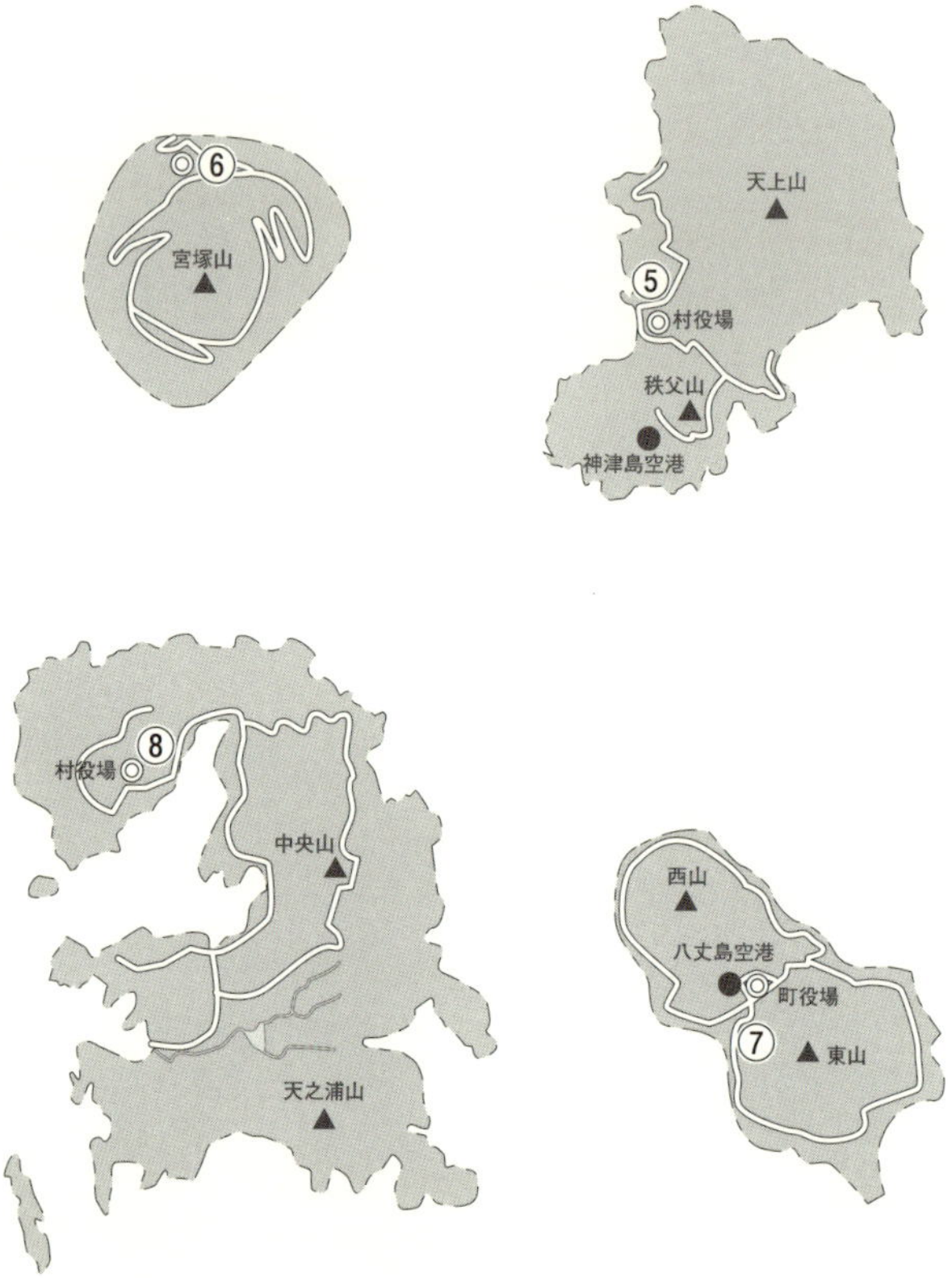

5　物忌奈命神社　　神津島村 41（206 頁）
6　阿豆佐和気命神社　利島村 1（206 頁）
7　宝明神社　　八丈島八丈町大賀郷（206 頁）
8　大神山神社　　小笠原村父島字東町 105（206 頁）

主な参考文献

倉野憲司、武田祐吉校注『日本古典文学大系1　古事記・祝詞』（岩波書店、一九五八年）
坂本太郎、家永三郎、井上光貞、大野晋校注『日本古典文学大系67　日本書紀　上』（岩波書店、一九六七年）
坂本太郎、家永三郎、井上光貞、大野晋校注『日本古典文学大系68　日本書紀　下』（岩波書店、一九六五年）
武田祐吉訳注、中村啓信補訂・解説『新訂古事記』（角川文庫、一九七七年）
宇治谷孟『日本書紀　全現代語訳　上』（講談社学術文庫、一九八八年）
宇治谷孟『日本書紀　全現代語訳　下』（講談社学術文庫、一九八八年）
『岩波講座　日本歴史』（全二二巻、岩波書店、二〇一五年刊行中）
國學院大學日本文化研究所編『神道事典』（弘文堂、一九九四年）
荻原浅男『古事記への旅』（ＮＨＫブックス、一九七九年）
守本順一郎『日本思想史　上』（新日本新書、一九七四年）
守本順一郎著、岩間一雄編『日本思想史　中』（新日本新書、一九八一年）
守本順一郎著、岩間一雄編『日本思想史　下』（新日本新書、一九八二年）
井上光貞『日本国家の起源』（岩波新書、一九六〇年）
直木孝次郎『日本古代史と応神天皇』（塙書房、二〇一五年）
水野祐『日本古代王朝史論序説』（小宮山書店、一九五四年）

家永三郎『日本文化史』（岩波新書、一九五九年）
吉村徳蔵『神話と歴史教育』（吉川弘文館、一九七三年）
遠山茂樹『歴史学から歴史教育へ』（岩崎書店、一九八〇年）
井上順孝監修『すぐわかる日本の神社』（東京美術、二〇〇八年）
川口謙二、池田孝、池田政弘『鳥居』（東京美術、一九八七年）
『東京百年史　第一巻』（東京都、一九七二年）
東京都神社庁編纂『東京都神社名鑑　上』（一九八六年）
東京都神社庁編纂『東京都神社名鑑　下』（一九八六年）

■著者紹介

古賀 牧人（こが まきと）

1929年、東京に生まれる。

早稲田大学大学院商学研究科修士課程修了。

朝日新聞東京本社・社会部記者。

現在、朝日新聞社社友。

「九条の会　小平」、「平和のための戦争展・小平」などの呼びかけ人。

著書に『「ゾルゲ・尾崎」事典』、『近代日本戦争史事典』、『石に刻まれた江戸・武蔵』など。

現住所　〒187-0043　東京都小平市学園東町2-14-18

2016年4月25日　初版発行　　《検印省略》

東京《とうきょう》古《こ》事《じ》記《き》

—都《と》内《ない》四《よん》百《ひゃく》社《しゃ》の祭神《さいじん》ガイド—

著　者　古賀牧人
発行者　宮田哲男
発行所　株式会社 雄山閣
〒102-0071　東京都千代田区富士見2-6-9
TEL　03-3262-3231 / FAX　03-3262-6938
URL　http: //www.yuzankaku.co.jp
e-mail　info@yuzankaku.co.jp
振 替：00130-5-1685
印刷・製本　株式会社ティーケー出版印刷

ISBN978-4-639-02393-7 C0021
N.D.C.175　254p　19cm